《社区治理蓝皮书》丛书

丛书主编　张　雷　陈日发

中国农村社区

治理报告

（2020）

满小欧　续慧杰　主编

中国社会出版社
国家一级出版社·全国百佳图书出版单位

图书在版编目（CIP）数据

中国农村社区治理报告．2020/满小欧，续慧杰主编．—北京：中国社会出版社，2020.6

（《社区治理蓝皮书》丛书/张雷，陈日发主编）

ISBN 978-7-5087-6362-0

Ⅰ.①中…　Ⅱ.①满…②续…　Ⅲ.①农村社区—社区管理—研究报告—中国—2020　Ⅳ.①D669.3

中国版本图书馆CIP数据核字（2020）第091654号

丛 书 名：社区治理蓝皮书
丛书主编：张　雷　陈日发
书　　名：中国农村社区治理报告（2020）
主　　编：满小欧　续慧杰

出 版 人：浦善新
终 审 人：尤永弘
责任编辑：张耀文

出版发行：中国社会出版社　**邮政编码**：100032
通联方式：北京市西城区二龙路甲33号
电　　话：编辑室：（010）58124823
销售部：（010）58124848
传　真：（010）58124824
网　　址：www.shcbs.com.cn
shcbs.mca.gov.cn
经　　销：各地新华书店

中国社会出版社天猫旗舰店

印刷装订：河北鑫兆源印刷有限公司
开　　本：170mm×240mm　1/16
印　　张：17.5
字　　数：260千字
版　　次：2020年10月第1版
印　　次：2020年10月第1次印刷
定　　价：80.00元

中国社会出版社微信公众号

《中国农村社区治理报告（2020）》

编 委 会

总 序

基层是社会治理的深厚基础和重要支撑，治国安邦重在基层。城乡社区作为社会治理的基本单元，事关党和国家大政方针的贯彻落实，事关居民群众切身利益，事关基层和谐稳定。2019年，《中共中央关于坚持和完善中国特色社会主义制度 推进国家治理体系和治理能力现代化若干重大问题的决定》提出“构建基层社会治理新格局”，为加强和创新基层社会治理提供了科学指引。决定同时指出，“健全基层党组织领导的基层群众自治机制，在城乡社区治理、基层公共事务和公益事业中广泛实行群众自我管理、自我服务、自我教育、自我监督。”进一步明确了健全党组织领导的自治、法治、德治相结合的城乡基层治理体系，是构建基层社会治理新格局的内在要求。因而，如何全面提升城乡社区治理法治化、科学化、精细化水平和组织化程度的同时，加强和创新社区治理体系，促进“三治融合”，实现城乡社区治理体系和治理能力现代化，是城乡社区未来建设与发展的重要议题。

民政部研究基地——东北大学城乡社区建设研究院和乡镇论坛杂志社作为从事城乡社区治理研究的专业学术机构与国家级权威媒体，一直致力于城乡社区治理领域的理论发展与服务实践。自2016年建立战略合作伙伴关系以来，已连续两年联合推出《社区治理蓝皮书》系列丛书，并在山东省泰安市召开了全国性的蓝皮书发布会。丛书编撰发布以来，得到了有关政府部门、媒体和社会的大力支持与广泛关注。人民网、光明网、搜狐网等网络媒体，民政部网站和部分地方政府网站以及《中国社区报》等纸质媒体均进行了报道或转载，一些地方还组织了专门学习和研讨。这成为我们继续从事此项工作不竭的动力。

2020年，突发的新冠肺炎疫情为丛书的编撰与案例征集带来了前所未有的挑战。幸运的是，在各地民政部门的鼎力支持与编写组成员的努力之下，丛书的编写工作得以如期完成。为保持丛书的一致性与内容连贯性，《社区治理蓝皮书（2020）》延续了之前的编写体例，分为总报告、分报告、案例研究（经验总结）以及附录四部分，旨在全面总结与展示2019年中国城乡社区治理的总体发展态势。

总体上，我国2019年城乡社区治理在顶层设计与地方实践的共同积极推动下，初步建立了上下贯通、城乡联动、务实有效的社区治理体系，向着“把城乡社区建设成为和谐有序、绿色文明、创新包容、共建共享的幸福家园”建设目标持续推进。城乡社区治理在建立健全基层党组织发挥领导核心作用、基层政府发挥主导作用、基层群众性自治组织发挥基础作用、社会力量发挥协同作用的治理体系方面取得了一定成绩与进步。围绕社区治理的“六个能力”，即居民参与、社区服务供给、社区文化引领、社区依法办事、社区矛盾预防化解、社区信息化应用不断实践与创新，“三社联动”机制在推动形成基层治理新格局方面发挥着越来越重要的作用，社区治理水平稳步提升。

我们衷心希望，《社区治理蓝皮书（2020）》系列丛书可以真实、直观、全面地反映我国2019年城乡社区治理的实践进展，为广大社区实务工作者和科研工作者提供经验借鉴与研究资料。

由于编写者水平所限，书中的不足与疏漏之处，敬请广大读者斧正。

谨以此为序。

编　者

2020年7月

序

农村社区是农村社会治理的基本单元。加强农村社区基层治理与服务，是实施乡村振兴战略的重要内容，是促进城乡融合发展的配套工程，是夯实党的执政基础、巩固基层政权的重要举措。为进一步深入贯彻落实党的十九大精神和《中共中央 国务院关于实施乡村振兴战略的意见》部署要求，推进乡村治理体系和治理能力现代化，夯实乡村振兴基层基础，中共中央办公厅、国务院办公厅出台了《关于加强和改进乡村治理的指导意见》，明确了提升乡村治理的具体路径，提出要建立健全党委领导、政府负责、社会协同、公众参与、法治保障、科技支撑的现代乡村社会治理体制。该指导意见同时明确了我国乡村治理的发展方向：到2020年，现代乡村治理的制度框架和政策体系基本形成，农村基层党组织更好地发挥战斗堡垒作用，以党组织为领导的农村基层组织建设明显加强，村民自治实践进一步深化，村级议事协商制度进一步健全，乡村治理体系进一步完善；到2035年，乡村公共服务、公共管理、公共安全保障水平显著提高，党组织领导的自治、法治、德治相结合的乡村治理体系更加完善，乡村社会治理有效、充满活力、和谐有序，乡村治理体系和治理能力基本实现现代化。因此，在新形势下推进与完善农村社区治理具有重要的时代意义。

《中国农村社区治理报告（2020）》在突出2019年中国农村社区治理新变化与新特征的同时，延续了上一年的编写方式与编写体例，全书共分为总报告、分报告、经验总结、附录四个部分。总报告从宏观视角展示和把握2019年我国农村社区治理的整体图景与基本特征，揭示当前农村社区治理的现状与短板；分报告从党建、村民自治、法治建设、文化建设、环境建设、社区服务和社区工作者队伍建设七个方面具体展现了2019年农村社区治理的特征；经验总结选取了四川、江苏、山东、吉林、广西等7个省份的典型案例进行了展示与分析；附录部分提供了2019年中央和地方涉及农村社区治理重要内容的文件。

总体上，2019年，我国农村社区治理稳步推进，在科学的顶层设计和积极的地方实践的共同推动下，农村社区治理在政策、体制、机制、手段等方面都实现了不同程度的进步与发展。中央和地方层面的社区治理政策的系统性、关联性、耦合性日益增强，初步建立了上下贯通、左右联动、务实有效的社区治理体系。具体表现为：农村社区治理在突出党建引领的前提下，治理模式和手段不断创新，治理过程注重政府、党组织、村民自治组织、市场主体、社会组织以及村民个人等多方主体参与，在强化农村社区服务职能、充分释放社区活力等方面也呈现了较好的实践。

《中国农村社区治理报告（2020）》作为专业研究机构和权威媒体在农村社区治理领域的经验梳理、成果展示、问题探究、趋势探索的通力合作成果。我们希望，这部书能直观反映2019年农村社区治理的实践进展，为广大实务工作者提供经验借鉴和启示，为广大科研工作者提供研究资料和案例，从而推动我国农村社区治理领域的实践创新和理论创新。

本书的出版得到了中国社会出版社大力支持，特别感谢本书编辑付出的辛苦工作。由于编写者水平和视野所限，书中还存在着诸多不足与有待完善之处，敬请广大同人与读者斧正。

谨以此为序。

编　者

2020年7月

目　录

第一部分　总报告

第二部分　分报告

第三部分　经验总结

第一部分

总报告

2019 年中国农村社区治理分析

摘要：城乡社区是社会治理的基本单元，农村社区治理的有效程度关系到国家治理体系与治理能力现代化的进程，以全国各地实践为基础客观剖析农村社区治理的阶段性特征，对加快推进农村社区治理转型具有重要意义。本研究以 2019 年《乡镇论坛》杂志文章为数据来源，详细客观地描述了 2019 年中国农村社区治理主题内容分布和发文省份统计情况，分析了 2019 年中国农村社区治理实践的焦点和地域特征。在此基础之上，总结了 2019 年我国农村社区治理的基本经验和实践短板，并结合农村实际情况有针对性地提出了加强和完善农村社区治理的政策建议，以期为各地实践探索提供有益参考。

关键词：农村社区治理；社区服务；村民自治；乡村振兴；精准扶贫

2017 年《中共中央 国务院关于加强和完善城乡社区治理的意见》指出要全面提升城乡社区治理法治化、科学化、精细化水平和组织化程度，促进城乡社区治理体系和治理能力现代化。党的十九大报告进一步提出要健全自治、法治、德治相结合的乡村治理体系。2018 年《中共中央 国务院关于实施乡村振兴战略的意见》明确指出，乡村振兴治理有效是基础。2019 年中央一号文件要求完善乡村治理机制，保持农村社会和谐、稳定。当前中国社会正处于改革和发展的关键时刻，社会环境日益复杂，矛盾冲突多发，国家治理能力面临着巨大的考验，城乡社区是社会治理的基本单元。其中，农村社区治理水平的高低不仅关系到农村社会是否和谐与稳定，而且深刻影响国家治理的现代化转型。正因如此，及时全面总结我国各地农村社区治理的实践内容，并根据实际情况有针对性地作出改进显得十分重要。

一、中国农村社区治理总体概况

（一）数据来源和研究方法

《乡镇论坛》杂志是由民政部主管、乡镇论坛杂志社主办的关于农村社区建设的权威期刊，也是国内目前唯一以村级民主制度建设为重点报道内容的时政类刊物，创刊于1989年，主要读者为乡镇干部、村级组织成员和农民。该刊物自创办以来，始终坚持以服务农村基层为宗旨，积极宣传党和国家关于农村社区建设的政策方针，并实事求是地反映全国各地农村社区建设的具体实践，为地方各级党政领导、农村社区“两委”、农村居民及各领域学者了解基层实际和互相交流学习提供了广阔的平台。《乡镇论坛》由于聚焦广大农村，对准广大基层工作者和农村居民，刊载文章十分贴近群众、贴近基层、贴近实际，因而拥有庞大的读者群[1]，成为了解中国农村社区建设的首要刊物。

本研究以2019年《乡镇论坛》杂志发表的文章作为基础数据来源，通过对文章主题和内容的客观统计，全面反映2019年我国农村社区治理的总体概况，在此基础上细致剖析农村社区治理的年度特征、基本经验、实践短板并提出政策建议。在数据统计过程中，本研究以Excel软件为统计工具，通过描述性统计和归纳分析方法对2019年《乡镇论坛》发表的文章主题及内容做了分析和总结。

（二）农村社区治理主题内容分布

1. 农村社区治理一级主题内容分布

《中国农村社区治理报告（2020）》根据《乡镇论坛》杂志发文的核心议题，将中国农村社区治理的研究主题划分为社区服务、社区文化、社区环境、社区法治、社区工作者、村民自治、社区党建、乡村振兴和精准扶贫九大类，并将其作为一级指标予以细致分析，各指标具体解释见表1。

表1　农村社区治理研究主题分布一级指标

一级指标	指标解释
社区服务	指在政府的指导和扶持下，以村民自治组织为依托，动员村庄内部各种力量，以满足农村居民各种服务需求的活动
社区文化	指在农村社区范围内，由于长期共同生活所形成的、得到居民普遍认可的价值理念、生活方式和文化习俗
社区环境	指在农村社区范围内，与社区居民日常生活密切相关的各种环境因素
社区法治	指为维护农村社区的和谐稳定，培养居民法律意识，提升社区法治水平所开展的各种法律服务和活动
社区工作者	指在农村社区范围内，为社区居民提供多样化服务的各类人员
村民自治	指村民在法律范围内直接行使民主权利，进行自我管理、自我教育和自我服务的各种活动
社区党建	指以农村社区党组织为主体，由村民委员会等村民自治组织，辖区内的机关、企事业单位的基层党组织共同参与的区域性党建工作
乡村振兴	指在农村社区范围内，政府、企事业单位、农村党组织、村民自治组织及村民个人等为改善生产生活水平，所采取的有利于实现产业兴旺、生态宜居、乡风文明、治理有效和生活富裕的各种活动
精准扶贫	指党和国家为了有效减少贫困人口，改善贫困地区人民生活水平，根据贫困地区区域环境、经济社会和贫困人口的实际情况，因地制宜开展的各种扶贫工作

以上述指标框架为基准，对2019年《乡镇论坛》杂志发表的文章主题内容进行统计，数据统计结果如下（见表2）：社区服务是2019年农村社区治理的核心主题，其发文量占所有文章总数的19.14%，表明各地农村社区治理实践的首要内容是社区服务，如何提升农村社区服务水平是当前农村社区治理的重心。乡村振兴、社区文化、村民自治和精准扶贫相关主题的发文数量较多且对比2018年有所增加，分别占发文总数的17.40%、15.84%、15.24%、10.04%。此外，社区党建、社区环境和社区工作者等相关主题的发文量较为接近，发文量占比分别为6.93%、6.06%和5.97%。最后，社区法治是2019年农村社区治理关注相对较少的主题，表明各地农村社区治理实践中关于社区法治的内容并不多见。

表 2　2019 年农村社区治理一级主题分布

一级研究主题	文章总数	百分比（%）	排名
社区服务	221	19.14	1
乡村振兴	201	17.40	2
社区文化	183	15.84	3
村民自治	176	15.24	4
精准扶贫	116	10.04	5
社区党建	80	6.93	6
社区环境	70	6.06	7
社区工作者	69	5.97	8
社区法治	39	3.38	9
总计	1155	100.00	

2. 农村社区治理二级主题内容分布

（1）农村社区治理二级主题内容概览

《中国农村社区治理报告（2020）》在对《乡镇论坛》杂志发表文章的主题进行分类的基础上，为了更加细致地剖析各地农村社区治理实践的具体情况，研究将九个一级指标做了进一步细化，所得二级指标群落见表 3。其中社区服务细化为服务模式、基础设施建设和服务制度三项二级指标；社区文化细化为精神文化、行为文化和物质文化三项二级指标；社区环境细化为环境整治和美丽乡村两项二级指标；社区法治细化为治安维稳、扫黑除恶和法律服务三项二级指标；社区工作者细化为社区“两委”成员、社区志愿者和专业社工三项二级指标；村民自治细化为村规民约、协商议事、集体经济和自治制度四项二级指标；社区党建细化为党组织建设、党员队伍建设和党组织制度建设三项二级指标；乡村振兴细化为产业发展、文化发展、服务发展和人才队伍四项二级指标；精准扶贫细化为产业扶贫、搬迁扶贫、教育扶贫、健康扶贫和文化扶贫五项二级指标。本研究将据此对《乡镇论坛》杂志 2019 年发表文章展开进一步的统计分析。

表 3　农村社区治理一级主题内容细化

主题	主要研究内容
社区服务	服务模式、基础设施建设、服务制度
社区文化	精神文化、行为文化、物质文化
社区环境	环境整治、美丽乡村
社区法治	治安维稳、扫黑除恶、法律服务
社区工作者	社区“两委”成员、社区志愿者、专业社工
村民自治	村规民约、协商议事、集体经济、自治制度
社区党建	党组织建设、党员队伍建设、党组织制度建设
乡村振兴	产业发展、文化发展、服务发展、人才队伍
精准扶贫	产业扶贫、搬迁扶贫、教育扶贫、健康扶贫、文化扶贫

（2）农村社区治理二级主题内容分布

第一，服务模式和基础设施建设是社区服务关注的重点内容。

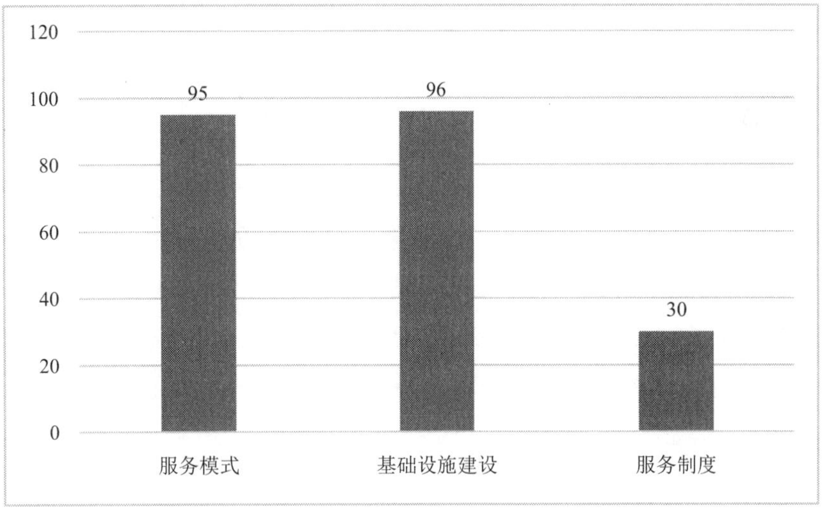

图 1　2019 年农村社区服务二级主题分布（篇）

由图 1 可知，2019 年《乡镇论坛》刊载的社区服务文章中，有关农村社区服务模式和基础设施建设的议题分布十分均衡，分别发表了 95 篇和

96篇，两类主题文章在农村社区服务类议题中的占比超过80%，说明各地农村社区十分重视基础设施建设与社区服务模式的改革创新。

在基础设施建设方面，各地农村社区仍主要围绕生产性基础设施、生活性基础设施和服务性基础设施三方面内容展开。其中，生产性基础设施主要是指直接服务于农业生产和发展的各类设施，例如农田水利、道路硬化等；生活性基础设施是指直接服务于农村居民日常生活的各类设施，包括农村饮用水设施、医疗设施、文化娱乐设施等；服务性基础设施是指间接作用于农村居民生产生活的各类支持性设施，例如农村信息化网络设施、电力电网设施等。综观2019年全国各地实践，生产性基础设施和生活性基础设施建设是农村社区服务发展的主要方向，同时服务性基础设施建设日益受到重视。例如甘肃省徽县大河店镇三泉村通过党建引领，在各级各部门的大力支持下，凝心聚力积极补齐农村社区基础设施建设短板，先后投入580万元，硬化通村通组道路17.9千米，成为大河店镇第一个村组道路硬化全覆盖的建制村，相继实施了人畜饮水、电网改造、宽带覆盖等基础设施建设工程，实施人饮工程，全面解决了全村群众饮水困难问题，让群众喝上“安全”水。[2]

在农村社区服务模式方面，各地实践表现出以下三个特点。一是注重农村社区服务模式创新。湖北省秭归县陈家坝村以公益创投理念为指导，积极培育成立了“天蓝地绿”“夕阳红”“党旗飘扬”三个志愿服务组织，通过积分管理和积分兑换的方式，激发了村庄居民参与社区公益服务的积极性，形成了“社区＋社会组织＋社会工作”的“三社联动”服务模式。[3]二是注重农村社区服务网络拓展。青海省西宁市为了提升农村社区服务效率，全面推行网格化管理，实行“多网合一，一网多格；一格多员，责任捆绑、组团服务”的管理服务模式，实现了从“管理为主”向“服务为主”，从“一个平台”到“一张网”的发展，从“上面千条线”汇聚到“基层一张网”的工作格局，逐步实现了办事流程优化、为民服务高效的目标。[4]三是注重发挥多元主体在农村社区服务中的作用。山东省邹城市通过政府购买服务、组织开展社区公益项目创投大赛等方式，鼓励社会工作专业人才到农村社区开展工作，为留守儿童、留守老人及重度残疾人提供生活服务，目前全市已有阳光惠残公益中心、暖心源公益服务中心、晨光社会工作服务中心等25个社会组织到农村社区常态化开展服务，专业服务人员达1200余人，农村社区服务的专业化水平得到明显提升[5]。

在服务制度方面，国家和地方层面均做了相关探索，2019年《乡镇论坛》涉及此方面内容的文章数量达30篇。为了提升农村社区服务的效率和质量，国家积极完善顶层制度设计，持续推进低保制度与扶贫政策相衔接，建立了困难残疾人生活补贴、重度残疾人护理补贴制度和农村留守儿童关爱保护制度等[6]，为地方政府推动农村社区服务发展提供了制度保障。同时，地方政府结合各地实际完善了农村社区服务相关制度，有效提升了农村社区服务的规范化和标准化水平。

第二，产业发展是乡村振兴的核心议题。

2017年党的十九大报告正式提出乡村振兴战略，要求按照“产业兴旺、生态宜居、乡风文明、治理有效、生活富裕”的总要求推动农业农村发展。毫无疑问，实施乡村振兴战略是解决我国发展不平衡不充分问题、满足人民日益增长的美好生活需要的要求[7]，乡村振兴战略所要解决的关键问题是要扭转乡村衰落的局势，实现农业农村的全面振兴。

2019年《乡镇论坛》杂志共刊登乡村振兴主题文章201篇，其中有关产业发展的二级主题文章179篇，占比超过89%，说明相较于乡村振兴的其他方面，产业发展尤其受到各地重视，文化发展、服务发展和人才队伍等相关内容在2019年也获得了一定的发展（如图2所示）。江苏省连云港市海州区浦南镇江浦村将美丽乡村建设与产业发展相结合，重点培育了旅游、特色农业等优势产业，同时立足各村特色打造“一村一品”，实现了美丽乡村向美丽经济的转化，不仅有效改善了乡村面貌，而且推动了集体经济的迅速发展，农民群众的获得感、幸福感得到明显提升[8]。重庆市九龙坡区以特色农业为突破口，重点引导农村社区发展休闲渔业等特色种养业。例如，西彭镇真武宫村围绕生态农业公园的发展定位，积极培育休闲产业，形成了休闲度假和生态农业互动发展的格局，多品种、小规模、精品化的特色产业发展模式有效推进了农村产业振兴，既有效增强了农村发展活力，也倒逼和改善了农村治理结构[9]。福建省建瓯市东游镇溪屯村建立乡贤驿站为乡贤共商家乡发展之策、共兴乡村振兴之举提供了一个平台，同时筹集了乡贤教育基金，为人才培养贡献力量[10]。

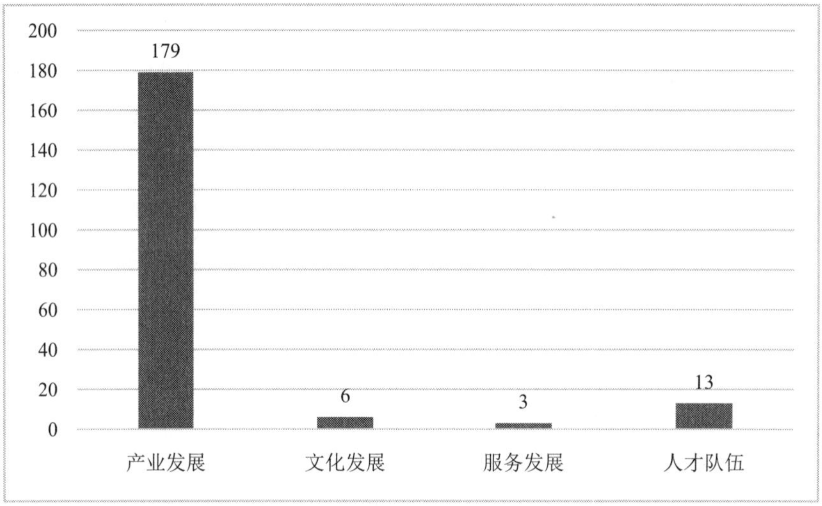

图 2　2019 年农村社区乡村振兴二级主题分布（篇）

第三，精神文化是农村社区文化实践的热点内容，行为文化和物质文化的关注度有所增加。

由图 3 可知，2019 年全国农村社区文化议题中，精神文化议题发文数量为 93 篇，行为文化和物质文化发文数量则分别为 55 篇、35 篇，说明精神文化内容是当前农村社区文化建设的核心，行为文化和物质文化同样得到了关注。农村社区精神文化是指农村社区居民所持有的各种意识形态和文化观念的集合，也是行为文化和物质文化的基础。浙江省安吉县深入挖掘安吉历史文化和人文资源，将昌硕文化、竹文化、孝文化、茶文化与乡村振兴有机融合，同时通过道德讲堂、“安吉好人”评选、文化礼堂等载体，发挥了德治礼序、村规民约、家规家风的教化作用，增强了村民的归属感和认同感，为加强农村社区治理奠定了坚实基础[11]。农村社区行为文化是指农村社区居民在日常生产生活中所表现出来的行为方式和行动倾向，容易受到外部环境的深刻影响。广西壮族自治区恭城瑶族自治县以开展传承中华优秀传统文化活动为契机，引导各村成立传承中华优秀传统文化联合会，组建民间文艺队、篮球队等积极健康向上的文体队伍，通过举办“盘王节”“七月香”等传统民俗活动，丰富了农村群众的文化生活，促进了乡村振兴和乡风文明建设[12]。物质文化是精神文化与行为文化具象化所表现出来的物质产品，其形成和发展既受两种文化的影响，同时也能够反作用于两种文化，三种文化彼此交融、交互影响。

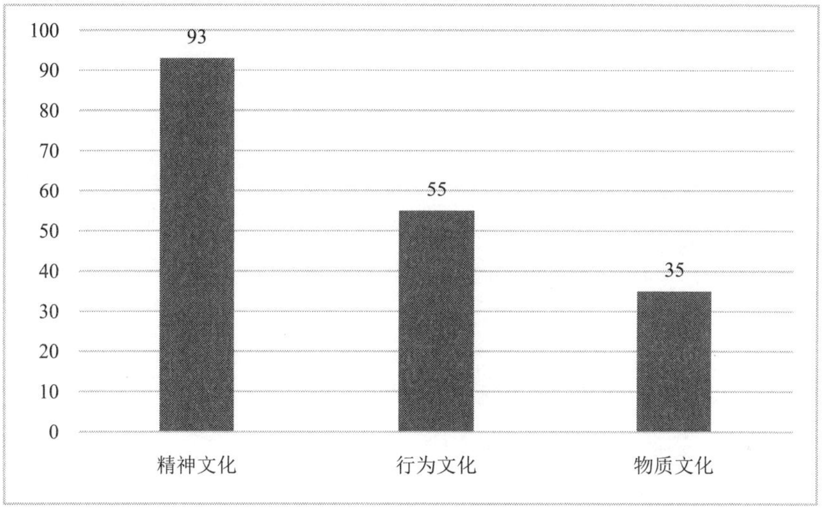

图3　2019 年农村社区文化二级主题分布（篇）

第四，村规民约和协商议事是村民自治实践的两大主题，集体经济和自治制度同样受到重视。

村民自治作为基层民主的核心内容，在农村社区治理中具有举足轻重的地位，农村社区治理水平的高低很大程度上取决于村民自治的实现程度。2019 年《乡镇论坛》杂志刊载文章的主题统计结果显示（见图 4），村规民约和协商议事是 2019 年村民自治实践的两大热点，发文数量分别为 70 篇、60 篇，可见，如何有效激发基层民主活力，发挥村民在社区公共事务中的积极作用仍是当前农村社区治理研究的核心内容。湖北省浠水县白莲镇长岭岗村以贴近时势、贴近村情、贴近群众为原则先后 4 次修订村规民约，有效凝聚了群众智慧，调动了群众力量，农村社区建设各项工作得以顺利开展。贵州省台江县老屯乡长滩村推行“十户一体”管理模式，按照距离相近原则将村民自治单元从建制村下移到小组，每小组由10名左右村民组成，并选举出户长负责组织村民参与自治活动，明显激发了基层创造力与活力[13]。江苏省东海县双店镇代相村创新推出了“一委三会”工作法，在村党组织的领导下，通过村民议事会、村民监委会与村民委员会合署办公，互通有无，形成“党组织领导、议事会协商、村委会实施、监委会监督”的基层社会治理格局[14]。

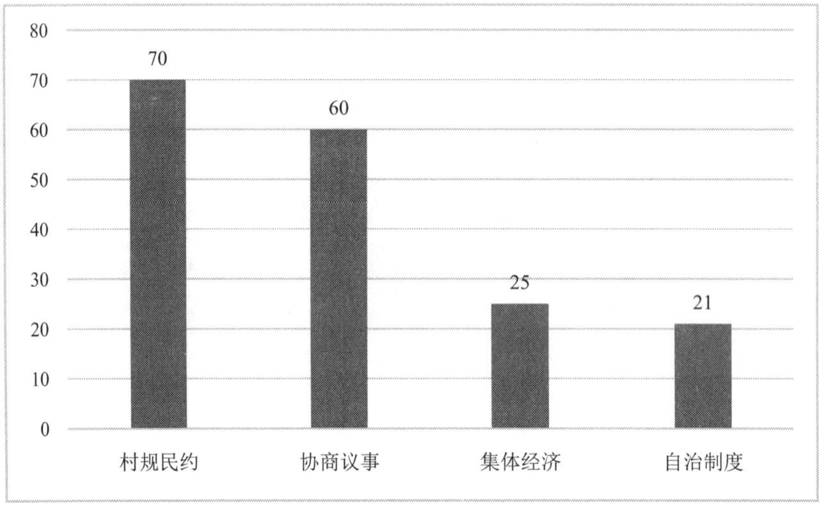

图4　2019年村民自治二级主题分布（篇）

推动集体经济发展是提升村民自治水平的重要基础，加强制度建设则是村民自治的重要保障。2019年，各地根据地方实际针对上述两项内容做了卓有成效的探索。例如，重庆市白市驿镇海龙村坚持把发展壮大集体经济、增加农民收入放在城乡统筹发展的首位，在大力发展农业的同时积极招商引资，着力打造了海龙工业园区，引进了机械、木业、食品等多种行业企业，截至2018年底，全区共有企业342家、个体工商户407个，第一、二、三产业总产值达60亿元，纳税总额近1亿元，村集体固定资产

（含股份公司）历史性地突破3.6亿元，村民人均纯收入增长到2.8万元，村集体经济收入达1200万元[15]。安徽省部分地区在村“两委”的指导下，根据各自实际情况制定了《村民代表会议制度》《村民理事会章程》《村民理事会会议制度》《环境卫生制度》《村民理事会调解制度》等村民自治制度，提升了农村社区治理的标准化和规范化水平[16]。

第五，产业扶贫是精准扶贫的核心内容，搬迁扶贫、教育扶贫、健康扶贫与文化扶贫实践不断发展。

精准扶贫政策是新时期党和国家为了有效减少贫困人口，改善贫困地区人民生活水平所作出的重要战略举措，也是当前农村社区治理的重要内容。精准扶贫的核心在于“精准”，强调精准识别、精准扶持和精准考核[17]，要求扶贫工作必须根据贫困地区区域环境、经济社会和贫困人口的实际情况，因地制宜地制定扶贫政策、开展扶贫工作，正因如此，全国各地农村社区的精准扶贫工作具有形式多样的特点。2019年《乡镇论坛》杂志共发表精准扶贫相关主题文章116篇（见图5），其中涉及产业扶贫议题的文章有88篇，占比56.41%。由此可见，产业扶贫是当前农村社区精准扶贫工作的主要形式。例如，甘肃省徽县柳林镇紧抓全县产业扶贫工程的机遇，充分发挥基层党组织在精准扶贫工作中的核心作用和专业合作组织、能人大户的带动作用，采取“党支部+”的模式找准符合各村村情的特色产业，在全镇发展起了一大批具有代表性的产业示范园区，带动贫困群众探索出了一条符合当地实际的科学发展之路，全镇特色产业遍地开花、蓬勃发展，为脱贫攻坚奠定了坚实的基础[18]。

除产业扶贫形式外，搬迁扶贫、教育扶贫、文化扶贫和健康扶贫等形式同样受到地方党政机关的重视，各地根据实际情况因地施策，各有侧重。例如，贵州省把易地扶贫搬迁作为脱贫攻坚的重中之重，率先在全国启动规模空前的易地扶贫搬迁工作，总规划搬迁贫困人口188万人，截至2019年2月，累计搬迁入住132万人；同时积极强化顶层设计、完善组织体系、健全治理机制、提升服务水平，有效提升了易地扶贫安置点的社区治理水平[19]。安徽省黟县宏潭乡积极落实教育扶贫政策，全乡共有48名学生享受了教育帮扶政策，同时着力推进“雨露计划”，2019年春季全乡共有7名高职、大专生享受每户 1500 元的补助[20]。湖北省襄阳市襄州区黄龙镇精准扶贫工作重视多种举措共用，2019 年积极争取产业扶贫到户资金 60 多万元、教育扶贫资金 7.5 万元、金融扶贫资金 60 户共 300 万元，1805 人享受大病救助资金 98 万多元，完成危房改造 52 户，贫困人口数量明显减少[21]。

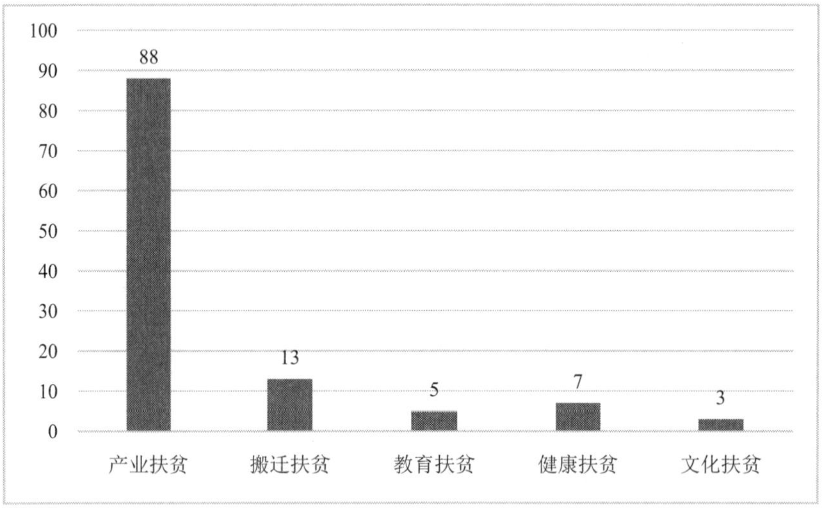

图 5　2019 年农村社区精准扶贫二级主题分布（篇）

第六，党组织建设和党员队伍建设是社区党建的两大热点，党组织制度建设趋于精细化。

农村社区党组织是农村社区治理各项工作的领导核心，加强社区党组织建设，增强社区党组织战斗力是提升农村社区治理水平的必然要求，当前农村社区党建的核心内容主要包括以下三个方面（图 6）：其一，创新党组织建设方式。组织建设是社区党组织在农村社区治理中发挥领导作用的载体和平台，是社区党组织开展一切工作的前提和基础，2019 年《乡镇论坛》杂志社区党建相关议题中，党组织建设发文数量占比达 54.76%，表明在各地农村社区党建工作中，党组织建设被摆到了首要位置。江苏省张家港市牢固树立“党建引领”的根本原则，切实发挥党组织在农村社区治理中的核心作用，通过调整农村社区党组织架构、强化党内民主和指导监督，有效促进了党的领导和基层群众自治组织在“组织、工作、利益”三个方面的深度融合，目前已优化调整形成特色党支部1354个、功能性党小组4100多个，形成了层次分明、特色彰显的“党委＋总支＋特色党支部＋功能性党小组”的党组织架构[22]。其二，强化党员队伍建设。加强党员队伍管理，明确工作纪律，形成党组织合力是2019年农村社区党建的重要内容。例如，黑龙江省青冈县制发《关于加强村党组织书记队伍建设的意见》，对村党组织书记职责任务、选拔任用、教育培养、激励保障、管理考核等进行细化明确，为推动村党组织书记作用发挥提供了重要遵循[23]。其三，完善党组织制度建设。制度建设是组织建设的重要内容，在明确组织目标、规范组织运行、管理组织成员等方面发挥着重要作用，2019年各地对农村社区党组织制度建设的重视程度均有所提高。江苏省东海县双店镇代相村村党支部通过“三会一课”“集中学习日”和“党员积分管理”制度建设对每一位党员的表现进行综合研判，公开上墙接受群众监督，并将党员积分卡当作评选优秀党员和判断不合格党员的重要依据[24]。

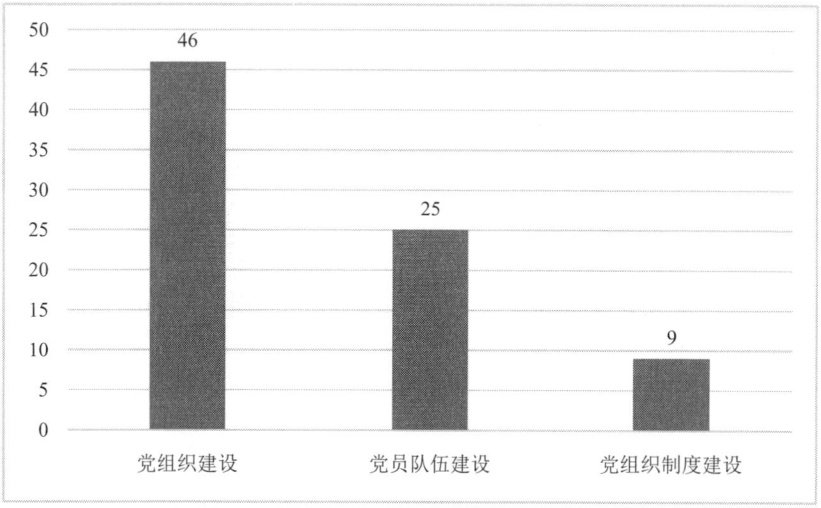

图6　2019年农村社区党建二级主题分布（篇）

第七，环境整治与美丽乡村实践取得进步。

2019 年《乡镇论坛》杂志共刊登农村社区环境相关议题文章 70 篇（见图 7），其核心内容主要围绕环境整治和美丽乡村两方面展开。农村社区环境整治是农村居民最为关心和最为迫切需要解决的人居环境卫生问题。有效发动农村居民广泛参与，着力解决“脏、乱、差”问题是 2019 年农村社区环境整治的重点。例如重庆市铜梁区为大力推进农村社区人居环境整治工作，在全区 300 多个村组全面推行了农村人居环境改善积分制度，积分对象为全体村民家庭，积分项目包括农村“厕所革命”、农村生活垃圾治理、生活污水治理、村容村貌提升、农业生产废弃物资源化利用等重点工作。各个镇街党委根据具体情况设置积分项目和分值标准，通过量化考核到农户。农户积分情况村里每月公示一次，按照一户一档建立积分台账，最后在村组的公示栏公示，接受村民监督，有效增强了群众环保意识，降低了农村人居环境整治行动的成本和实施难度[25]。

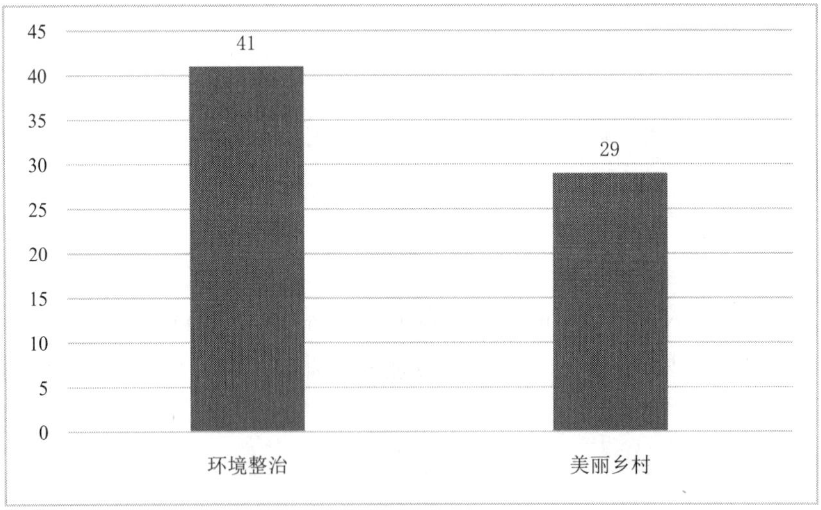

图 7　2019 年农村社区环境二级主题分布（篇）

美丽乡村建设是美丽中国建设的前提，是指在环境整洁的基础上，结合农村实际，制订农村环境规划，全面提升农村居民人居环境状况所采取的各项行动。环境整治是美丽乡村建设的重要内容，2019 年各地美丽乡村建设很好地结合了“生态文明”的理念。山东省平邑县为提升美丽乡村档次，打造地绿、花海、景美的生态平邑，广泛栽植乡土草花，形成有村就有绿、有路就有绿的环保模式，一个个绿色村庄、一条条绿色通道相继建成。同时，按照留住乡愁、方便群众的理念，整治 177 个村庄汪塘，搞好生态护坡，打通原有水系，还原一潭活水，把汪塘变成了保护生态环境和乡村自然风貌的“生态明珠”，目前全县创建省级森林村庄 5 个，市级森林乡镇 2 个，市级森林村庄 17 个[26]。

第八，社区“两委”成员是社区工作者的核心议题，社区志愿者和专业社工队伍有所壮大。

由图 8 可知，2019 年《乡镇论坛》发表的关于农村社区工作者的相关议题文章中，有关农村社区“两委”成员的文章较为多见，合计 33 篇，表明村“两委”成员队伍建设仍是当前各地农村社区工作者队伍建设的核心内容。河北省定州市委、市政府为了加强对村“两委”成员的管理，出台了《定州市村（社区）“两委”班子及成员千分制考核动态管理暂行办法》，对村“两委”班子及成员给予资金激励保障，彻底解决了“农村干部干与不干、干多干少、干好干坏都一样”的问题[27]。在加强农村社区“两委”成员队伍建设的同时，2019 年各地农村社区对专业社工队伍和志愿者队伍建设的重视程度也不断提升。例如，江苏省常州市新北区十分重视发挥专业社工在农村社区治理中的积极作用，通过人才引育、考核激励，全区社工人才队伍不断壮大，目前全区持证社工 735 人，每万人中有 10. 5 人持证。与此同时，新北区持续加大政府和村购买社会组织服务的力度，将村“两委”、专业社工和网格员 3 支队伍进行有机结合，实现了社区、社会组织、社工人才的有效联动，有效推进了农村社区治理创新工作[28]。山东省枣庄市薛城区十分注重发挥党员在社区志愿服务中的引领作用，积极组织社区一批有特长、有能力的党员组建起党员志愿服务队，开展困难帮扶、医疗保健、技能培训、就业服务等各种便民利民活动，形成了党员带头、各方参与、共建和谐的社会治理局面[29]。

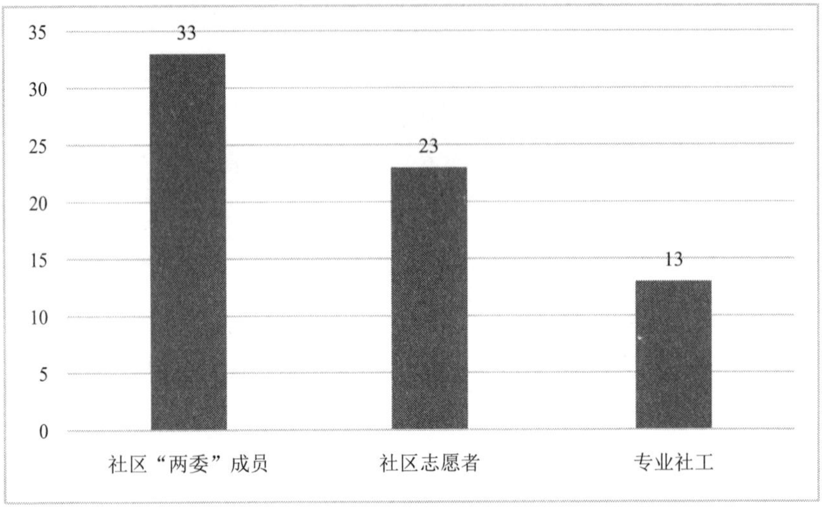

图 8　2019 年农村社区工作者二级主题分布（篇）

第九，治安维稳是社区法治关注的焦点，法律服务内容得以扩展。

近年来，随着农村社区环境复杂程度的不断提升，社区法治在农村社区治理中的地位日益凸显。2019 年《乡镇论坛》杂志共发表社区法治相关主题文章 39 篇（见图 9），其中治安维稳相关主题文章 20 篇，法律服务文章 12 篇，扫黑除恶文章 7 篇，可见，当前农村社区法治的重心仍是治安维稳；同时农村社区法律服务内容日益受到重视，扫黑除恶工作也取得了一定进展。江苏省南京市高淳区十分关注农村社区治安维稳和扫黑除恶工作，着力实行“一村一警”和“雪亮工程”建设，实现了视频治安监控全覆盖，有效提高了群众的安全感。同时，高淳区还为 134 个农村社区全部聘请了法律顾问，实现了“一社区一法律顾问”的目标，同时充分发挥“和事佬”调解室站位一线、扎根基层的作用，大大提升了村民间矛盾纠纷的化解效率[30]。

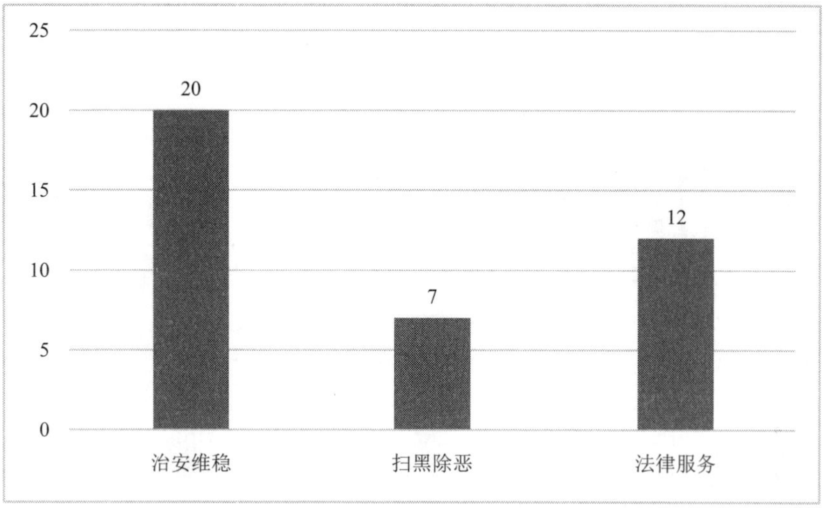

图 9　2019 年农村社区法治二级主题分布（篇）

（三）农村社区治理发文省份分布

中国地域辽阔，各地农村社区治理状况千差万别，为清晰了解全国农村社区治理的整体状况，本研究对 2019 年《乡镇论坛》杂志各省份发文数量做了详细统计。由图 10 可知，2019 年《乡镇论坛》杂志发文涉及 31 个省、自治区、直辖市。其中，山东省、安徽省、江苏省、四川省和湖北省的发文数量位居前列，数量排名第一的山东省 2019 年共发表文章 83 篇，明显超过其他省份，安徽省和江苏省发文数量也较多，分别达到 67 篇、60 篇。宁夏回族自治区、青海省、内蒙古自治区、广西壮族自治区等 11 个省、自治区、直辖市的发文数量较少，均不足 10 篇；天津市和西藏自治区的发文数量尤为稀少，分别为 3 篇和 1 篇。据以上数据可知，2019 年山东省、安徽省、江苏省等多个省份农村社区治理的优秀案例被广泛宣传，这在一定程度上表明这些省份的农村社区治理工作得到了地方党政机关的高度重视，取得了明显成效，农村社区治理各项工作走在全国前列。相较而言，辽宁省、黑龙江省、天津市、西藏自治区等发表文章数量较少，农村社区治理工作的宣传力度有待加强。

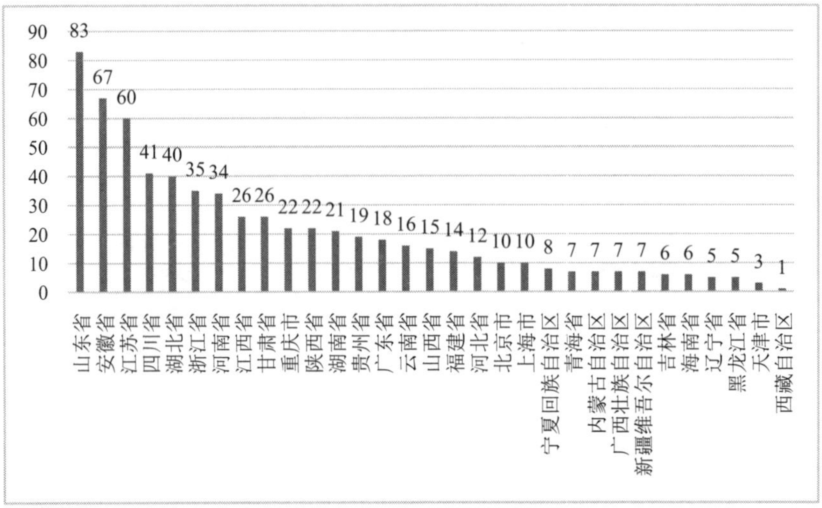

图 10 《乡镇论坛》2019 年发文省份统计情况（篇）

（四）农村社区治理学术研究态势

为了更加全面、客观地描述 2019 年中国农村社区治理学术研究的前沿、热点，笔者分别以“村庄治理”“农村治理”“农村社区”和“乡村治理”为关键词，搜索中国知网，得到 2019 年 1 月 1 日至 12 月 31 日发表的期刊文章共计 892 篇，作为本研究的文献样本。同时，为了直观反映 2019 年农村社区治理研究的态势，本研究借助于陈超美教授开发的 Cite Space 软件对文献样本展开分析，删除文献检索的关键词频次统计结果，最终得到表 4 和图 11。

关键词共现是指两个能够表达同一研究主题或方向的词语在同一篇文章中出现，两个关键词同时出现的次数越多，说明两者之间的关系越密切[31]。分析表 4 和图 11 得到以下结论：其一，2019 年农村社区治理学术研究取得较大进展。据《中国农村社区治理报告（2019）》分析，2018 年农村社区治理学术研究关键词出现频次较多的分别为乡村振兴、村民自治、振兴战略、基层治理和精准扶贫等，频次统计结果为 48、24、18、16、15，远低于 2019 年农村社区治理学术研究关键词频次统计数量。其二，2019 年农村社区治理学术研究主题具有集中性。在 2019 年农村社区治理相关学术研究中，“乡村振兴”关键词的出现频率为 198 次，该主题的关注度远高于其他议题，表明学者们热衷于从乡村振兴角度探讨农村社区治理的相关问题。其三，2019 年农村社区治理学术研究出现新热点。与 2018 年农村社区治理学术研究相比，新乡贤、村规民约和农村法治相关主题文章发表的数量明显增多，其中“村规民约”主题文章的增加尤为明显，关键词出现频次为 32 次，2019 年学者们对村规民约的学术研究明显增多，说明新乡贤、村规民约和农村法治是 2019 年农村社区治理研究的新热点。

图 11　2019 年农村社区治理关键词共现网络

表4　关键词共现频次、中心性及名称统计

序号	频次	中心性	关键词
1	198	0. 72	乡村振兴
2	45	0. 15	新乡贤
3	41	0. 07	村民自治
4	32	0. 07	村规民约
5	30	0. 07	乡村振兴战略
6	26	1. 06	乡村治理体系
7	22	0. 21	法治
8	21	0. 00	村庄治理
9	20	0. 07	乡贤文化
10	20	0. 46	新时代

二、中国农村社区治理年度特征

（一）农村社区治理模式和手段不断创新

改革开放以来，我国农村社会的政治、经济面貌发生了巨大的改变，农民的物质、文化生活水平有了质的提升；但农村社会治理却面临着越来越多的考验，比如利益冲突所引发的矛盾纠纷事件、农村“三留守”问题、社会治安问题、宗族对抗以及黑恶势力的干扰等，国家治理能力面临着巨大的考验。社区是社会治理的基本单元，社区治理水平的高低不仅与每一位居民的切身利益息息相关，而且关系到整个国家和社会的和谐稳定。加强和完善农村社区治理是整合农村社会内部资源，维护农村稳定的必然要求。2019 年为了切实提升农村社区治理水平，各地相继开展了一系列创新实践活动，农村社区治理模式与手段不断更新。山东省济南市钢城区艾山街道以互联网为依托，创建了信息服务平台，共包括走进艾山、药谷发展、智慧党建、城市管理、民生热点、平安艾山、留言专区等七大功能板块，将民生服务、双城同创等群众关注热点聚集到统一的服务信息平台，居民只要用手机扫一扫艾山街道智慧化信息平台的二维码，即可进入社区服务平台，了解并享受社区多样化的服务，信息化手段的应用不仅有效提升了农村社区治理的效能，而且实现了社区工作的透明化和便捷化，得到了当地群众的广泛认可[32]。

（二）农村社区治理主体趋于多元化

治理是一个多方文化参与，主体之间相互作用、不断调和，以实现联合行动的复杂过程，治理不强调上下级关系，其核心是最大限度发挥多方参与主体的作用，以维护和实现共同利益。社区治理是治理理论在微观社会领域的应用，农村社区治理是促进多方合作，共同维护和执行村民共同意愿的过程。随着农村社区原子化、阶层分化程度的不断加深，党组织发挥核心领导作用建立起能够有效协调与沟通各方利益的统筹机制是当前提升农村社区治理绩效的迫切需要。综观2019年中国农村社区治理实践不难发现，各地在加强和完善农村社区治理的过程中很好地体现了政府、党组织、村民自治组织、市场主体、社会组织以及村民个人的共同参与。山东省莱西市在加强农村社区治理体系建设过程中，积极推动社区治理重心下移，注重发挥多方主体的积极作用，主持起草了《青岛市农村社区社会工作服务规范》，成立了全省首家社工和志愿者联合会。社工和志愿者联合会在充分整合社工专业优势和志愿者人力资源的基础上，形成“社工引领志愿者，志愿者发动群众，群众参与志愿者，志愿者协助社工”的良性互动机制，在农村社区助老爱老、关爱儿童、扶贫助残、无偿捐献等领域发挥了重要作用，一定程度上实现了政府治理和社会调节、村民自治的良性互动[33]。

（三）农村社区治理创新突出党建引领作用

中国共产党是中国各项事业的领导核心，农村社区治理水平的高低在很大程度上取决于基层党组织的战斗力，完善农村社区治理必须强化基层党组织建设，充分发挥基层党组织在农村社区治理中的领导作用。2019年各地农村社区治理创新坚持以加强党组织建设为引领，积极探索社区党建新思路，不断完善社区党组织设置方式、强化党员干部队伍建设、健全党组织管理制度，社区党建工作取得了明显成效，实现了社区党建与社区治理的有机融合，农村社区治理形式与内容不断丰富。安徽省铜陵市义安区老洲乡光辉村以社区党建为引领，一方面以加强社区党建工作为基础，形成了“党建＋产业”“党建＋生态”的兴民富民模式，带动了一大批农村居民脱贫致富；另一方面，积极打造了“党建＋乡贤”“党建＋协商”“党建＋三社”三项社区治理平台，探索形成了“一二三”乡村治理模式，有效提升了农村社区治理水平[34]。

（四）农村社区治理注重挖掘村民自治力量

我国素有村庄自治的传统，现代村民自治制度产生的本源力量实际来自村庄本身所蕴含的独特社会力量，这种社会力量将横向松散的村民个体联结成一个具有一定自主性、互动性和整体性的村社共同体，村社共同体的存在是农村社区治理的重要社会资本。强化村民主体地位，激发村民参与社区治理的积极性和主动性，是提升农村社区治理水平的有效路径。2019年各地农村社区治理实践主要通过提高村民的组织化程度，建立专业合作社、志愿者队伍等方式，将农村社会内生力量集结在一起，积极完善社区沟通、协调机制，形成了农村社会治理的基础力量。四川省丹棱县双桥镇金藏村针对“管村治村无抓手、民心涣散心不齐”的问题，探索建立了村规民约“六清工作法”，实现了村规民约从“无人问津一废纸”到“说事论理一把尺”的成功转变，在社会治理、产业发展、环境改善、移风易俗等方面取得了长足进步[35]。

三、中国农村社区治理基本经验

（一）坚持以社区党建为引领完善农村社区治理机制

加强和完善农村社区治理是国家治理体系和治理能力现代化建设的重要内容，农村社区治理各项工作必须坚持以党建为引领，才能保证基层治理的整体方向正确，才能保证党和政府制定的大政方针能够有效贯彻落实。

2019 年各地农村社区治理实践的基本经验之一是将社区党建工作与基层治理很好地衔接在了一起，有效提升了基层治理的效能。具体而言，包括以下三个方面内容：一是以党组织建设为载体，打造多方主体共同参与的农村社区治理平台。“21 世纪，治理可以被理解为政府、私人部门、志愿者组织和社区彼此关系的变化，以应对越来越复杂、不断变化和多样化的世界。”[36]引导多元化主体共同参与是加强和完善农村社区治理的有效路径。2019 年各地通过加强基层党组织与乡贤组织、企事业单位党组织、社会组织等的合作，将基层治理的各方力量聚集到一起，激发了农村社区治理的活力。二是以党员队伍建设为抓手，提高农村社区工作者专业素质。村级党组织、村民自治组织是农村社区治理最为重要的两种组织，村党支部成员是农村社区工作者的重要组成部分。2019 年各地通过基层党员培训、公开招录、人才引进等方式，基层党组织成员队伍进一步壮大，农村社区工作者干部素质明显提升。三是以党组织制度建设为突破口，提升农村社区治理的规范化水平。制度建设是组织规范运行的基础保障，农村社区治理只有建立完善的制度体系，才能更好地为人民服务，基层党组织管理制度是基层治理制度体系的重要组成部分。2019 年各地通过完善党员干部管理制度、监督制度等，农村社区治理的科学化水平得到明显提升。

（二）注重发挥协商民主在农村社区治理中的积极作用

2019 年中央一号文件指出要“完善乡村治理机制，加强自治组织规范化制度化建设，健全村级议事协商制度，推进村级事务公开，加强村级权力有效监督”，基层协商民主是实现基层治理最有效的方式之一。

2019 年各地农村社区治理出现了很多协商民主的实践形式，例如广东省南雄市的“党群理事会”、湖北省秭归县的“两长八员”、浙江省天台县洪畴镇的“1 + X”议事模式等，这些协商民主实践拓宽了村民参与农村社区治理的途径，激发了村民参与基层民主实践的热情，既丰富了农村社区治理的形式，又提高了村民对于基层治理各项工作的认可度，为高效解决农村居民关心的各种难题搭建了平台。创新基层协商民主形式是2019年我国农村社区治理实践的突出特点之一，但整体而言，其仍处于探索阶段，要积极发挥协商民主在农村社区治理中的积极作用还需从以下几个方面作出努力：其一，增加村民主体参与，提高协商主体的民意代表性。普通村民是农村社区治理最重要的主体，协商议事组织在积极吸纳退休干部、老党员、致富能手等乡村精英参与的同时，也要积极拓展普通村民参与协商议事的途径。其二，完善议事制度，规范协商议事程序。完善的制度设计是协商议事程序规范、结果公平的重要保证，只有明晰协商议事的各项规则，才能更好地维护和实现村民的利益，这些制度包括议事代表选举、议题设置、决策制度等。其三，充分挖掘农村社会资本，提升协商议事效率。有别于城市社区，农村社区是一个熟人社会，有其独特的规则体系，宗族关系、人情网络、道德理念等是人与人之间交往处事的重要依据，了解并利用这些规则体系，将有助于提高协商议事的效率。

（三）遵循由点到面的逻辑整体推动农村社区治理改进

综观2019年农村社区治理实践不难发现，各地在结合地方实际的前提下各有侧重地展开了探索，且在不同层面上取得了一定成效。然而，加强和完善农村社区治理是一项极为复杂的系统工程，因此只有从整体性的思路出发，才能凝聚农村社区内外各种积极力量形成合力，避免各要素之间各自为政的现象，系统推动农村社区治理进步。

如何将零碎、分散的力量整合到一起形成推动农村社区治理改进的强大合力是当前迫切需要思考的问题。2019年各地实践表明，要系统推进农村社区治理转型升级应当从理念转变、平台搭建、资源整合和机制完善四个方面着手。首先，要坚持共建共治共享理念，尊重村民治理主体地位。农村社区治理需要发挥村民主体的能动作用，积极拓展村民参与社区治理的途径，提高村民自治能力。其次，搭建多方参与平台，完善农村社区治理网络。根据社区实际情况，为各类群体搭建利益表达的畅通渠道，保证农村居民各种利益诉求、矛盾纠纷能够得到及时反馈与化解。再次，充分发掘社区资源，激发社区治理内在活力。统筹农村社区现有的各种人力、物力和财力资源，将其运用到农村社区治理各项工作中，例如利用社区空闲场地建设村民社区活动中心，组织动员社区能人利用专长开展服务等。最后，建立健全农村社区治理的体制机制，增强基础保障。完善包括民主选举、民主决策、民主协商、民主管理、民主监督等在内的村民自治制度，明确集体经济组织产权及成员范围，制订农村社区发展规划，构建目标明确、规划合理、行动有力的农村社区治理体系。

四、中国农村社区治理实践短板

党的十九大以来，随着我国治理能力现代化进程的推进，全国各地区农村社区纷纷探索社区治理新举措，并取得了长足进步，有效促进了我国基层治理现代化与基层民主的发展。但在具体的治理实践过程中，由于受到各地区农村经济发展状况、文化习俗、治理主体利益博弈等现实因素的影响，农村社区在治理实践中仍存在一些短板。主要表现为以下几个方面。

（一）治理主体角色错位

政府是农村社区治理强有力的组织者和推动者，实现农村社区居民的自我管理、自我教育、自我服务的社区自治目标，也是农村基层政府面临的现实任务。然而，在微观治理层面，农村社区治理更加注重政府、居民、各类社区社会组织以及企业之间的共同合作。究其根本，社区治理是对社区合作网络的管理，并包含了以下两个方面的内涵：一是基层政府是社区治理的重要主体，但不是社区治理的唯一主体，政府、企业、社区组织和居民等都是社区治理的主体，多元主体的参与在众多社区事务领域中发挥着重要作用；二是多元主体的角色与定位方面，基层政府与其他社区治理主体应是合作伙伴关系而非“上级”与“下级”或“管制”与“被管制”的关系。

就农村基层政府而言，如何在多中心公共行动体系和合作网络中明确自身的角色与职责是社区治理过程中的难题。然而，新时期在推进农村社区治理过程中，农村社区治理主体角色“错位”的现象时有发生，主要表现为政府行政化主导社区治理的“越位”以及政府在社区治理制度与机制建设方面的“缺位”。

一方面，农村基层政府“越位”，行政化干预农村社区治理。在日常的社区事务中，一些乡镇政府把社区居委会当作自己直属的基层行政组织，运用以往一贯的领导方法进行指挥管理。某些乡镇政府甚至以社区居委会是否及时有效完成上级政府的指示、命令，作为评定文明社区和选拔干部的重要指标。社区居委会既要服从政府的意志以完成协助的功能，又要管理社区内部事务，维护社区居民权益。此外，由于基层政府长期以传统的高压行政命令治理社区，导致在实际治理工作中自身定位不清，包揽了不属于自己管理的事务，又把本属于自己的职责推给了社区，造成基层政府主导社区治理，而其他社区治理主体失语的现象。

另一方面，农村基层治理政府“缺位”，治理制度与建设投入不足。在制度层面，我国当前农村经济社会发生的历史性变迁形成了新时期的农村社区形态，要求对现有的社区治理制度予以建设和创新，以满足新时期农村社区治理的现实需要。但我国基层政府在有关农村社区治理的法律制度方面的配套制度建设还有待健全。在社区建设层面，由于基层政府缺乏对农村社区建设的系统认识，致使对农村社区建设相配套的硬件设施与公共服务投入不足，政府本应当承担的公共责任缺位。

（二）治理机制有待完善

总体来看，在我国当前农村社区治理实践中，基层政府虽然在宏观上已经开始构建多方参与的治理机制，但这一机制仍较多地体现了上级政府的主观意愿。换言之，基层政府在采用传统的行政思维与管理手段来应对农村基层社会治理变化所带来的压力和挑战，并未从体制机制以及治理理念上作出变革。有效治理机制的缺失直接导致了农村社区内部微观自治组织发育迟缓、体系不完善，使得部分农村社区层面成立的自治组织无法驾驭社区的自我治理。此外，治理机制的不完善也影响了居民参与农村社区治理的积极性与主动性，而其他社会力量（如慈善组织等）参与社区治理也更多体现为政府主导下的被动参与。因而，尽管多元化治理已经成为现代社区治理中达成的共识，但是多元化治理的制度设计还需进一步完善，尤其是如何在农村社区治理实践中建立多方参与、共同治理的体制机制，仍有待探索。

（三）治理手段亟待创新

在乡村振兴战略的推动下，我国农村社区治理的“三农”基础正在发生质的变革，农村社区逐步呈现村庄“去村落化”、农民“市民化”、农业“工商化”等特征[37]。这些变革在推动农村社区治理能力现代化进程的同时，也给社区治理的技术与手段带来了新的挑战。从我国目前农村社区治理的普遍实践来看，仍采用传统的治理方式，现代化与信息化治理手段运用不足。主要表现为以下方面。

在党建方面，大多数农村社区的基层党组织成员对互联网的功能缺乏足够的认知，对“互联网＋党建”的手段运用不足；在社区管理方面，传统的坐班式管理仍然被多数农村社区所采用，日常事务仍需提交大量事务性的纸质材料以供核验，未利用信息化的便捷手段；在社区服务方面，“一站（管理服务站）一办（综合治理办公室）”的服务模式虽然在很大程度上提高了社区的办事效率和服务水平，但是由于缺少互联网的支撑以及现代化信息的推广与传播，使得社区居民本该享受到的服务难以得到及时落实。此外，由于受到农村地域空间的限制，村民与社区之间的联系较少，社区网格化管理也难以有效开展，社区公共事务管理面临困境。因而，在农村社区治理中，如何搭建更为便捷的联络平台，实现信息共享，并在治理过程中使用现代化的治理手段，这些都在客观上对农村社区治理的技术手段创新提出了更高要求。

（四）治理专业化仍待提升

当前我国农村治理专业化不足主要体现在两个方面：一是社区治理的专业化人才不足；二是社区治理的专业化组织不足。

随着城乡统筹背景下新型农村社区建设的兴起，具备专业知识与技能的社区工作者是未来社区发展与建设的主力军已成为共识。尽管在部分农村地区，地方政府、乡镇和街道办事处已经开始注重选拔各类专业人才进入社区工作，形成了以行政干部、事业干部和村（居）“两委”与社区专职工作者为主的新型农村社区工作者队伍。但在大部分农村地区，由于历史和现实等原因，农村青壮年大多去往城市发展，致使从事农村社区治理与服务的专业人员严重匮乏，社区治理仍主要依靠自治的村（居）“两委”或公务员和事业编制的基层干部。而这一群体往往专业知识相对薄弱，缺乏正规与专业的社区治理培训，缺少社区治理的相关理念，加之年龄整体偏大，对于新技术、新方法的接受能力不强，处理社区事务的能力有待提高。

培育发展社区社会组织，有利于激发基层活力，促进居民有序参与社区事务。作为实施社区建设的微观主体，农村社区社会组织是农村社区治理的有效补充，在社区治理中扮演着重要角色，提供着为民服务、公益慈善、邻里互助、文体娱乐和农村生产技术培训等多重服务。民政部在2018年颁布的《关于大力培育发展社区社会组织的意见》中也着重强调要加快农村社区社会组织发展，并提出了到2020年力争实现农村社区平均拥有不少于5个社区社会组织的建设目标。然而，由于我国农村社区社会组织建设起步较晚、统筹规划不足、培育扶持政策不够健全，还存在着诸如组织服务能力不强、居民参与度不高、作用发挥不够充分等诸多问题。一些农村社区虽然成立了社会组织，但是这些组织大多是在政府的行政要求下建立的，必然影响其社区治理主体功能的发挥。同时，由于受到缺少内部管控、治理结构不规范、制度不完善等因素的影响，这些社会组织也难以为农村社区提供相应的服务。

（五）治理效能尚需增强

社区虽小但“五脏俱全”，是基层社会治理中的“最后一公里”。党的十九届四中全会专题研究了坚持和完善中国特色社会主义制度、推进国家治理体系和治理能力现代化议题，对进一步完善社区治理、提高社区治理效能提出更高的目标和要求。农村社区作为一种独特的社区形态，其治理效能如何直接决定着全面建成小康社会目标能否实现[38]。与此同时，随着农村社会的快速发展，农村居民对社区服务的要求和诉求也随之增多，农村社区服务供给侧不平衡、不充分的问题越来越突出，治理和服务效能不足的弊端凸显。主要表现在：一是党组织的政治功能与核心领导作用仍有待进一步加强；二是农村社区网格一线力量普遍较弱，人员力量需进一步下沉，走实服务群众的“最后一公里”；三是农村社区工作人员的工作积极性、主动性和效率仍有待提升。因而，如何有效破解上述难题，推动新时代农村基层社会治理创新，增强农村社区治理效能，仍有待深入实践与改革。

五、中国农村社区治理政策建议

（一）优化农村社区治理体系

农村社区治理是国家治理的基础和重要组成部分。党的十九届四中全会指出，要“完善群众参与基层社会治理的制度化渠道”，并提出“实现政府治理和社会调节、居民自治良性互动，夯实基层社会治理基础”，“推动社会治理和服务重心向基层下移，把更多资源下沉到基层，更好提供精准化、精细化服务”等多重目标。农村社区是农民城镇化的重要载体，随着新型城镇化以及市场化改革的不断推进，传统的乡土社会治理结构与体系亟待改变，农村社区治理呼吁治理体系与制度的进一步优化[39]。2019年，各地政府积极探索，通过创新治理实践不断积累治理经验，为今后完善农村社区治理、达成治理目标提供了有益借鉴。

首先，农村社区治理不能照搬照抄城市社区治理模式，必须进一步优化社区治理体系。农村社区与城市社区的最大区别在于：农村社区既没有脱离地缘，也没有脱离生产生活上的原有状态。随着城乡融合速度的逐渐加快，农村社区要更主动地适应城乡转型变化，促进农村社区治理方式转变，但绝不是照搬城市社区的治理模式。农村社区治理方式应尽快实现从“管理”向“治理”的转变，减少社区治理中的行政化色彩，改变过去强制管人管事的思维，促进服务理念的更好融入。习近平总书记在党的十九大报告中从统筹推进“五位一体”总体布局和协调推进“四个全面”战略布局的高度，明确提出要完善党委领导、政府负责、社会协同、公众参与、法治保障的社会治理体制，提高社会治理社会化、法治化、智能化、专业化水平，打造共建共治共享的社会治理新格局。这一目标也为重构农村社区“自治、法治、德治”相结合的治理体系指明了方向。

其次，农村社区治理主体应进一步由“单一”向“多元”转变，不断提升社区治理效能。在治理能力现代化建设的背景下，社区治理涉及政府部门、社区自治组织、居民等多方主体，不同主体参与社区治理的积极性主动性都会对治理成效产生重要影响。因而，农村社区治理一方面要进一步打破政府主导的“一言堂”，构建多方主体参与的治理体系；另一方面要通过增强治理主体之间的互动性协调性，实现社区公共利益的最大化，提升治理效能与为农村居民服务的服务效能。

最后，要构建更为完善的农村社区治理制度。2019 年 10 月，习近平总书记在关于《中共中央关于坚持和完善中国特色社会主义制度　推进国家治理体系和治理能力现代化若干重大问题的决定》的说明中特别强调，改革更多面对的是深层次体制机制问题，对改革顶层设计的要求更高，对改革的系统性、整体性、协同性要求更强，“要把制度建设摆在更突出的位置上”[40]。社区治理制度是农村社区治理的制度保障，同时也是推进农村社区治理转型升级的重要基础，因而优化农村社区治理体系必须重视制度建设。通过制度建设理顺农村社区治理中的权责关系、角色定位，使不同主体在治理实践中能够各司其职；通过制度建设将农村社区民主选举、民主协商、民主决策、民主管理和民主监督落到实处，进一步提升农村社区治理主体的责任意识，形成农村社区居民主动参与社区治理的良好局面；通过制度建设推动自治、法治、德治相结合的治理体系的实现。

（二）加强农村社区党建引领

推动农村社区治理，党建引领是核心，基层党组织的阵地建设与组织力提升是关键。农村社区治理应坚持以提升基层党组织组织力为重点，突出党建引领乡村振兴、引领农村社区发展治理，通过做好党建顶层设计、建强党组织带头人、规范党组织活动阵地、搭建干部选育平台、完善工作制度机制等方式，持续加强基层组织建设、队伍建设、阵地建设、制度建设、活动建设、保障建设，全面增强基层党组织战斗堡垒作用。

首先，健全基层组织，深入推进农村基层党组织规范化建设。在农村社区治理中，应认真学习领会习近平总书记关于党支部标准化、规范化建设的重要论述，严格落实立标定向目标管理、达标晋级分层管理、量标评估动态管理的党支部“达标晋级”规范化建设工作。通过规范标准体系、完善考核机制、抓好示范带动等方式构建完善的党组织体系，不断提升基层党组织的组织力。

其次，加强基层队伍建设，培育社区治理人才骨干。在治理实践中，应深入贯彻落实新时代党的建设总体要求和党的组织路线，推动全面从严治党向基层延伸，以建设新时代高质量党员队伍为目的，打造一支“政治过硬、实干担当、素质优良”的农村社区党员队伍，切实增强“火车头”的凝聚力，培育社区治理人才骨干。

最后，提升基层阵地，持续推进党群服务中心“三化”建设。农村社区党群服务中心，是社区治理的重要载体，也是社区营造的重要空间。党的十九大以来，党中央对社区治理提出新要求，农村社区党群服务中心有机更新更是创新社区治理体制机制的重要内容。在实践中，应以“创新社会治理，加强基层建设，满足居民需求，建设高品质和谐宜居生活社区”为目标，不断提升基层党建阵地建设，探索构建开放、集约、共享的党群服务阵地体系。通过开展党群服务中心“三化”建设，即空间标准化、服务规范化、运行常态化，使服务中心从过去行政化、形式化、闲置率高的办公场所，转变成亲民化、可进入、乡土文化氛围浓厚、服务功能多样的村民公共活动空间。

（三）提升农村社区自治能力

习近平总书记指出：“社会治理的重心必须落实到城乡社区，社区服务和管理能力强了，社会治理的基础就实了。”村民自治在农村社区治理中发挥着基础性作用，关系到乡村社会治理体系和治理能力现代化目标的实现。提升农村社区的自治能力应注重从以下方面着手。

一是从理念上强化社区认同，打造社区建设“共同体”。以培育和践行社会主义核心价值观为根本，大力弘扬中华优秀传统文化，培育心口相传的农村社区精神，增强居民群众的社区认同感、归属感、责任感和荣誉感。与此同时，通过完善农村社区的协同共治机制，发挥党在村民自治中的利益整合功能，强化共同的利益、情感与社区组织体制机制建设，积极培育符合时代和现实需要的新型社区共同体意识，将农村社区发展成具有人文关怀和发展活力的社区公共空间，进而为现代农村社区治理提供内生动力[41]。

二是厘清治理权责边界，理顺自治机制。乡镇政府的行政权力与村民的自治权利是乡村治理中最基本的政治关系，社区居民自治很大程度上取决于行政放权提供的体制空间。因而，提升社区自治能力要对基层政府的行政权力进行有效规范。在实践中，可通过建立乡镇（街道）权力清单、责任清单和服务清单，明确村级自治组织承担的社区工作事项清单以及协助政府的社区工作清单，要纠正或防止自治组织行政化的倾向，切实转变村民自治方式，防止村民自治权与基层行政权错位运行，理顺自治机制。此外，要在基层党组织的领导下，充分发挥村民自治的基础性作用，与政府治理良性互动、有效衔接，与其他组织协同共治，更好地实现基层群众的自我管理、自我服务、自我教育、自我监督。

三是“多管齐下”，提升社区治理能力。一要加强农村社区工作人才队伍建设。建立健全培训机制，培育和提升农村社区工作人员服务意识和担当精神，使其全心全意为农村社区提供更优质的服务；建立有效的激励机制，提升农村社区工作人员的工作环境与工资待遇，让他们劳有所获，进一步提升农村社区工作人员参与社区治理的积极性和主动性，并选派优秀人员充实农村社区治理队伍。二要积极支持农村社区社会组织发展。各地政府应该重视农村社区社会组织的发展，给予一定的政策帮扶和资金支持，简化审批环节，严格调查研究、审查资质，适度降低农村社区社会组织准入门槛，加大农村社区社会组织支持力度。明确社区社会组织的工作范围、服务对象、工作内容、规范流程等，确保农村社区社会组织规范化、制度化发展。三要提升社区居民参与农村社区治理的积极性。为切实保障农村社区居民的参与权和知情权，提升其参与治理的积极性，应建立健全社区居民沟通机制，完善村民议事协商机制，健全村务监督制度。与此同时，要加强基层组织创新，在村民会议、村民代表会议和村民小组会议等正式的组织载体之外，创新更具包容性和协同性的平台和载体；制定或修订传统文化与现代文明相融合的村（居）民自治章程、村规民约和居民公约，建立乡贤议事会、乡贤理事会、乡贤调解会等志愿服务组织，探索推行“院落自治”“村民小组或自然村村民自治”等“微自治”形式，推进村民自治向农村社会治理末端延伸。

（四）完善农村社区服务功能

近年来，伴随着城乡一体化发展进程的加快以及对农村社区公共服务投入的不断增加，我国农村社区公共服务整体水平有了较大提升。但由于现阶段我国城乡二元结构尚未完全打破，很多农村社区服务仍停留在简单的传统性层面，有的社区公共服务严重缺位，服务能力与服务水平均有待进一步提升。为解决这一问题，民政部基层政权建设和社区治理司已于2017年出台了《农村社区服务基本要求（征求意见稿）》（以下简称《基本要求》）对农村社区的服务组织、服务人员、服务设施、服务内容及要求、过程等作出了规范性的系统安排[42]。

《基本要求》指出，农村社区服务就是依托农村社区服务设施，直接为农村社区居民提供的公共服务、便民利民服务、志愿和社会工作服务。提供服务的组织应是多元的，具体包括基层党组织、基层政府、基层群众性自治组织、社会工作组织、兴趣团体组织、志愿服务组织、经济服务组织等社会力量以及社区居民自身。社区服务组织的工作应该秉持下述的基本原则：一是农村社区服务应由基层党组织领导，以基层政府为主导，以农村基层群众性自治组织为基础，统筹发挥社会力量协同作用；二是农村基层政府应统筹考虑人口规模、需求结构和服务半径等因素，通过购买服务等方式，合理保障城乡社区公共服务所需经费；三是农村社区服务应聚合政府各部门延伸到城乡社区的服务事项和服务资源，为社区居民提供项目齐全、标准统一、便捷高效的公共服务。

具体来讲，完善农村社区服务体系与服务功能应该主要从以下几个方面着手。

首先，完善服务设施。按照农村基本公共服务功能配置标准，大力加强农村社区综合服务中心标准化建设和配套设施建设。每个乡镇应至少设置 1 个乡镇社区服务中心，以行政村为单位，每个行政村应至少设置 1 个农村社区服务站。其中，农村社区综合服务设施应选址在村委会所在地或居民较为集中，居民办事、活动方便的地段，按照不少于每百户 30 平方米配建，综合整合利用公共空间和已有设施，提高乡镇社区服务中心、农村社区服务站以及相邻农村社区服务设施之间的共享程度。

其次，完善社区综合服务体系。进一步健全县（市、区）、乡镇（街道）、村三级基本公共服务网络。各级民政部门要主动对接政务服务“一张网”建设，全面推行“一门受理、一站式服务”。鼓励支持供销合作社、超市、电信、邮政、金融等各类市场主体设立农村社区服务站（点），满足农民群众多层次、多样化的生产生活需求。与此同时，以民生需求为导向，以深入应用为重点，全面推广运行民政综合业务信息平台，形成先进、高效、智能的民政工作管理和服务体系。借鉴“互联网 +”思维，打造“社区 +”平台，整合救助、养老、社会组织培育管理等各项民政业务，提升农村社区综合服务水平。

最后，完善社区服务内容。根据《基本要求》，农村社区公共服务体系内容包括但不限于劳动就业和社会保障服务；医疗卫生和计划生育服务；社会服务；文化、教育和体育服务；公共安全；法律及调解服务；农业生产性服务。由此可见，农村社区服务的内容十分丰富也较为复杂，在实践中须探索如何有效地整合资源，才能更加完整、高效地为农村居民提供相应的公共服务、便民利民服务、志愿和社会工作服务。

（五）强化农村社区治理保障

强化农村社区治理保障，重点在于进一步理顺农村社区治理过程中的制度与机制问题，做好农村社区治理的制度保障、机制保障、经费保障与人才保障等。

首先，强化治理的机制与制度保障。进一步建立健全“三级联动”的农村治理工作机制，建立省、市、县三级城乡社区建设联席会议制度，切实履行民政部门在农村社区治理服务中的牵头职责。在此基础上，围绕实施乡村振兴战略，从农民群众反映强烈的问题入手，不断完善农村社区治理服务的制度设计、体系支撑、政策制定、机制建设，大力提升农村社区治理服务的法治化、标准化、专业化、智慧化、精准化水平。

其次，强化治理的经费保障。一方面，建立政府、社会多元化投入的经费保障机制，落实农村社区基本运转经费。建立城乡社区建设引导资金逐年增长机制，用好引导资金、党组织为民服务资金等经费。鼓励通过社会捐赠、设立社区基金会等方式，引导社会资金和民间资本投向农村社区治理服务领域。另一方面，加强对经费使用绩效目标落实情况的监控跟踪，完善绩效评价和信息公开，结合绩效结果优化资金安排，提高资金使用效益，确保农村基层治理专项资金的投入达到预期目标要求。

最后，强化治理的人才保障。农村社区治理离不开人才保障，要把懂农业、爱农民、爱农村作为基本要求，加强“三农”工作干部队伍的培养、配备、管理、使用，逐步打造一支从事农村公共管理服务的专业化队伍，探索实现村级治理社区化的路径。与此同时，应在农村逐步施行农村社区专职工作者制度。借鉴城市社区做法设置农村社区服务中心，聘用农村社区专职工作者具体从事村级公共事务管理服务，加强村党组织和村民委员会决策落地，从而搭建起“党组织核心引领、自治组织民主决策、社区服务中心具体实施”的农村基层治理架构。推行农村社区专职工作者制度，应通过严把入口关卡、增加薪酬保障、严格管理考核等措施，吸引一批年纪轻、学历高的群体加入农村社区治理队伍，从而优化社区治理队伍的整体结构，提高村“两委”的履职能力和水平。具体来讲，农村社区专职工作者可以通过选聘分离的方式，分三步走，真正把有能力、有精力的人聘任到专职工作者的岗位上来。在此基础上进一步健全聘用解聘、教育培训、激励保障、管理考核等机制，实现“管”与“聘”的有效衔接，激发农村社区专职工作者干事创业的积极性[43]。

（执笔人：满小欧　唐京华）

参考文献：

[1]邱仕高.《乡镇论坛》——我的至爱[J]. 乡镇论坛,2004(18):3.

[2]尹辉东. 打造田园乡村的诗和远方[J]. 乡镇论坛,2019(09):23.

[3]李林修. 小村落也有大能量[J]. 乡镇论坛,2019(02):11—12.

[4]徐风芝. 创新社区治理模式 夯实脱贫攻坚群众基础[J]. 乡镇论坛,2019(05):16—17.

[5]张宝珠. 发挥资源优势 扎实推进农村社区治理与服务创新[J]. 乡镇论坛,2019(05):7—10.

[6]罗争光,王鹏. 为民心托底 为逐梦护航——党的十八大以来我国民政事业发展再续新篇[J]. 乡镇论坛,2019(04):8—9.

[7]叶兴庆. 新时代中国乡村振兴战略论纲[J]. 改革,2018(01):65—73.

[8]万民. 美丽浦南[J]. 乡镇论坛,2019(01):37.

[9]陈荣卓,郭松. 打造渝西农村社区的九龙坡精品[J]. 乡镇论坛,2019(06):20—21.

[10]范小辉,张跃辉,林沛文. 乡贤“金点子”支招家乡发展[J]. 乡镇论坛,2019(03):17.

[11]潘梁军,施璐. 安吉:走出乡村善治之路[J]. 乡镇论坛,2019(06):26—27.

[12]郑智敏,曾建民. 传统文化节点亮农村文化生活[J]. 乡镇论坛,2019(08):14.

[13]晁丹丹. 贵州:深化村民自治,激发脱贫攻坚的内生动力[J]. 乡镇论坛,2019(01):11—12.

[14]宋彦伟. 党建运筹“富美”新农村[J]. 乡镇论坛,2019(09):14—15.

[15]李霞．壮大集体经济实现富民强村[J]．乡镇论坛,2019(06):17—18.

[16]陈帅南,高志国．安徽:探索村民自治的有效实现形式[J]．乡镇论坛,2019(08):29—30.

[17]汪三贵,郭子豪．论中国的精准扶贫[J]．贵州社会科学,2015(05):147—150.

[18]高琼．蔬菜大棚里的“致富经”[J]．乡镇论坛,2019(01):35.

[19]张惠明．贵州易地扶贫搬迁:农民搬到哪里,服务跟到哪里[J]．乡镇论坛,2019(06):11—12.

[20]刘吉祥．安徽省黟县宏潭乡:多措并举促脱贫[J]．乡镇论坛,2019(09):29.

[21]杨涛,袁飘．湖北省襄阳市襄州区黄龙镇:强化措施落实 彰显脱贫成效[J]．乡镇论坛,2019(09):28.

[22]王瑜．探索新型城镇化背景下的农村社区治理路径[J]．乡镇论坛,2019(04):25—26.

[23]曲召永．抓实基层党建助推精准脱贫[J]．乡镇论坛,2019(09):24—25.

[24]宋彦伟．党建运筹“富美”新农村[J]．乡镇论坛,2019(09):14—15.

[25]赵武强．推广积分制提升农村人居环境[J]．乡镇论坛,2019(06):30.

[26]孙兆军．擦亮“山清水秀”生态底色[J]．乡镇论坛,2019(09):18—19.

[27]王旭红．“千分制考核”激发干部活力[J]．乡镇论坛,2019(10):30.

[28]陈建生．四大提升行动助力农村社区治理创新[J]．乡镇论坛,2019(04):20—21.

[29]李自发,孙晓龙．党旗飘扬别样红[J]．乡镇论坛,2019(08):24.

[30]甘晓辉．聚焦聚力构建农村社区治理新格局[J]．乡镇论坛,2019(04):15—16.

[31]殷沈琴,张计龙,任磊．基于关键词共现和社会网络分析法的数字图书馆研究热点分析[J]．大学图书馆学报,2011,29(04):25—30.

[32]朱玉富．打开App走进智慧村居[J]．乡镇论坛,2019(08):25.

[33]侯义凤,姜晓梅. 社区服务如何才能“精准”[J]. 乡镇论坛,2019(10):24—25.

[34]周美满,刘安正. 光辉村:探索“一二三”乡村治理模式[J]. 乡镇论坛,2019(09):24—25.

[35]李平,郭静梅. 村规民约成村民“说事论理一把尺”[J]. 乡镇论坛,2019(07):28—29.

[36]Helen Sullivan. Modernisation, Democratisation and Community Governance [J]. *Local Government Studies*, 2001(27):2.

[37]李增元,李洪强. 农村社区化治理:现状、问题及对策[J]. 中州学刊,2016,32(04):72—78.

[38]廖敏. 社区服务中心在社区治理中的效能研究[J]. 中国商论,2019(15):178—179.

[39]赵志虎,陈晓枫. 大力推进农村社区治理转型升级[EB/OL]. 人民论坛,http://www.rmlt.com.cn/2019/1205/563399.shtml(2019-12-05).

[40]习近平谈制度建设[EB/OL]. http://www.wenming.cn/djw/djw2016sy/djw2016syyw/201911/t20191113_5316172.shtml(2019-11-13).

[41]中国社会报. 提升村民自治水平的几点建议[EB/OL]. http://mzt.hunan.gov.cn/mzt/xxgk/mt/201910/t20191021_10487240.html(2019-10-21).

[42]民政部. 关于公开征求《农村社区服务基本要求(征求意见稿)》意见的通知[EB/OL]. http://www.mca.gov.cn/article/hd/zqyj/201711/20171115006603.shtml(2017-11-16).

[43]农村来了社区专职工作者[EB/OL]. http://synews.zjol.com.cn/synews/system/2019/08/17/031855611.shtml(2019-08-17).

第二部分

分报告

农村社区党建分析

摘要：2019 年是全面贯彻落实党的十九大精神及实施乡村振兴战略的重要之年，我国农村社区党建工作取得了较大进展，党建引领作用进一步加强，党员干部队伍建设日益强化，党建与重点工作结合趋势增强。同时，农村社区党建实践独具特色，更加强调基层基础的夯实，党建工作智慧化、形式丰富化，注重特色化、品牌化打造。然而，我国农村社区党建发展并不均衡，一些农村社区仍然存在党建沟通协调程度不高、党组织建设薄弱、党建覆盖不全面等问题。因此，要充分发挥农村社区党建引领作用，推进乡村振兴战略的有效实施及农村社区治理能力的提升，还需进一步加强党的理念建设、组织建设及内容建设，充分提升基层党组织的战斗保垒作用，增加工作的全面性。

关键词：农村社区；社区党建；全面性

一、引言

随着农村社区治理实验工作的逐步推进及乡村振兴战略的贯彻实施，农村社区亟须进一步加强党的建设，充分发挥党组织的领导核心作用及党员干部的先锋模范作用，推进乡村振兴战略的有效实施及农村社区治理能力的提升。党的十九大报告提出，坚持党对一切工作的领导。在农村社区治理中，坚持党对一切工作的领导，就要突出农村社区党建的核心引领作用。然而，当前我国一些农村社区党建仍然存在党组织涣散、软弱、虚化、边缘化的现象，农村社区党建的沟通协商程度、党组织建设以及党建工作覆盖面均有待提高。2019 年是全面贯彻落实党的十九大精神及实施乡村振兴战略的重要之年，农村社区党组织要着力提升党建引领作用，推进乡村振兴及农村社区治理的提档升级。

二、农村社区党建实践进展

（一）农村社区党建引领作用进一步加强

当前是我国全面建成小康社会的关键时期，实现乡村振兴，离不开农村基层党组织的有力领导。2019 年，我国多地农村社区党建引领作用进一步增强，积极推进乡村全面振兴工作的开展。广东省南雄市以党建为切入点，以乡村社会治理和村落经济发展为双轴，通过延伸党组织触角、打造党群理事会、优化村“两委”结构等体制创新形式，推动党组织下沉至自然村一级，让党组织真正成了“一线指挥部”；建立自下而上的民主决策和协商机制，在党建带动自治的原则下使得村民的主观能动性得以激活；强化镇党委在村“两委”换届工作的引导作用，构建起符合现代治理要求的成员班子。此外，南雄市还将符合条件的村党支部升级为党总支，进一步发挥了村级党组织作为战斗堡垒的重要作用[1]。在农村社区党建扶贫工作开展中，为发展农业产业，江苏省南京市高淳区东坝街道和睦涧社区采取“党组织 + 合作社 + 基地”工作模式，由社区“两委”成员引领成立农民专业合作社，同步组建合作社党支部，设立产业型党支部，农户以田入股，农户变股东，通过流转土地，发展现代农业产业。社区形成了党组织建在产业链、党员聚在产业链、群众富在产业链的“三链富民”党建格局，促进农村经济发展质态提升[2]。在探索乡村治理新路径的过程中，多地将党建引领与“三治”融合。广西壮族自治区河池市宜州区认真践行“枫桥经验”，通过建立健全党委领导、政府负责、社会协同、公众参与、法治保障、科技支撑的现代基层治理体系，以政治为纲强引领、自治为基增活力、法治为本促保障、德治为先扬正气、智治为力提实效，着力打造“三治融合”宜州样板，维护了社会治安稳定，促进了宜州区经济社会持续健康发展[3]。

（二）农村社区党员干部队伍建设日益加强

农村社区党员干部是农村社区治理的核心力量，党员干部队伍的合理化程度与政策执行的有效性密切相关，进而影响到乡村振兴战略的实施和推进。2019 年，各地农村社区党建都重视党员干部队伍建设，涉及党员干部的管理、选任和培养等。从 2018 年 9 月起，贵州省黔西县参照国家公职人员档案管理模式，由县委组织部建立村级党组织书记一人一档管理档案，归档管理村级党组织书记档案材料，全面掌握村级党组织书记现状和履职情况。档案材料中不仅包括个人材料，还涵盖是否在经济审计中有较严重违纪行为、是否在党员群众评议中不称职票占参会人数的 30% 及其以上等 15 种负面清单情况[4]。江西省吉安县大力推行“能力在一线培养、实绩在一线考察、用人在一线选拔”的一线选任机制。实施“年轻干部实践锻炼工程”，通过选派干部到脱贫攻坚、重点工程、重大项目等一线磨炼、发达地区挂职锻炼、艰苦复杂地区历练等方式，让他们在一线实践中“墩苗壮骨”，淬炼成才。突出一线用人导向，在艰苦复杂的一线尤其是脱贫攻坚前线识别选拔“啃硬骨头”“打硬仗”，勇于担当、敢于负责的好干部，让担当实干的干部出彩有位。通过健全容错纠错机制、建立谈心谈话制度和健全正向激励机制，让基层干部安下心来干事，为干部担当作为保驾护航[5]。2018 年以来，安徽省天长市瞄准农业农村发展缺口，选拔 2 名创业有成人士担任村党组织书记，占全市村党组织书记的 16%，安排 18 名村党组织书记到异地先进村挂职学习。推行党员干部“公选 + 预任”制，公开招录 128 名青年能人预任锻炼。近三年选派 39 名年轻干部驻村担任第一书记，重点抓好农村股改和集体经济增收工作[6]。

（三）农村社区党建与重点工作结合趋势增强

提升农村社区治理，要充分发挥基层党组织的战斗堡垒和党员的先锋模范作用，不断丰富“党建 +”内涵，将党建与各项重点工作相结合，全力推动乡村振兴和脱贫攻坚战略。安徽省怀宁县公岭镇三铺村以加强村级基层党组织建设为着力点，通过支部带动、党员示范，在组织建设、产业提升、民生工作等环节上充分发挥党员先锋模范作用，取得了显著成效。分别开展“党建+”打造美丽乡村，坚持生态立村，突出绿化理念，通过因地制宜、科学规划，形成道路绿化、空地绿化、景观绿化和庭院绿化的立体绿化格局。把传统文化、时尚文化、廉政文化与构建乡风文明、促进社会和谐紧密相结合，积极开展“三关爱”活动，切实打造百姓的美丽精神家园。通过突出产业生态美、创造群众幸福美、塑造生活环境美、构建社会和谐美等举措，实现“点上出彩、线上美丽、面上洁净”的美丽乡村升级版。“党建+”推进产业扶贫，以贫困户增收脱贫为目标，把扶贫攻坚和企业发展有机结合；以贫困户妇女劳动就业和技能培训为主，为贫困户脱贫致富建立长效机制；抱定“吃山”更要“科学吃山”的理念，先后引进金达生态农业、裕圃生态农业、张晓毛食品、长周农林、美林园林5家龙头企业，推动了三铺村生产、生活、生态“三生”有机融合。“党建+”发展乡村旅游，三铺村按照“产业链延伸到哪里、党组织就建到哪里”的工作思路，对现有资源进行整合开发，变“单兵作战”为“抱团发展”。目前已形成以村部为中心，蓝莓园、树莓园、杨梅园、驿站等景点众星拱月的乡村旅游景观布局，全村村容村貌实现华美蜕变，一个“山上果园、山下田园”的乡村生态旅游基地已见雏形[7]。江西省共青城市江益镇荷塘村坚持党建引领，村“两委”紧紧抓住共青科教城落户荷塘村旁的重大利好，创新探索“党建+”“双创+”模式，立足科教城、服务科教城，带领群众通过建设规范美食街市场、建设小区农贸市场和培育劳务输出产业等方式，积极探索以服务有效供给促进就业、做强村集体经济的治理之路[8]。

三、农村社区党建实践特色

（一）农村社区党建更加强调夯实基层基础

党的基层组织是确保党的路线方针政策和决策部署贯彻落实的基础。2019年6月，中共中央办公厅、国务院办公厅印发《关于加强和改进乡村治理的指导意见》，明确提出“坚持和加强党对乡村治理的集中统一领导，坚持把夯实基层基础作为固本之策，坚持把治理体系和治理能力建设作为主攻方向”。完善党组织领导农村社区治理的体制机制，关键就是要建立以基层党组织为领导、村民自治组织和村务监督组织为基础、集体经济组织和农民合作组织为纽带、其他经济社会组织为补充的社区组织体系。在创建农村社区治理实验区以来，安徽省铜陵市义安区以区域化党建为抓手，统筹党建、信息和人才资源，积极探索“村党组织 + 企业党组织”“村党组织 + 生产合作社党组织”“党组织 + 企业 + 合作社”等联合党建创新模式，着力提升农村基层党组织的服务能力和水平，更好地服务民生、服务群众、服务党员[9]。山东省泰安市泰山景区下港镇每名镇村干部和“第一书记”每月不少于两次深入贫困户家中进行走访帮扶，并做到规范帮扶档案、完善包保资料、实行动态监测，同时持续开展“收入核算回头看”工作，提高帮扶工作准确率[10]。安徽省铜陵市义安区正在努力打造具有义安特色的农村社区治理模式，为进一步推动农村社区治理与服务创新，该村在党建引领方面持续发力，夯实农村社区治理基础。坚持党对一切工作的领导，在深化“三三制”工作法、“6 + 4”工作法、村级小微权力“1 + 3”管理模式基础上，重点从构建农村党建标准化新格局、打造基层“质量党建”新模式和建设社区党建带社建新体系三个方面，推进农村基层党建标准化建设，规范党的阵地建设、组织设置、党内活动、为民服务工作机制[11]。

（二）农村社区党建工作智慧化、形式丰富化

加强农村社区信息化建设，有效整合延伸到农村社区的各级各类公共服务信息平台资源，依托“互联网 +”的时代背景，农村社区党建工作不断实现智慧化，创新农村社区党建的载体，促进党建形式多样化。内蒙古自治区托克托县树立“党建 +”理念，将社区党建与社区信息化建设相结合，各社区利用 QQ、微博、微信等新媒体开展“微课堂”，向辖区党员干部、居民群众、非公企业等宣传惠民政策，发送党建与廉政信息，开展互动交流，广泛听取意见建议，开展各类主题教育活动，使党建宣传从单一

走向多样、党员活动从封闭走向开放、党建资源从分散走向联合、党建管理从粗放走向精细，为夯实基层基础、创新社会治理、服务人民群众、促进社会和谐探索出一条新路[12]。内蒙古自治区翁牛特旗以“互联网＋党建”理念为引领，推行“龙乡党建”云上智慧平台，着力创新党建工作载体、丰富党建工作开展形式。通过“龙乡党建”智慧平台，从传统的定时定点学习变成随时随地学习；智慧平台在全旗基层党组织和党员全覆盖推广使用，创新党员服务模式，实现“云上办公”＋“全域监管”；旗委组织部建立一级管理员、二级党工委、三级党总支和四级党支部的四级智慧党建平台管理体系，从上报审核到任务安排与落实回复，一级抓一级，形成了“层层抓落实、人人有责任、事事有回音”的工作局面。一个平台整合资源，一键点击解决需求。党建工作从传统的计算报表向电脑智能分析和手机端互动转变，党务管理从传统的纸质管理向电子管理、智能统计延伸[13]。

（三）农村社区党建注重特色化、品牌化打造

2018 年，中共中央、国务院印发《乡村振兴战略规划（2018—2022 年）》（以下简称《规划》），对乡村振兴战略提出阶段性谋划，细化工作重点和政策措施，确保乡村振兴战略落实落地。《规划》根据发展现状、区位条件、资源禀赋等客观因素，将村庄分为集聚提升类、城郊融合类、特色保护类和搬迁撤并类 4 种不同类型，分类推进乡村振兴，打造各具特色的现代版“富春山居图”。农村社区党组织要认识到实现乡村振兴应该分类施策、辨证施治，关注发展中的分化特征，注意区分乡村可利用、可开发的功能差异。因此农村党组织引领乡村脱贫致富创新乡村治理体系的同时，还要注重当地优势与农村社区党建工作的有效相结合。围绕抓好党建特色化建设，山东省枣庄市薛城区巨山街道推进一支部一党建品牌建设，在不同领域打造不同的党建品牌，创新小特色撬动党建大“品牌”。在农村社区，以精准扶贫和乡村振兴为切入点，打造了大吕巷村“党建＋精准扶贫”、高楼村“人文巨山，美丽高楼”等党建品牌[14]。2018 年，四川省成都市温江区永盛镇形成了党总支联支部、支部带党员、党员联系户

的院落居民自治管理体系，组织开展了美丽庭院创建活动，涌现了“四户四最”先进典型，“付家大院”治理项目获川西文化优秀挖掘项目。四川省阆中市柏垭镇从2019年5月份开始，把每周一作为各党小组的固定学习日，通过观看短视频、讨论、交流发言等方式不断探索新的学习模式。开展了党员“双报到”、生态柏垭·我在献力、瞻仰革命先烈等主题党日活动[15]。

四、农村社区党建实践短板

（一）工作理念上，农村社区党建沟通协调有待加强

农村社区党组织是推动农村打赢脱贫攻坚战、实现乡村振兴的领导核心力量，但是目前的农村社区党建仍然存在沟通不善的问题，无法通过高效协商达到精准议事。首先，党民沟通平台少，党组织涣散。2019年1月31日，中共中央发布了《关于加强党的政治建设的意见》，指出“积极运用互联网、大数据等新兴技术，创新党组织活动内容方式，推进‘智慧党建’”。[16]但是由于农村社区党组织成员专业技术性限制，并且有些农村社区党建仍然要依靠农村本地的党员，在实际操作层面仍然有一定程度的限制。即便一些农村社区有党建平台，平台内容也多以党员自身的培养与发展等内容为主，连接村民与社区党组织成员的平台少，缺乏有效的沟通渠道。其次，党组织沟通平台建设人员安排不合理。由于农村“空心化”，农村社区面对青年党员外流的情况，需要依靠原有的综合能力较低的老党员，无法将党员的专业背景知识合理匹配到不同需求的平台，有效的网络体系构建较为困难，无法为村民提供有针对性的沟通与指导。最后，沟通方式少，渠道不畅通，党建服务精准性差。目前的农村社区各项工作的开展多是以党建为指引，通过“党建+村务活动”的形式落实。但是在具体的实践中往往存在各自为政的现象，党建的领导作用仅流于形式。另外，部分的党建工作更强调党组织内部的建设，因此大部分的沟通梳理与意见的反馈都在内部开展，忽略了外部获取沟通反馈的重要性，信息的不对称

和反馈的不到位，不利于党组织开展有针对性的服务，也不便于对服务中出现的偏差及时纠正。

（二）组织设置上，农村社区党组织建设仍显薄弱

党支部是党的基础组织，特别是对于广大农村地区而言，党支部起着战斗堡垒作用，是推进乡村振兴全部工作战斗力的基础。新时代，面对农村经济发展、新经济组织增多，一些党员观念和能力还跟不上，这些短板在农村社区党组织发展过程中越来越突出。首先，农村社区党组织的领导核心作用发挥仍不充分。农村党员干部开展社区服务和党组织建设工作受到多方面的影响，在一些因素的干扰下，表现出党组织比较涣散的问题，没有发挥出领导核心的作用。一些农村社区的党组织队伍人员流动性较大，在缺乏人才支撑的现实困难下，本地的党员干部外出务工较多，导致农村社区党组织成员不够稳定。同时存在党员干部之间凝聚力不足、工作难以展开、党组织公信力不强等问题。其次，农村社区党组织结构不科学。当前我国农村社区的覆盖范围较大，但成熟的服务网点较少，相比于城市社区的细密排布而言，农村社区建设主要依附于原有的各级村镇党组织队伍。伴随着我国新农村建设的发展，实际上现有的党组织设置方式并未在真正意义上实现服务机构的改革，不利于推进农村社区治理的发展。以行政管理为基础的农村社区党组织缺乏独立性与创新性，加之农村人口流动加速，使党组织难以保证工作到位，存在服务盲区和监督盲区较大。特别是近年来新农村建设过程中的村屯整合以及新社区的建立，导致党员干部队伍对辖区内的基本情况了解不够，流动党员管理工作反复，社区党组织设置方式相对滞后。再次，农村社区党员队伍综合素养不足。目前，农村社区党组织成员主要由当地村镇党员干部以及部分支援农村工作的引进人才组成。从长远来看，农村社区党组织工作仍然要依靠本地农村党员队伍。这部分人员在开展农村服务工作的过程中积累了一定的经验，但是队伍的年龄结构、学历结构等有待优化。农村党员干部总体文化素质偏低，虽然同乡、同邻的属性易于开展群众工作，但是他们对新生事物的接受能力较弱，缺少前瞻性的党组织建设思维，对新理论的内化能力不够。

最后，农村社区党组织资源整合能力低。当前农村社区党组织普遍能根据当地的地理环境、特色产业等优势走有特色的乡村振兴之路，也可以通过人才引进与培养等政策不断完善农村党员队伍，逐渐形成为乡村脱贫助力的人才梯队，可以说农村社区党组织在物质资源以及人力资源方面都实现了较好的整合。但是在组织资源的整合与利用方面，农村社区党建存在明显短板，缺少区域性的合作，无法产生规模效益；有效挖掘社会组织资源的能力较为欠缺，并未发挥社会组织在脱贫攻坚中重要力量的作用；与其他村级组织合作的有限也在一定程度上阻碍了社区内组织资源的有效整合，阻碍了农村社区党建工作的开展，也对乡村振兴产生一定负面影响。

（三）工作内容上，农村社区党建覆盖面仍需扩大

“党建＋”强调的是引导、协调、服务的“大党建”，围绕中心工作抓党建，使党建渗透、融合到农村各项工作之中，为中心工作服务。2019年，农村社区党建积极创新工作方式，服务的精准性有所提高，在打好脱贫攻坚战中发挥了重要作用，但是总体来看，党建的覆盖面还过于局限。首先，空间上缺少区域性合作。一方面，城乡之间的党建缺乏合作。受到城乡二元社会体制的客观限制，农村社区党建和城市社区党建分属于不同的治理体系，在工作方式、活动背景等方面缺少共通性，城乡社区党建联动机制不易开展。并且随着城市化发展和户籍制度的改革，出现了越来越多的“城中村”，村改居也是农村社区党建不可忽视的现实问题，缺乏与城市社区党建的交流与联系，不利于农村社区的综合治理。另一方面，区域之间的党建互动不足。同一区域的不同村党组织缺乏合作，没有将共同的特色发挥出规模效应；不同区域的村党组织缺少经验的交流和支援，不利于落后地区的发展和全国性差距的缩小。其次，内容上缺乏全局性。当前农村社区党建多呈现出集中发展一种产业的特点，党建工作的重点普遍是提升农村经济水平，即使涉及其他方面，如乡村文明建设等，大部分也是服务于有关的乡村产业，最终的目标在于促进经济发展。可以发现，大多数走在脱贫攻坚前列的农村多位于南方地区，他们依托天然的地理位置、自然资源等优势发展经济，但是如何在一个各方面条件资源有限的地

区通过开展党建引领带动村民致富，仍然是各地农村社区党建不可忽视的工作。最后，实践上主体较单一。农村社区治理要强调资源整合和多方主体的共同参与。当前党建参与主体主要为村“两委”，农民这一主要群体参与较少，即使有参与，也主要在局部，并未呈现出全局性的特征。另外，尽管随着我国社会组织快速发展，社会组织参与脱贫攻坚的力度也越来越大；但由于社会组织普遍成立在城市，农村社区党组织缺少与社会组织沟通的平台，社会组织无法了解其组织优势与助力农村发展的匹配程度；一些农村的优惠政策不足以吸引社会组织的参与，农村社区党组织与社会组织合作少，未充分发挥社会组织在推动农村脱贫攻坚中的重要力量。

五、农村社区党建对策建议

（一）工作理念上，突出党建协商取向，协调社会利益关系和整合民意

根据新时代强化基层党组织服务功能的新要求，基层党组织开展的服务活动项目必须以群众需求为根本，沟通协调是否有效是党建服务活动能否满足群众需求的基础，村民利益能否保障是农村社区党建能否顺利开展的关键。首先，强化党员入户走访，搭建协商平台。要建立与群众密切联系的村级党组织，全面铺开党员干部驻点普遍联系群众工作。通过进村入户走访群众等方式，面对面听取群众意见，及时收集群众反映的各种诉求，协助开展解决民生实事、助力“美丽乡村”建设、整顿原先软弱涣散的党组织、不定期邀请乡综治办主任召开座谈会参与纠纷调解等工作。其次，发掘党员资源，构建协商网络。搭建有效平台，让无职党员分门别类发挥各自特长。比如，将政策水平高、有技术并率先致富的、年富力强的农村退伍复员军人，有群众基础的老党员等分别组成宣传、帮富、治安、调解等党员队伍，构建组织网络，引导、示范和带动村民；同时配套激励机制，对表现突出、群众满意的无职党员，作为村后备干部培养，在村级

换届调整时优先提名，并推荐为党代表的人选。最后，将党建工作嵌入基层民主协商实践，确保服务的有效性和精准性。要保证农村社区党建外部沟通渠道的畅通，通过多种形式和制度，听取村民的需求和建议。如浙江宁波提出的“村民说事”制度等，推广“党建＋民主协商”深入开展，既可以畅通群众利益表达渠道，引导村民理性参与村级事务管理，培育现代乡村治理的公共理性，又能弥补原有治理方式的局限，通过建立自下而上的民意收集机制和面对面双向沟通机制，创新乡村治理制度机制，为乡村秩序的平衡有序带来可能。此外，要加强智慧党建工作，完善党建网络平台，将党建平台内容与农村社区治理相结合，利用互联网优势，提供更加精准的服务。

（二）组织设置上，加强党组织建设，提升基层党组织的组织力

农村基层党组织是党开展农村服务工作的基层堡垒，在发展农村、建设农村工作中始终发挥着一线保障作用。针对农村社区党组织设置不科学、资源整合不力等问题，应及时加强农村社区党建工作的创新，提升党建工作的综合水平。首先，要充分发挥党组织的领导核心作用。确保有效覆盖，促进农村党组织凝聚力，要充分发挥乡镇党委对村级党组织指导督查作用，按照“党员走到哪里，党组织就建设到哪里”的原则，不断扩大农村基层党建工作的覆盖面，把党的组织机构延伸到各个领域、各个行业，形成条块结合、覆盖各方的基层党建工作新格局。“打铁必须自身硬”，新时代加强农村基层党建工作需要党员干部和人民群众的共同努力。要实施农村带头人队伍整体优化提升行动，选优配强农村党组织书记和“第一书记”。要积极搭建平台，广泛开展党员设岗定责、依岗承诺等活动，引导党员团结带领广大群众共推乡村振兴战略[17]。其次，创新农村社区党组织设置方式。组织设置中应以社区组织为基础，加强服务范围的全覆盖，增加社区党组织服务网点。逐步打造功能性党组织，实现农村社区党组织设置的灵活化，加强地域间党组织的紧密合作和优势互补。打造协会党支部与产业党支部，使党组织建设更加务实。拓展农村社区党组织在服务区域经济发展和城镇化建设方面的组织职能，推进党组织设置科学

化。再次，创新党组织人才培育机制，深化农村社区党组织人才改革。应提升农村社区党组织的准入门槛，突出优选，打造农村党组织的领军人物。采取公推选优、面向全社会公开招聘等途径，吸纳文化素质较高，并具有执行力、求新求变思维意识的青年人才。加快发展农村社区党员干部专职专任机制。明确社区党员干部职责角色，同时加强与社会党员志愿服务组织的合作，启动社区党组织的人才动态补充机制。最后，提升农村社区党组织的整合能力。一方面，突破地域与组织关系方面的制约，将农村社区党组织与农村社区党员嵌入农村企业、“两新”组织中，使农村社区党组织与农村社区党员能够在各个岗位、各个领域发挥先锋模范作用。另一方面，引导城市机关、国有企事业单位、“两新”组织内的党组织推进党建工作重心下沉，加快城乡党组织的有效对接，构建党组织资源共享体系，推动优势资源与先进经验流向农村，塑造农村社区党建新品牌[18]。

（三）工作内容上，开展内容丰富、形式多样的党建活动，扩大组织工作覆盖面

党的十九大报告提出，党的基层组织要以提升组织力为重点，突出政治功能。提升组织力，需要组织创新和制度创新，通过深化区域化党建工作，健全和完善党的基层组织设置，扩大农村社区党组织的覆盖面，开展各项活动，让组织高效运转。首先，培养区域连接的纽带，促进区域合作常态化。加强城乡社区党建合作，农村社区党组织可以通过党组织关系申请与城市社区党组织结对子，选派优秀的党员干部参与城市社区治理，在学习先进治理经验的同时总结所在城乡社区党建工作的共通之处，作为合作的切入点；找到差异之处，分析差异的构成因素，在进一步改进本地党建实践的同时利用其差异化的特色吸引城市社区寻求合作，形成互补。随着社区网格化治理初步成型，多地创建的社区党建联盟综合体，将资源与需求有效对接，形成“资源供应链”，为实现基层党组织的“党建引领”提供了很好的载体。其次，创新党建形式，丰富党建内容。加强农村党组织社区治理理论和实践研究，依托各地省级基层政权和社区建设专家委员会，组织专家学者深度介入农村社区治理实践领域，促进多层次、多主题

的理念创新、思路创新和实践创新。加大典型示范宣传引导，扎实开展农村幸福社区建设示范创建活动，注重发现、培养和选树社区治理与服务先进典型。向民政部创建的全国农村社区治理实验区学习，开展农村社区环境治理，积极推进美丽宜居乡村、特色田园乡村和村镇生态文明建设，打造田园美、村庄美、生活美的农村社区。最后，加强资源整合和多元主体的共同参与。党建引领需要基层党组织通过活动项目设计来动员和发展公共参与、社会网络以及社会组织等方面的社会资本，成为引领基层民主、推动各方协商，实现利益整合的有效平台。如创建党建引领社区治理的项目和品牌，引入党员积分制，强化党员进社区服务，激活党员志愿服务，由此带动村民参与村庄公共性事务；“党建+”工作依托党组织的网络关系，动员、引领各类社会资源，促进政社合作、激发村民参与、构建协同机制，打造基层共治共享的工作平台，从而形成农村社区治理与党的建设良性互动的新格局[19]。

（执笔人：曲　艺）

参考文献：

[1]皑蜀，那柳．党建引领乡村振兴的“南雄样本”[J]．乡镇论坛，2019(02上)：8.

[2]魏统田．党建引领发展，产业助力脱贫[J]．乡镇论坛，2019(04中)：17.

[3]中共河池市宜州区委员会，河池市宜州区人民政府．党建引领三治融合，走出基层社会治理新路径[J]．乡镇论坛，2019(10上)：16.

[4]熊礼富．村级党组织书记县级备案管理[J]．乡镇论坛，2019(04上)：27.

[5]赵文权，陈小明．一线选任机制，激励干部担当作为[J]．乡镇论坛，2019(04上)：26.

[6]宋震．加强“三色”人才队伍建设，助推乡村振兴[J]．乡镇论坛，2019(04上)：27.

[7]钱续坤，王孝权．“党建+”的三铺内涵[J]．乡镇论坛，2019(08中)：20—21.

[8]梁易聪．荷塘村:搬迁安置搬出“幸福村”[J]．乡镇论坛,2019(10中):14.

[9]陈荣卓,刘安正．党建引领农村社区治理的义安实践[J]．乡镇论坛,2019(07中):16—17.

[10]张宝珠．不忘初心,方得始终[J]．乡镇论坛,2019(07中):1.

[11]张宝珠．共治共享共建,打造新时代农村社区治理新格局[J]．乡镇论坛,2019(07中):9.

[12]任剑敏．党建统领,构建“开放型”服务体系[N]．中国社区报,2019-1-8(3).

[13]张泽鹏．“云上平台”为党建插上智慧翅膀[J]．乡镇论坛,2019(04上):25.

[14]李自发,孙晓龙．党旗飘扬别样红[J]．乡镇论坛,2019(08上):24.

[15]莫子君,朱志林．不忘初心 诵读经典——阆中市柏垭镇开展庆祝建党98周年大型主题党日活动[N]．中国社区报,2019-7-1(2).

[16]中共中央关于加强党的政治建设的意见[J]．前进,2019(3):4-9.

[17]钱振华．党建释放乡村振兴正能量[N]．中国社区报,2019-1-11(4).

[18]吴朋政．农村社区党建怎么抓[N]．人民论坛,2019(04上):115.

[19]罗晓蓉．社会资本视域下基层党建引领农村社区治理创新研究——基于江西省基层“党建+”工作的探索实践[J]．岭南学刊,2019(1):5—6.

农村社区村民自治分析

摘要：村民自治是广大农民群众直接行使民主权利，依法办理自己的事情，创造自己的幸福生活，实行自我管理、自我教育、自我服务的一项基本社会政治制度。2017 年 6 月中共中央、国务院印发并实施《关于加强和完善城乡社区治理的意见》，开创了新形势下我国农村社区村民自治新局面。2019 年以来，我国村民自治制度在创新治理体制机制、提高党的农村基层组织建设质量、完善村民制度提高议事能力和更好地发挥村规民约方面取得积极进展，持续推进农村社区治理创新实践，向完成推进国家治理体系和治理能力现代化的战略任务又迈进了一大步。

关键词：村民自治；协商议事；村规民约；创新发展

一、引言

2019 年是决胜全面建成小康社会第一个百年奋斗目标的关键之年，做好“三农”工作对有效应对各种风险挑战、确保经济持续健康发展和社会大局稳定具有重大意义。我国的农村社区，是兼具差异化和多样性的，社区工作涉及基层治理的方方面面，这就要求在解决农村社区治理问题上要有不同的着眼处和发力点。此外，党的十九届四中全会提出，必须加强和创新社会治理，完善党委领导、政府负责、民主协商、社会协同、公众参与、法治保障、科技支撑的社会治理体系，建设人人有责、人人尽责、人人享有的社会治理共同体。所以，坚持和完善基层民主自治制度，尤其是持续推进农村社区村民自治创新实践，是全面贯彻新时代中国特色社会主义思想和党的十九大精神，坚持农业农村优先发展，牢牢把握稳中求进总基调，落实高质量发展要求，深入实施乡村振兴战略，对标全面建成小康社会必须完成的硬任务。

二、农村社区村民自治概述

（一）村民自治的内涵

村民自治是广大农民群众直接行使民主权利，依法办理自己的事情，创造自己的幸福生活，实行自我管理、自我教育、自我服务的一项基本社会政治制度，是中国特色社会主义民主的一种重要形式。

村民自治包括以下内容：村民自治的主体是村民。村民自治的地域范围是村，农村社区建设要在行政村范围内展开，要选择不同类型的行政村开展试点。村民自治的主要内容是本村的公共事务和公益事业，从实际来讲就是管理辖区里的人口、群体、组织、生产生活自理、文化、自然等要素。村民自治的核心内容是“四个民主”，即民主选举、民主决策、民主管理和民主监督。民主选举指村民委员会的成员由全体村民选举产生，任何组织和个人不得指定、委派或者撤换村委会成员；民主决策指涉及村民切身利益的事项，必须由村民会议或村民代表会议讨论，按多数人的意见作出决定；民主管理指对村内公共事务的管理要遵循村民意见，吸收村民直接参与；民主监督指村民对村民委员会的工作和村内公共事务进行监督，保证村民意志得到充分体现。村民自治的目的是使广大农民在本村范围内实现自我管理、自我教育和自我服务。总体而言，村民自治制度是农民自下而上创造的与国家自上而下改革相结合的产物。在国家政策的支持与广大村民的积极参与下，已近“不惑之年”的村民自治制度在各地呈现出不同的实践样态，实现了从形式民主到实质民主的跃进。

（二）村民自治的意义

习近平总书记在庆祝改革开放四十周年大会上的讲话中强调，我们要坚持党的领导、人民当家做主、依法治国有机统一，坚持和完善人民代表大会制度、中国共产党领导的多党合作和政治协商制度、民族区域自治制度、基层群众自治制度，全面推进依法治国，巩固和发展最广泛的爱国统一战线，发展社会主义协商民主，用制度体系保证人民当家做主[1]。改革开放四十年来，我国社会发生了深刻的现代化转型。在新的形势下，党的十九大明确了新时代中国特色社会主义思想和基本方略，并强调，“提高社会治理社会化、法治化、智能化、专业化水平”。在 2017 年 6 月中共中央、国务院印发并实施的《关于加强和完善城乡社区治理的意见》中也明确了城乡社区是社会治理的基本单元，明确了城乡社区治理的重要地位和意义。

所以农村社区作为中国农村治理的基本单元，村民自治制度诞生开始就被赋予了民主与治理的双重价值。一方面，国家希望村民自治成为民主实践的突破口，力图通过村民自治的开展来推进基层民主建设和国家整体的民主化进程；另一方面，村民自治制度是继人民公社制度瓦解后，国家稳定农村社会秩序、打赢脱贫攻坚战、促进乡村振兴的有力手段，对于缩小城乡差距，统筹城乡发展一体化具有重要意义。

（三）村民自治建设的相关政策

自 1982 年宪法确认村民自治权利至今，村民自治已基本形成一套由基层党组织、村民委员会、村民会议、村民代表会议、村务监督机构等组成的组织体系。我国出台的促进农村社区村民自治建设的相关政策方针详见表 1。

表 1　我国农村社区村民自治文件摘要

时间	文件名称	主要内容
1982 年	中华人民共和国宪法	确认了村民委员会的合法地位
1988 年	中华人民共和国村民委员会组织法（试行）	明确了村民委员会的地位、性质及与乡镇政府的关系，标志着村民自治进入发展完善阶段
1994 年	全国农村村民自治示范活动指导纲要（试行）	第一次明确提出要建立民主选举、民主决策、民主管理、民主监督等四项民主制度
1994 年	关于加强农村基层组织建设的通知	明确提出完善村民选举、村民议事、村务公开、村规民约等制度，使村民自治的内容和形式进一步完善，使全国的村民自治示范活动开始逐步走向规范化和制度化
1994 年	关于全国农村村民自治示范单位命名管理工作的意见	有组织、有计划、有步骤地在农村基层逐步实现村民自治
1998 年	中华人民共和国村民委员会组织法	村民自治以正式法的形式予以确认，并在村委会直接选举方面有突破性进展
1998 年	中共中央关于农业和农村工作若干重大问题的决定	要求全面推进村级民主选举、民主决策、民主监督和民主管理
2010 年	中华人民共和国村民委员会组织法（2010 年修订）	对村民委员会的职能以及与政府的关系等内容进行了明确规定，各地在此基础上可以制定相关的村委会运行制度，规范村委会自治行为
2015 年	关于深入推进农村社区建设试点工作的指导意见	坚持和完善村党组织领导的村民自治机制，将扩大非户籍居民参与作为农村社区建设主攻难点，将促进城乡公共服务均等化作为农村社区建设关键任务，将法治建设作为农村社区建设必要保障
2015 年	深化农村改革综合性实施方案	提出农村改革五大领域：一是改革和完善农村的产权制度；二是创新农业的经营形式；三是进一步改革完善国家对农业的支持保护体系；四是要进一步推进增强发展一体化的体制机制；五是要加强农村的基层组织建设，完善农村社会治理
2016 年	关于开展全国农村社区建设示范创建活动的通知	评选全国农村建设示范单位

续表

时间	文件名称	主要内容
2016 年	关于以村民小组或自然村为基本单元的村民自治试点方案的通知	在全国开展以村民小组或自然村为基本单位的村民自治试点工作
2017 年	关于加强完善城乡社区治理的意见	要求健全完善城乡治理体系、不断提升城乡社区治理水平、着力补齐城乡社区治理短板
2018 年	关于建立健全村务监督委员会的指导意见	认真落实党中央关于全面从严治党、加强农村基层组织建设的部署要求，建立健全村务监督委员会，进一步加强和规范村务监督工作
2018 年	关于实施乡村振兴战略的意见	对乡村治理的治理机制创新、治理体系建设和治理能力提升提出了新要求、新任务
2019 年	中国共产党农村基层组织工作条例	对党的农村基层组织工作作出全面规范

这些方针政策的出台，有效推动了我国农村社区村民自治的发展，提升了乡村治理的治理机制创新、治理体系建设和治理能力，许多地方开展了有益的探索，丰富了新时代乡村治理的有效实现形式。

三、村民自治的实践进展

70 年前，中国共产党提出要建设社会主义现代化强国，确立了中国农村治理的两大目标：一是将农民从政治客体转变为政治主体，二是实现农村治理的现代化[2]。从土地改革到人民公社的终结，这两大目标随着国家治理进程的变化也发生着变化，与国家治理之间的关系依次呈现出不同的结合格局，使得中国的农村治理曲折前行。直到农村体制改革才改变了这一趋势，农民成为农村政治生活的主体，村民自治成为农村治理的制度基础，农村治理开始进入法制化和民主化轨道，朝着农村治理的现代化方向迈进。从 1987 年全国人大常委会颁布了《中华人民共和国村民委员会组织法（试行）》确认村民自治权利起，后经全国人大常委会分别于 1998 年、2010 年、2018 年对 1988 年开始试行的《中华人民共和国村民委员会组织法》三次修订至今，随着时间的推移，经过国家政策的推动和广大村民的参与，已过“不惑之年”的村民自治制度在各地民主实践中迅速发展，取得了一定成效。

据2019年民政部事业发展统计数据显示，截至2018年底，全国基层群众性自治组织共计65.0万个。其中：村委会54.2万个，比上年下降2.2%，村民小组449.1万个，村委会成员221.5万人，比上年下降1.2%；居委会10.8万个，比上年增长1.3%，居民小组156.3万个，居委会成员57.9万人，比上年增长2.3%。2018年全年共有27.6万个村（居）委会完成选举，登记选民数为2.8亿人，参与投票人数为2.3亿人[3]。村民参与村级选举、管理、重大事务决策和对村“两委”监督不断扩大的过程，就是乡村民主治理的发展过程。

表2　2014—2018年我国农村基层自治组织数量

单位：万个

指标	2014年	2015年	2016年	2017年	2018年
居委会	9.7	10.0	10.3	10.6	10.8
村委会	58.5	58.1	55.9	55.4	54.2

资料来源：民政部《2018年民政事业发展统计公报》。

回顾2019年我国农村社区村民自治取得的成效，主要可以归纳为四个方面：一是基层党建继续在引领农村社区村民自治方面起到核心作用；二是村民协商意识激发与协商水平提升，村级协商民主制度创建在实践中不断激发农民的参与意识与积极性，村民自我管理的能力有所提高；三是全面部署了规范、加强村规民约工作，推进全国各地积极制定出台各具特色的村规民约；四是以村民自治促进社会治理创新，进一步提高农村基层治理效率。此外，村民自治也进一步推进了国家治理体系和治理能力现代化的有效衔接，发挥了村级民主治理机制应有的作用和功能，不断激发出脱贫攻坚、乡村振兴的旺盛生命力。

（一）强化党建引领，推进村民自治

2019年1月中共中央印发修订的《中国共产党农村基层组织工作条

例》，对党的农村基层组织工作作出全面规范，进一步细化推进党建引领机制，通过政治引领、组织引领、能力引领和机制引领，构建环环相扣的乡村自治责任链条[4]。习近平总书记在视察四川省成都市郫都区唐昌镇战旗村时称赞“战旗飘飘，名副其实”。战旗村通过开展“微党校”示范校建设实践、四川战旗乡村振兴培训学院和“高德敏工作室”课程体系等，坚持村党总支的核心引领作用，大胆创新改革，推动产业升级，带领群众增收致富，充分发挥基层党组织在引领村民自治、持续推动乡村振兴的战斗堡垒作用。把党员组织起来，把人才凝聚起来，把群众动员起来，全面加强农村基层组织体系建设，建强基层党建组织体系。广东省南雄市坚持以党建为切入点，让党组织真正冲在了乡村振兴的第一线，通过体制创新、制度搭建、育贤纳能、资源联结等措施，实现了农村社会治理的“跨越式”发展[5]。南雄市珠玑镇角湾村村党总支转变思想，带领全村党员群众扎扎实实做好党建促脱贫攻坚等各项工作，在推进人才振兴方面，通过实施“青苗”培养工程和“镇选村培”模式发展党员，把一批优秀人才吸收到村人才库；在脱贫工作方面，确定了“党总支 + 合作社 + 产业扶贫”的思路，将角湾村从软弱涣散的贫困村转化为脱贫攻坚的典型示范村[6]。

（二）激发村民协商意识，推进基层协商制度化

协商民主是社会主义民主政治的特有形式，是人民内部围绕改革发展问题和涉及群众自身利益问题，在决策之前与实施过程中开展广泛协商并达成共识的重要民主形式。而村民协商意识激发与协商水平提升是实现自治的基础[7]。党的十九大报告提出，要推动协商民主广泛、多层、制度化发展，保证人民在日常政治生活中有广泛持续深入参与的权利。2019 年，全国各地积极探索民主自治新途径，在实践中提升村级协商民主制度的可操作性和有效性，不断激发农民的参与意识与积极性，提升其协商能力，从而提高村民自我管理的能力。安徽省天长市 2007 年推进多村合并以来，虽然由于地域扩大，在客观上增加了公共服务资源，但村“两委”有限的决策和服务能力难以应对复杂多样的群众诉求，村级协商陷入难以推动、

缺乏互动的困境。2019 年以来，天长市各村依托治理实验区改革优势，通过重组协商单元、延伸自治制度、扩充参与群体等方式，形成协商单元有效、执行有序、参与有人的治理格局，使协商机制能够与适应村民自治制度有效衔接。另外，选准适宜的协商单元，充分发挥区域特性也是促成天长市各村从协商无门到协商有效的关键。天长市各村重组协商单元，下沉协商平台，形成“村域、片区、小组”三级协商组织体系，通过协商委员会在各层级召集利益代表，针对村民提出的问题展开理性沟通，村民的迫切利益需求得到满足，协商治理效果凸显，进一步丰富了基层民主形式。

（三）坚持问题导向，丰富村规民约内涵

村规民约是我国农村村民自我管理、自我服务、自我教育、自我监督的行为规范，对激发农村社区活力、凝聚群众创造力、培育农村发展动力、推动实现基层治理体系和治理能力现代化，具有重要意义。2018 年 12 月，中央和国家机关七部委联合颁布《关于做好村规民约和居民公约工作的指导意见》，精准聚焦滥办酒席、天价彩礼、薄养厚葬、“等靠要”、懒汉行为等群众的痛点，聚焦侵犯妇女权益、黄赌毒、涉黑涉恶等群众权益保障的难点，聚焦人民群众追求更加美好生活的重点，对规范、加强村规民约工作作出了全面部署，推动村规民约内化为村民的精神追求，外化为村民的自觉行动，共建共享和谐幸福家园。当前，全国各地从最广大人民根本利益出发，积极制定出台各具特色的村规民约，得到了广大农民群众的积极拥护与支持，充分发挥村规民约在乡村社区治理中的积极作用[8]。广东省佛山市南海区西樵镇松塘村是历史文化名村，松塘村根据《历史文化名城文化名镇名村保护规划》制定《松塘村村规民约》，对村内有证土地、祠堂、民居及其他建筑项目的建设进行约定，保持古村岭南建筑风格。不仅规范了村民的言行，还表达了村民对传统文化的传承、教化、创新和发扬。广西壮族自治区荔浦市修仁镇三诰村通过制定村规民约，引导村民加强自我管理，开展清洁家园，清洁水源活动，创建清洁乡村。三诰村分个人、家庭、水源和田园四个维度，以成文的村规民约形式，在村规民约与国家法律法规和国家大政方针一致性上作出了积极响应[9]。

（四）促进社区治理创新，提高村民自治效率

自1980年广西壮族自治区宜山县屏南乡合寨村成立第一个村民委员会至今，村民自治已经40年，这一制度变革被发掘出价值之后，迅速被推广到全国，并通过宪法和法律的方式赋以合法性和强制性。在村民自治制度已经发展成为中国特色社会主义民主政治的重要组成部分的今天，适应社会发展产生的变化，以村民自治促进社会治理创新成为进一步提高农村基层治理效率的重中之重。2019年以来，我国村民自治用开放、合作、共赢的态度去拥抱变化，以创新治理模式，逐步构建了适宜自身发展的系统。四川省成都市郫都区战旗村创新基层党员管理制度，创新推行“三问三亮”的党建工作机制，每名党员通过反思“入党为什么，作为党员做了什么，作为合格党员示范带动了什么”，查找宗旨意识、党性修养、理论学习等方面问题表现171条，每名党员因问施策，将服务群众的过程转化为推动整改落实的过程；狠抓党员“亮身份、亮承诺、亮实绩”，通过悬挂“党员户”醒目标牌、设立党员示范岗等亮身份的方式，发挥党员在村民自治中的模范带头作用。宁夏、贵州两地农村面临经济相对落后、社会治理基础薄弱、人居环境较为脆弱、脱贫攻坚任务艰巨等现实问题，在困难和风险挑战面前，他们坚持把发展作为解决问题的关键。两地村委会从当地农村经济发展、民生福祉改善等群众最关心、最直接、最现实的利益问题入手，通过做实村民代表会议制度、探索村民小组村民自治等做法创新社区治理体制机制，精准服务社区居民，提升社区居民的归属感、幸福感和荣誉感。

四、村民自治实践中存在的主要问题

自1982年宪法确认村民自治权利起，经全国人大常委会分别于1998年、2010年、2018年对1988年开始试行的《中华人民共和国村民委员会组织法》三次修订至今，村民自治已基本形成一套由基层党组织、村民委员会、村民会议、村民代表会议、村务监督机构等组成的组织体系[10]。然

而，尽管2019年我国农村村民自治实践发展迅速，取得了一定成效，但仍存在一些问题。

（一）农村经济发展水平较低，制约村民自治发展

村民自治制度作为我国农村基层民主政治建设的有效组织形式，为促进乡村振兴作出了重要贡献。马克思主义哲学提出“经济基础决定上层建筑”[11]。经济发展、乡村振兴有助于提升农村治理的水平，同时有助于提升村民自治的水平。但是我国部分乡村的经济发展水平还处于相对落后的水平，制约了村民自治的进一步完善和发展。首先，农村经济水平低下会抑制村民参与政治的程度和村民委员会选举的积极性。在经济水平相对落后、脱贫攻坚任务艰巨、农村集体经济发展水平较低的地区，村民参与政治的积极性和创造性明显不足。村民们不太关心谁将成为村“两委”成员，也不希望自己成为村“两委”成员。其次，贫困地区的集体经济水平低在一定程度上制约了民主决策的实施。如果乡村集体经济水平较高，村民会更加积极地参与到村里的大小事务中，有利于民主决策。相反，集体经济发展不好，会在一定程度上削弱村民参与村里事务的积极性和参与度，从而严重影响和制约民主决策的发展。同时，农村集体经济发展的低水平也会降低村民参与民主监督和民主管理的积极性[12]。村集体经济发展落后，会使很多村民以为村委会没有钱可管，没办法滋生腐败，也就不需要民主监督。因此，农村的民主管理和民主监督得不到落实，严重影响村民自治的发展。

（二）村级协商议事能力和水平还有待提高

农村社会治理的核心是村民自治，村民自治是农民直接行使民主权利，依法实行自我管理、教育与服务的一项基本社会政治制度。而协商民主是社会主义民主政治的特有形式，所以村级协商民主制度是村民自治的重要组成部分。但在当前村级协商的民主实践中，村民的协商议事水平还有待提高。由于缺乏协商技能，村民在村委会议事过程中发言无序、非理性和情绪化现象比较突出。同时，有的村民参与意愿不足，有的只对与自

己利益密切相关的事项有参与热情，有的主观认为协商只是走形式。此外，由于当前村级协商民主制度尚处在探索阶段，村“两委”普遍缺乏组织会议、掌控局面的能力，导致一些工作人员存在畏难情绪、一些协商议题的确定不够科学等，造成有的协商是把所有村级事务都拿来协商，而有的只选择村民关注度不高的事情协商。因此，提升村民和村“两委”的协商议事技能是促进我国农村村民自治制度和基层民主实践的重要内容[13]。

（三）农村“空心化”现象严重

随着市场化大潮的冲击与城镇化进程的加速推进，近年来我国农村“空心化”现象越发普遍，围绕“空心化”现象，留守老人与留守儿童增多、农村人口和各类人才流失、乡村公共空间与文化匮乏，从而导致村民参加自治力度不够。造成我国农村“空心化”现象的主要原因在两个方面：一方面，乡村生产力水平低下，资源要素相互转化的活力不足，而传统农业产业不足以保障新一代农村人口的生活，造成了农村人口的大量外流；另一方面，农村基础设施建设依然薄弱，医疗、教育、出行等领域还有更大的空间需要建设，导致农民特别是新生代农民不愿待在农村。因此，如何破解农村“空心化”问题，成为扩大村民自治平台、提升村民自治水平的重点和难点[14]。

五、促进村民自治健康发展的对策建议

村民自治，作为我国的一项基本政治制度，作为我国农村基层社会治理的主要形式，只能加强，不能削弱，只能在坚持中不断完善，不能因时代变迁而弃如敝屣。所以，针对我国村民自治在实践中存在的问题，要提升乡村治理水平，应该充分吸收经验和教训，完善我国农村社区村民自治制度，促进村民自治健康发展。

（一）实施乡村振兴战略，坚持农业农村优先发展

当前，我国部分农村的经济发展水平还处于相对落后的水平，很大程

度上制约了村民自治的进一步完善和发展。党的十九大报告从经济社会发展全局的高度创造性地提出了乡村振兴战略，为我国村民自治制度的进一步发展提供了良好的经济基础[15]。为了更好地实施乡村振兴战略，使村民自治发展得更好，应做到以下几点：一是加强组织领导，落实各方责任，强化党组织在促进乡村振兴中的领导核心作用；二是要坚持农业农村优先发展，按照产业兴旺、生态宜居、乡风文明、治理有效、生活富裕的总要求，建立健全城乡融合发展体制机制和政策体系，加快推进农业农村现代化；三是强化法治保障，运用法治思维和法治方式推进乡村振兴工作；四是加强农村思想道德建设，立足乡村文明，吸取城市文明及外来优秀文化成果，不断赋予村民自治制度新的时代内涵，为增强文化自信提供优质载体。

（二）提升村级协商民主制度的可操作性和有效性

要在实践中提升村级协商民主制度的可操作性和有效性，推进村民自治。一是应切实加强对协商民主的宣传，注意在开始阶段尽可能选取一些与多数村民利益直接相关的事务进行协商，在协商过程中鼓励村民发言，逐步吸引村民主动了解、主动参与，提高村民参与协商议事的积极性[16]。此外，对协商结果尽快形成决策，并抓好落实，让村民看到协商带来的效果，从而提高村民再次参与的主动性。二是针对村级协商民主制度处在探索阶段，村“两委”成员普遍缺乏组织会议、掌控局面和能力的问题，要加强培训，提升村“两委”成员主持开展协商的能力与水平。

（三）破解农村“空心化”问题

近年来我国农村“空心化”现象越发普遍，农村人口和各类人才流失导致村民参加自治力度不够。如何避免出现农村空心化、荒芜化现象，成为扩大村民自治平台、提升村民自治水平的重点和难点。当前，要破解农村“空心化”问题，首先防止农村人口和各类人才过度流失，引导更多人才流向农村。建议出台相关政策支持各类人才流向农村创业就业，引导教育、卫生、文化、农业等各行业的科技人员、专业技术人员向基层流动，并定期组织专家到农村开展智力服务，培育新型农业经营主体，推动工商从业人员、专业技术人才、从事乡村建设和管理的人才流向农村。其次，发展壮大乡村产业，促进农村产业转型和升级。产业发展能够提高村民参与自治的积极性和创造性。根据当地农村实际制订乡村产业培育与发展专项计划，成立乡村产业培育专项基金，制定相应的推进措施和税收信贷政策促进乡村产业发展[17]。最后，推进农村生态环境整治，加强农村基础设施建设，补齐农村人居环境短板，扎实推进美丽宜居乡村建设，从而增强人们发展农村生产性服务的意识。

（执笔人：刘朵朵）

参考文献：

[1]新华网．习近平：在庆祝改革开放40周年大会上的讲话[EB/OL]．http://www.xinhuanet.com/politics/leaders/201812/18/c_1123868586.htm(2018－12－18)．

[2]刘金海．中国农村治理70年：两大目标与逻辑演进[J]．华中师范大学学报(人文社会科学版)，2019，58(06)：45—52．

[3]民政部．2018年民政事业发展统计公报[R]．http://images3.mca.gov.cn/www2017/file/201908/1565920301578.pdf．

[4]魏后凯，杜志雄．中国农村发展报告(2019)[M]．北京：中国社会科学出版社，2019．

[5]中共南雄市委．党建引领乡村振兴的"南雄样本"[J]．乡镇论坛，2019(02)：8．

[6]中共南雄市委．角湾村基层党建引领乡村治理[J]．乡镇论坛，2019(02)：10．

[7]李梅，姜岩．关于乡村治理中村民自治问题的研究[J]．中国集体经济，2019(34)：9—10．

[8]陈永蓉．立时代新约　建幸福家园[J]．乡镇论坛，2019(01)：26．

[9]广西三诺村：卫生治理倡导公序良俗[J]．农民文摘，2019(02)：18—19．

[10]徐增阳，陈福卫．中国农村村民自治：缘起、现状与发展趋势(一)村民

自治的内涵、意义与发展历程[J]. 人口与计划生育,2005(05):44—46.

[11]赵家祥. 对经济基础决定上层建筑原理的深刻阐释——《反杜林论》中“暴力论”三章的解读[J]. 马克思主义理论学科研究,2017,3(05):14—23.

[12]韩瑞波. “片区自治”:村民自治有效实现形式的新探索[J/OL]. 探索,2020(01):154—165[2020 - 02 - 03]. https://doi. org/10. 16501/j. cnki. 50—1019/d. 2020. 01. 014.

[13]李仁彬. 发挥协商民主机制优势 提高新时期密切联系群众的能力——以成都村民议事会为例[J]. 中共成都市委党校学报,2013(05):30—32.

[14]杜姣. 城乡关系的实践类型与乡村振兴的分类实践[J/OL]. 探索,2020(01):142--153[2020 - 02 - 03]. https://doi. org/10. 16501/j. cnki. 50 - 1019/d. 2020. 01. 013.

[15]马晓河. 完善乡村基础设施建设和公共服务供给[N]. 光明日报,2018 - 10 - 11(04).

[16]杜真. 多维度协商:村组合并中协商何以“稳中求进”[J]. 乡镇论坛,2019(06):16.

[17]周兆海. 发展产业增强乡村振兴内生动力[N]. 陕西日报,2020 - 01 - 22(006).

农村社区法治建设分析

摘要：党的十九大报告中明确提出了要全面推进依法治国的总目标，全面推进农村治理法治化。2019年以来，党中央、国务院高度重视农村社区法治建设，在新时代的历史背景下，大力推进乡村振兴战略和推进社会治理法治化的要求决定了推进农村社会治理法治化的迫切性。农村社区法治建设分析从中国农村社区法治建设政策法规、执法能力、法律服务水平、法治教育四个方面重点分析了2019年中国农村社区法治建设所取得的进展和面临的主要问题，并针对问题相应地提出加强农村立法、提高村民法律素质、提升村“两委”法治能力及加大农村法律宣传力度的对策建议，进一步促进法治国家、和谐社会与美丽文明法治乡村的建立。

关键词：农村社区；法治建设；农村治理法治化；安全治理；扫黑除恶

一、引言

党的十九大胜利召开，宣告中国特色社会主义进入新时代。习近平总书记在题为《把乡村振兴战略作为新时代“三农”工作总抓手》的讲话中提道：要全面实施乡村振兴战略，强化农村的基础性工作，健全法治、自治以及德治有效融合的农村治理体系，打造共建共治共享的社会治理格局，提高社会治理社会化、法治化、智能化、专业化水平[1]。另外，党的十九大报告中也明确提出了要全面推进依法治国的总目标。而农村社区是为了应对农村社会问题在我国城镇化、工业化过程中形成的农村社会治理共同体。所以，作为国家制度变迁的产物，推动我国农村社区的法治建设能够充分发挥法治在完成社会主义新农村建设的重大历史任务、解决“三农”问题和构建社会主义和谐社会中的重要作用。新形势下，我国农村社区法治建设已经取得了一些进展，如农村社区法治建设基本实现有法可依，农村社区执法能力得到了充分提升，农村法律服务水平有所提升、社区法制教育取得显著成效。但我国农村社区法治建设存在的问题依然严峻，不容忽视。

二、农村社区法治建设概述

首先，对于“法治”的含义要从不同层面不同角度去看。“法治”作为一个体系，它是人们关于法律、权利和权力问题的原则、观念、价值体系的看法和心理，体现了人们对法律的价值判断取向，是实现法治国家的前提。法治作为一种社会意识，其基本内核是主张“法律至上”，国家治理应严格依法进行。其次，法治作为治国方略，是指一个国家在多种社会控制手段中选择法律作为主要手段，也就是“依法治国”，在我国即广大人民群众在党的领导下，依照宪法和法律规定，通过各种途径和形式管理国家事务，管理经济文化事业，管理社会事务，保证国家各项工作都依法进行，逐步实现社会主义民主的制度化、法律化[2]。虽然对于“法治”的含义有不同解释，但“法治”的目标是一致的，是为了保护自由人权、维护公平正义。

新形势下，我国新农村社区建设的根本目的是改变农民的生存现状，把促进公平正义与增进人民福祉作为社会主义国家建设的出发点和落脚点。新型农村社区建设要求村民在党的领导下实行村民自治；要求社区文明程度显著提高，社区内环境优美、治安良好、服务完善；要求农村基础设施完善，市场化程度大幅度提升，城乡互动良好，人民生活富裕。这与“法治”的目标不谋而合。所以在新型农村社区建设中注重法治建设，把社会主义法治理念与具体的法律意识和法律方法进行实践对接，是适应现阶段在依法治国背景下促进我国农村社区发展的重要举措。新形势下，推进我国农村社区法治建设的意义如下。

首先，推进我国农村社区法治建设是全面推进依法治国的重要环节。党的十九大报告中明确提出了要全面推进依法治国的总目标。全面推进农村社区法治建设，是全面实施乡村振兴战略的制度化、法治化，也是全面实现依法治国目标的重要保障。此外，2019 年中央一号文件明确指出，"三农"问题是关乎国家国计民生的重大问题[3]。推进农村社区法治建设是"三农"工作的重要内容，其成效将会对全面依法治国的推进产生重大影响，是乡村振兴背景下农村法治建设的关键举措，是全面推进依法治国的重要环节。

其次，推进乡村法治建设是坚持党的领导和提升群众满意度的重要举措。党的十九大报告中明确指出："党是领导一切的"以及"我国社会主要矛盾已经转变为人们对于美好生活的向往与不充分不平衡之间的矛盾"[4]。实施乡村振兴战略背景下，贯彻新发展理念，大力推进农村社区法治建设，有利于改善当前农村法治意识薄弱、法律公信力差的实际问题，从而提升农民群众对于党领导工作的满意度。

最后，推进农村社区法治建设是促进国家治理体系和治理能力现代化的重要组成部分。党的十八届四中全会上对"全面依法治国"作出了全面系统的总体部署，为全面提高我国社会治理法治化水平、重点推进基层社会治理法治化指明了前进方向。其中，农村地区是要重点突破的难点和盲点地区。随着我国社会主要矛盾的变化，新时代农民在科学、民主、法治、公平、正义、安全、环境等方面的要求日益增长，推进农村社区法治建设对于推进整个国家治理体系和治理能力现代化的进程尤为重大。总体而言，现阶段我国推进农村社区法治建设的重要性是不可忽视的。

三、农村社区法治建设的实践进展

1984 年"依法治国"被写入宪法；2014 年党的十八届四中全会首次将"依法治国"进行专题讨论，并指出"我国将全面推进依法治国，基础在基层，工作重点在基层"。农村是我国社会的基层，所以农村社区的法治建设是实现全民守法和治理法治化的关键所在。从 1984 年将“依法治国”写入宪法，后经党的十八届五中全会提出全面贯彻党的十八届三中、四中全会精神，全面依法治国、重点促进城乡区域协调发展，加快农业现代化步伐至今，随着时间的推移，经过国家政策的推动和广大村民的参与，我国农村社区法治建设在各地法治实践中取得了一定成效。

回顾 2019 年我国农村社区法治建设取得的进展，主要体现在政策法规、执法能力、法律服务水平和法制教育四个方面。此外，我国农村社区法治建设也进一步切实推进了全面依法治国、国家治理体系和治理能力现代化的有效衔接，发挥出村级法治建设应有的作用和功能，不断激发出村民民主治理实践、乡村振兴的旺盛生命力。

（一）农村社区治理的政策法规进一步完善

自 1984 年“依法治国”被写入宪法至今，党中央、国务院越来越重视农村社区法治建设，先后出台了一系列方针政策，对推动农村社区法治建设与发展具有重要指导意义。我国出台的推动农村社区法治建设的相关政策法规详见表 1。

表 1　我国农村社区法治建设文件摘要

时间	文件名称	相关内容
1984 年	中华人民共和国宪法	将“依法治国”写入宪法
2018 年	关于实施乡村振兴战略的意见	要求建设法治乡村；增强基层干部法治观念、法治为民意识；加大农民普法力度、提高农民法治素质；加强对农民的法律援助和司法援助
2018 年	国家乡村振兴战略规划（2018—2022）	深入开展“法律进乡村”宣传教育活动；深入开展法治县（市、区）、民主法治示范村等法治创建活动，深化农村基层组织依法治理

续表

时间	文件名称	相关内容
2018 年	关于加强完善城乡社区治理的意见	要求全面提升城乡社区治理法治化、科学化、精细化水平和组织化程度；增强社区依法办事能力；推进法治社区建设，发挥警官、法官、检察官、律师、公证员、基层法律服务工作者作用，深入开展法治宣传教育和法律进社区活动，推进覆盖城乡居民的公共法律服务体系建设
2018 年	关于开展扫黑除恶专项斗争的通知	要求聚焦涉黑涉恶问题突出的重点地区、重点行业、重点领域，把打击锋芒始终对准群众反映最强烈、最深恶痛绝的各类黑恶势力违法犯罪；要求坚持依法严惩、打早打小、除恶务尽，始终保持对各类黑恶势力违法犯罪的严打高压态势
2018 年	关于办理黑恶势力犯罪案件若干问题的指导意见	要求运用多种法律手段全面体现依法从严惩处精神，有力震慑恶势力违法犯罪分子，有效打击和预防恶势力违法犯罪；要求重点打击把持基层政权、操纵基层换届选举、垄断农村资源、侵吞集体财产的黑恶势力；严厉打击"村霸"、宗族恶势力、"保护伞"以及"软暴力"等犯罪
2018 年	生态文明建设指标体系发展行动指南	提出了建设生态农业的系列标准；推动美丽乡村、生态县市建设，加强农村生态环境保护和农村人居环境改善等标准的修订
2019 年	中国共产党农村基层组织工作条例	深入开展民主法治教育，引导农民正确处理国家、集体、个人三者之间的利益关系，培养有理想、有道德、有文化、有纪律的新型农民；依法严厉打击农村黑恶势力、宗族恶势力、宗教极端势力、"村霸"，严防其侵蚀基层干部和基层政权
2019 年	关于坚持农业农村优先发展做好"三农"工作的若干意见	推进农村社区法治建设是"三农"工作的重要内容，其成效将会对全面依法治国的推进产生重大影响

这些政策法规的出台，充分体现了党和国家对农村社区法治建设的高

度要求和期望，有效推动了我国农村社区法治建设的发展，进一步促进法治国家、和谐社会与美丽文明法治乡村的建设。同时也使许多地方开展了有益的探索，丰富了新时代农村社区法治建设的有效实现形式。

（二）农村社区执法能力得到充分提升

农村社区法治的执法监督能力，具体可理解为三个方面：一是严格规范的公正执法能力；二是各级联动共同打击违法的协调能力；三是强化监管、严格准入的市场管理能力[5]。提高农村社区执法能力可以保证法治建设有序运行，从而促进农村社会和谐稳定。

首先，党的十九大以来，党和国家不断完善相关政策和法律法规，并开展了一系列以“建设法治乡村”为主题的活动。同时，最高人民法院印发了《关于认真学习贯彻〈中共中央　国务院关于实施乡村振兴战略的意见〉的通知》，并起草发布了《最高人民法院关于为实施乡村振兴战略提供司法服务和保障的意见》，指导各级人民法院依法妥善审理各类涉农案件，通过多种形式参与乡村矛盾纠纷化解。近年来，最高人民法院先后制定出台《关于审理涉及农村土地承包纠纷案件适用法律问题的解释》《关于审理涉及农村土地承包经营纠纷调解仲裁案件适用法律若干问题的解释》和《关于为推进农村改革发展提供司法保障和法律服务的若干意见》等司法解释和规范性文件，为各级人民法院统一了裁判标准，指导各级人民法院积极作为，依法受理、审判各类涉农案件，使农村社区多元化纠纷解决机制更加完善；使农村地区基层行政机关、社会团体和群众自治组织等沟通协作更加高效和谐。2019 年以来，人民法院通过依法支持调解、仲裁等多种方式，参与农村基层治理，化解了大量农村矛盾纠纷，进一步推动了我国农村社区法治建设的执法监督能力[6]。

其次，扫黑除恶、安全治理依旧是 2019 年农村社区法治建设的工作重点，2018 年 1 月中共中央、国务院印发《关于开展扫黑除恶专项斗争的通知》，要求对涉黑涉恶问题进行系统治理。2019 年，农村地区依旧是扫黑除恶专项斗争的重点领域。在 2019 年扫黑除恶专项斗争的总蓝图“治根、攻坚”的指导下，各地农村社区对涉黑涉恶问题进行了系列专项治理，对已侦破的案件循线深挖、逐一见底，使人民群众的安全感、满意度明显提升，取得了显著成效。山东省在济南举办全省城乡社区治理和乡镇政府服务能力建设示范培训班，对农村领域扫黑除恶专项斗争暨督导反馈问题整改工作进行了安排部署，要求各农村社区村党支部班子提高思想认识，明确了公、检、法、司等治理主体及各相关单位在深入开展扫黑除恶专项斗争中的职能作用，以最强的领导、最优的机构、最大的力度专项推进农村社区安全治理工作，确保扫黑除恶专项斗争在山东乡村战役“攻坚战”中取得新战果[7]。安徽省利辛县为了促进农村社区安全治理，增强农村地区群众的安全感和满意度，大力推行“一村一警”包村联系制度，并在此基础上开始积极探索“一村一辅警”新农村警务模式。辅警常驻乡村社区开展各项安全工作，切实当好“七大员”：治安防范的组织员、道路交通的协管员、矛盾纠纷的调解员、情报信息的采集员、法律政策的宣讲员、警务下沉的联络员、便民利民的服务员[8]。

（三）农村公共法律服务水平不断提高

2018 年 2 月，根据党的十九大提出的总要求，《中共中央　国务院关于实施乡村振兴战略的意见》首次明确提出了“建设法治乡村”的主题。建设法治乡村能够为乡村振兴提供强有力的立法、执法、司法、守法保障，进而助推乡村振兴战略的实施，是乡村振兴战略不可分割的组成部分。从“建设法治乡村”这一时代命题被提出至今，党和国家在农村社区深入开展了一系列以“建设法治乡村”为主题的法治建设活动，农业农村法律体系现已基本形成，农村依法治理工作也在不断完善。通过“三下乡”“法律宣传日”“法律宣传月”等主题活动，农民获得了更多优质的法律服务和法律知识，进一步推动了农村社区法律服务水平的提高。

根据《中国法律援助制度发展报告（2019）》数据显示，截至 2018 年底，全国法律援助机构共批准办理案件 145 万余件，同比增长 11.2%。2018 年全国已有超过 90% 的地方将法律援助业务经费纳入财政预算，法律援助经费总额达 26.5 亿元，同比增长 13%。法律援助工作的效率没有受经费的限制，法律援助经费的充分保障促进了农村社区法治建设水平得到较大提升[9]。比如浙江省泰顺县2018年财政充裕，泰顺县法律援助中心一方面积极与财政部门沟通，提高法律援助案件办案补贴标准达到《浙江省法律援助经费使用管理办法》规定的最高标准；另一方面增加经费预算，使当年法律援助经费较2017年增长了29.17%，远高于案件增长率的18.1%。同时，为了提高法律服务质量，泰顺县将即时评价和阶段评价相结合、内部评价和外部评价相结合、全面评价和重点评价相结合，采用"大数据+法律服务"方式，将法律援助案件数量、办案质量、管理水平等转化为法律援助服务指数，以更好地监督评价法律援助服务的质量，为法律援助服务的信息化管理提供了样本[10]。

（四）农村社区法治教育取得一定成效

党的十九大以来，党和国家开展了一系列以"建设法治乡村"为主题的法治建设活动，使农村社区法治教育在深度和广度上都有了进一步的拓展。农民的法治意识得到了很大程度的提高，越来越多的农民能够运用法律手段维护自身的合法权益。另外，越来越多的农村社区采取了积极的措施，加大了对村民的法治教育。广西壮族自治区河池市宜州区屏南乡合寨村构建了"三官一律""一村一警务助理"和"一户一法律明白人"三级法治网，充分发挥网格员、驻村干部、党员巡逻队伍的优势，宣传法律法规、安全治理、扫黑除恶、村规民约等相关知识，引导村民自觉遵法学法、守法用法，以法律作为行为规范的底线[11]。四川省成都市郫都区广福村通过建立"三所一庭"，利用一村一律师、农民夜校等平台大力开展咨询和宣讲活动，引导村民科学合理地运用法律手段维护自己的合法权益，村民的法律意识、安全防范意识、反黑除恶意识都有明显提升。同时，广福村统筹人大代表联络站、人民调解室、社区警务室等力量，大力培育小区矛盾纠纷调解组织，创立了"蓉姐真心话"等群众组织，极大地调动了农民参与法治教育、学法守法的积极性，有效促进了广福村和谐稳定。

四、农村社区法治建设中存在的主要问题

自1984年"依法治国"被写入宪法至今，我国农村社区法治建设取

得了诸多成就，为乡村振兴提供了强有力的立法、执法、司法、守法保障，进而助推乡村振兴战略的实施。然而，尽管2019年我国农村法治建设发展迅速，取得了一定成效，但仍存在一些问题。

（一）农村社区立法滞后

综观我国关于农村社区的立法状况，虽然已经颁布施行了部分有关农村社区治理的相关法律法规，其中包括全国人大及其常委会制定的法律，但总体上，这些农村社区治理相关的法律法规效力层级不高，相关法律法规条文的规定过于原则和笼统，规范性和可操作性不足，难以针对性地发挥地方性指导作用，一些领域的立法甚至还处于空白状态。此外，现有的部分法律法规所规定的内容已不符合农村社区的客观实际与发展需求，主要表现在立法难以充分反映“三农”发展的客观规律和实施乡村振兴战略的需要。目前，我国农村社区现有立法未能与改革需要实现良好衔接。

（二）农民整体法律素质不高

改革开放以来，我国农村社区发生了翻天覆地的变化，农村社区法治建设在党和国家的政策法规的规范扶持下取得了很大的成就。农民作为推动农村变革的主体，自身素质也有了一定程度的提高，出现了一部分能够运用法律手段维护自身的合法权益的现代农民。但是，由于我国农村社区的个体和地区差异大，其现状不容乐观。目前，我国农民的法律意识依然淡薄，传统观念浓厚，对现行法律和法治缺乏科学认识[12]。相比“法治”，农民倾向于信奉“人治”。当纠纷出现时，大部分农民会找村干部解决；或者采取上访的方式，部分农民会找亲朋好友解决。只有少部分农民通过法律咨询和社区法律工作者解决。古来有之的“厌诉”心理在当代农村仍然十分盛行。因此，也就造成了部分农村社区村“两委”权力过大，没有法律的约束，从而横行乡里、欺压百姓，形成了“村霸”，严重影响了我国农村社区村民的获得感、幸福感。所以，作为当今中国农村社区法治建设的主体——广大农民法律意识的淡薄，以及农村社区“村霸”等黑恶势力的长期存在必将成为农村社区法治建设推进的阻碍因素，同时也制约着当前社会主义新农村的建设和乡村振兴战略的实施。依法治国时代下的农村社区法治建设，必须注重农民法律素质的培养、进一步推进扫黑除恶专项斗争[13]。

（三）农村社区“两委”人员法治能力不强

作为农村社区与农民群众联系最密切的人员，村“两委”人员本应是优秀人才，是带领村民建设社会主义新农村、解决“三农”问题、实现乡村振兴战略的领头人。但是随着现代社会发展，一方面，农村社区文化程度高的人才大多进入其他领域就业或创业，尽管国家出台了很多政策鼓励支持有志人士回乡创业，但目前传统农业的发展依然较难为能力强的农村青年提供更大的舞台；另一方面，虽然各地政府一再提高村“两委”待遇，但与开放发达地区的务工收入相比，他们的报酬还是相对偏低。因此，“两委”人员往往存在年龄偏大、文化偏低、致富带富能力不高等问题。因此，一些乡村干部自身未能形成积极守法的意识，缺乏必要的法律素养，缺乏基本的法律知识，法律意识淡薄，无法推动农村社区法治建设；无法引导村民在遇到自身利益受损的情况时，拿起法律武器维护自己的合法权益。随着农村社区法治建设的不断推进，农民的民主意识、法制观念也在不断增强。如果村“两委”人员遇事仅凭经验，胡乱“拍板”，就会使村民有意见，影响农村社区的和谐与稳定。因此，村“两委”人员必须学法、知法、懂法、用法、守法，不当糊涂官、不办糊涂事，努力提高依法治村、依法办事的能力。

五、农村社区法治建设的对策建议

2019 年，我国农村社区法治建设在推动农村社会和谐稳定发展和国家政权稳定方面发挥了重要作用，农村社区法治建设实践要在坚持中不断完善，不能因时代变迁而弃如敝履。所以，针对我国农村社区法治建设中存在的问题，我们应该充分吸收经验和教训，推动农村社区法治建设健康发展。

（一）加强立法，完善农村社区法律体系

目前我国农村社区由于治理方式单一、农村人口流动性较大、个体差异和地域差异大、社会关系较简单等原因，导致农村社区的法律法规相对滞后，相关法律体系还不够健全，阻碍了推进新时代农村社会治理法治化。所以，在新形势下推进农村法治建设，首先应该要求相关立法部门积极研究制定更有针对性的法律法规并相应提升立法质量，为推进农村社区法治建设提供法律依据。相关立法部门应该通过深入细致的调研和论证，有步骤、有计划地制定符合时代要求、充分考虑农民群众利益的政策法规。其次，要及时修正一些不再适应新形势下农村社区治理发展的法律及规范性文件，顺应新形势发展要求，根据各地方农村社区发展特色，制定出台适应地方发展的地方性法规。最后，在法律法规不完善、不健全的领域，推动农村社区村民自治的民主实践发展，从而推动出台相应的村规民约，对农村“两委”人员和村民进行制度化、规范化、法治化的约束[14]。

（二）加大农村法律宣传力度，提高村民法律素质

首先，应该继续普及国民教育，尤其是农村社区的教育，加大普法力度，从小培养农民的综合素质。除了在学校专门学习法律基础知识课程，还应经常组织相关的法律讲座、模拟法庭、以案释法观影等活动。其次，应该加强对农村社区的法治宣传，继续积极响应“建设法治乡村”的时代命题，创新开展普法工作。相关部门工作人员和法律专业相关人士应以农民群众最关心的如房屋拆迁、土地流转等相关法律知识为切入点，定期和不定期地举行普法宣传活动，提高宣传的针对性。同时，继续推进开展“民主法治村”“平安月”“平安村”等效果显著的法律教育创建活动。也要注重法律法规宣传方式的选择。要选择在农村人口相对集中的地点如文化广场等开展形式多样的法律文化宣传活动，采用歌谣、戏剧、观影等形式，保证活动的通俗易懂，提升宣传有效性，帮助农民学习法律、理解法律，学会运用法律武器解决身边发生的问题。最后，要明确普法宣传的责任人员，秉持“谁执法谁普法”的原则，确定相关法律精神，落实责任到

具体执法人员。在处理矛盾化解纠纷过程中，真正做到以案释法，使村民树立起遇事找法、解决问题用法、化解矛盾靠法的法律意识[15]。

（三）提升“两委”人员法治能力，增强法律权威

首先，“两委”人员要真正转变思想观念，由“官本位”思想向运用法治思维和法治方式治理农村社区转变，坚持以人民为中心，提升法制观念和服务意识，立足本职岗位，全心全意为人民服务[16]。其次，要加强对“两委”人员的法律知识技能的培训，完善对“两委”人员的考核机制，考核机制中加入遵法学法守法、运用法治思维和法治方式办事及依法办事结果的考核指标，推进考核奖惩制度，真正提升“两委”人员的法律素养和依法办事、执法能力。最后，加强对违法行政、执法不严及枉法裁判的人员进行党规法纪的处罚，从而保证行政、执法及司法过程的合法公正。另外，要切实推动农村社区民主决策，健全村民会议或村民代表会议制度，使农村社区管理人员都能依法选举或推选产生，提高广大农民对社区村干部的认可度，对违法违纪的“两委”人员能通过村民代表会议进行惩戒甚至更换，使“两委”人员依法接受广大农民的监督，严格依法为村民办事[17]。同时，也要完善群众监督体制，如设立举报信箱、网上匿名举报通道及举报热线等渠道，确保村民可以随时对“两委”人员违法乱纪行为进行反映，“两委”人员可以及时知悉和整改群众反映的问题。

（执笔人：刘朵朵）

参考文献：

[1]新华网．习近平：把乡村振兴战略作为新时代“三农”工作总抓手[EB/OL]. http://www.xinhuanet.com/2019－06/01/c_1124570735.htm.

[2]侯云锦．乡村振兴背景下的农村社会治理法治化问题研究[J]．法制与社会,2020(01):165—166.

[3]陈晓琴．论以“依法治国”为背景的新型农村社区法治建设[J]．价值工程,2015,34(05):299—300.

[4]蒋传宓,周良才．法治农村与农村社区建设的问题及对策[J]．传承,

2008(02):65—67.

[5]刘建安. 关于加强农村环境监察执法能力建设的几点思考[J]. 低碳世界,2016(33):6—7.

[6]李晓壮,周艳. 社区治理现代化的两大任务[N]. 中国社区报,2019-10-24(03 版).

[7]赵文波. 山东省举办城乡社区治理和乡镇政府服务能力建设示范培训班[N]. 中国社区报,2019-1-3(01 版).

[8]张奇."一村一辅警"创建平安社区[N]. 中国社区报,2019-1-4(02 版).

[9]杨家璋. 永安市贡川镇打造生态宜居乡镇[N]. 中国社区报,2019-3-1(02 版).

[10]中国政法大学国家法律援助研究院. 中国法律援助制度发展报告(2019)[M]. 北京:社会科学文献出版社,2019.

[11]中共河池市宜州区委员会:党建引领,三治融合:走出基层社会治理新路径[J]. 乡镇论坛,2019(10):16.

[12]夏斋. 在实践中提升为民服务的能力[J]. 乡镇论坛,2019(08):01.

[13]袁方成. 以治理有效推动乡村全面振兴[J]. 乡镇论坛,2019(03):01.

[14]梁涛."三治融合"开创乡村治理新格局[J]. 乡镇论坛,2019(07):08.

[15]区鸿雁,俞呈."借"与"借到"一字之差引纠纷[J]. 乡镇论坛,2019(09):42.

[16]徐术杰. 严把"五关"从严管理村干部[J]. 乡镇论坛,2019(08):16.

[17]郝成涛. 推进深度贫困地区农村基层治理新路子[J]. 乡镇论坛,2019(07):12.

农村社区文化建设分析

摘要：党的十九大报告中提出“乡村振兴”战略，是我国社会发展的重要基础战略，对推动我国农村、农业现代化有着至关重要的作用。“乡村振兴”不是单一的农村经济振兴，而是包括农村文化在内的共同繁荣和发展的一项复杂且系统的工程。乡村振兴离不开农村文化的繁荣，其与农村文化的发展程度密切相关，农村文化发展常态化需要有必要的载体来支撑。2019 年我国农村社区文化建设独具特色，不仅在文化服务基础设施建设方面投入巨大，各地的文化建设活动也精彩纷呈，同时也涌现出了诸多成熟的文化建设成果，各地的文化 IP、文化节等产业纷纷涌现，多主体共同参与共建为农村文化的传承发展提供了长足的动力。然而，我国农村建设也存在文化实践建设内卷化的问题，面临人才流失、传统文化薄弱等巨大挑战，要推进农村社区文化建设效能的提升，还需进一步明确农民的主体地位，加强人才队伍的培养，通过国家介入来激活地方性内生文化资源，使农村公共文化建设服务体系真正活起来。

关键词：农村社区文化；文化实践；文化特色

一、引言

党的十九大报告提出实施乡村振兴战略，按照产业兴旺、生态宜居、乡风文明、治理有效、生活富裕的总要求，建立健全城乡融合发展体制机制和政策体系，加快推进农业农村现代化。应该说，现代化的农村一定是文化繁荣，资源形式得到极大丰富的农村。文化兴，国运兴；文化强，乡村强。乡村振兴离不开文化的引领，要推动农村优先发展，乡村的文化繁荣就显得尤为重要。2019 年以来，各地按照中央决策部署，大力加强农村精神文明建设，以繁荣乡村文化为重点，打造“有底蕴”的新乡村，以大力弘扬社会主义核心价值观为抓手，以丰富文化艺术惠民利民活动为载体，以壮大农村文化产业为目标，着力提升农民精神风貌和乡村社会文明程度，致力打造农村精神高地。各地区坚持政府主导、农民主体、共建共享的政府治理新模式，扎实努力推进农村社区文化建设工作，致力于美丽新农村的建设工作。

二、农村社区文化建设的实践进展

（一）农村社区文化事业投入持续增加

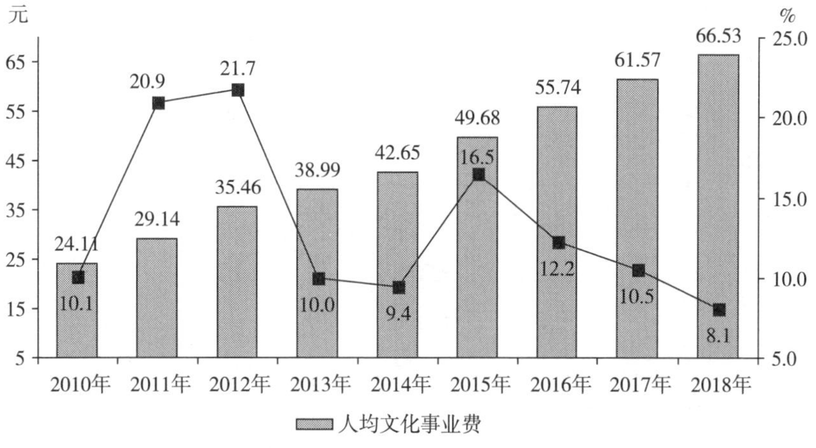

图 1　2010—2018 年全国人均文化事业费及增速情况

资料来源：《中华人民共和国文化和旅游部 2018 年文化和旅游发展统计公报》。

党的十九大以来，各级政府切实履行了在文化领域的公共服务职能，不断加强现代公共文化服务体系建设，着力补齐文化民生短板，努力保障人民群众基本文化权益。根据《中华人民共和国文化和旅游部 2018 年文化和旅游发展统计公报》显示，2018 年全年全国文化事业费为 928.33 亿元，比上年增加 72.53 亿元，增长 8.5%；全国人均文化事业费 66.53 元，比上年增加 4.96 元，增长 8.1%。

全国文化事业费中，县以上文化单位 424.96 亿元，占 45.8%，比重比上年降低了 0.7 个百分点；县及县以下文化单位 503.37 亿元，占 54.2%，比重比上年下降了 0.7 个百分点。东部地区文化单位文化事业费 416.24 亿元，占 44.8%，比上年比重提高了 0.2 个百分点；中部地区文化单位文化事业费 232.71 亿元，占 25.1%，比上年比重提高了 0.2 个百分点；西部地区文化单位文化事业费 242.93 亿元，占 26.2%，比上年比重下降了 0.8 个百分点。可见县以及县以下的文化事业费投入正在逐年上涨，不断推动我国农村社区文化建设进入快速发展新阶段。

表 1　全国文化事业费按城乡和区域分布情况

		1995 年	2000 年	2005 年	2010 年	2015 年	2017 年	2018 年
总量（亿元）	全国	33.39	63.16	133.82	323.06	682.97	855.8	928.33
	县以上	24.44	46.33	98.12	206.65	352.84	398.35	424.96
	县及县以下	8.95	16.87	35.70	116.41	330.13	457.45	503.37
	东部地区	13.43	28.85	64.37	143.35	287.87	381.71	416.24
	中部地区	9.54	15.05	30.58	78.65	164.27	213.3	232.71
	西部地区	8.30	13.70	27.56	85.78	193.87	230.70	242.93
所占比重（%）	全国	100.0	100.0	100.0	100.0	100.0	100.0	100.0
	县以上	73.2	73.4	73.3	64.0	51.7	46.5	45.8
	县及县以下	26.8	26.7	26.7	36.0	48.3	53.5	54.2
	东部地区	40.2	45.7	48.1	44.4	42.1	44.6	44.8
	中部地区	28.6	23.8	22.9	24.3	24.1	24.9	25.1
	西部地区	24.9	21.7	20.6	26.6	28.4	27.0	26.2

资料来源：《中华人民共和国文化和旅游部 2018 年文化和旅游发展统计公报》。

自 21 世纪初提出建设公共文化服务体系以来，我国农村公共文化服务建设取得了很大成绩。目前，全国共有县级图书馆 2753 个，文化馆 2938 个，乡镇综合文化站 33997 个，农家书屋 640000 个。通过实施广播电视村村通、乡镇综合文化站建设、农家书屋建设、农村电影放映工程、全国文化信息资源共享工程等文化惠民工程，为农民提供基本农村公共文化服务。近年来，为解决部分农村公共文化服务设施“沉睡”问题，各地对7937个乡镇综合文化站进行了专项治理，提高农村公共文化服务设施使用效率，1600个县建立了文化馆总分馆制，1705个县建立了图书馆总分馆制，努力将文化资源输送到乡村，取得了新的成效。各农村地区的文化设施网络得到不断完善，政府也致力于打通公共文化建设的“最后一公里”。

（二）农村社区文化设施建设更具特色

文化服务于人们的精神世界，每一种文化元素都反映了人们的诉求，满足着人们的精神世界，体现着它的社会功能。乡村振兴离不开乡村文化的繁荣，乡村文化发展常态化需要有必要的载体来支撑[1]。文化广场、农家书屋等文体设施已经成为乡村的标配，一些经济比较发达的地区还在积极创建村史馆、文化礼堂等更具影响力的文化场所，打造乡村文明的新地标。浙江省在2019年农村文化礼堂的建设中独辟蹊径，依据各地的本土文化资源禀赋，按照有场所、有展示、有活动、有队伍、有机制的建设标准，设计并组织形态各异的文化活动，不仅助推了乡村旅游的发展，延伸了当地的产业链，而且丰富了群众的文化生活，让村民在其中感受传统文化的精髓，感受社会主义先进文化的润泽，发挥了保乡土、倡乡风、兴乡文、聚乡心的作用[2]。四川省阆中市河溪镇白堡村为了填补村民文化生活的空白，积极加大文化设施的投入，加快文化队伍的创建。为此，白堡村启动了文化示范点建设，新建新农村文化院坝1000平方米。随后，新建了标准文化室和图书室，新建群众文化长廊，打造集党员教育、电影放映、农家书屋、运动健身等为一体的文化综合体；建文化宣传栏、文化舞台、体育设施……2019年，不仅村民活动的场所有了，活动形式也更丰富了，极大地激发了群众参与文化活动的热情[3]。为让农家书屋图书“动”起来，浙江省将把农家书屋纳入市、县、乡公共图书馆服务体系，力争2020年实现全省农家书屋图书馆体系化管理。同时为改变部分农家书屋借阅率偏低、阅读环境偏差、覆盖人群较少等现状，浙江省将按照“建强一批、提升一批、维持一批、整合一批”的原则，对现有农家书屋进行提质升级[4]。

（三）农村社区文化建设形式多样化趋势明显

2019 年农村社区文化建设的形式呈现出更加多样化的趋势。为了丰富农村社区居民精神世界，大力弘扬农村社会正气，浙江省杭州市西湖区开展“我们的节日”“我们的村晚”等各类弘扬社会正气、展现社会主义核心价值观的演出 150 场，惠及 10 余万农村群众。组织开展“最美西湖人”“美丽家庭”等道德评议和乡风评议活动，设置“善行义举榜”“最美人物榜”，让农村道德模范和最美人物事迹成为全区群众心中温暖的精神家园[5]。春风化雨，久久为功，为营造文明新风的浓厚氛围，山东省郯城县杨集镇周楼村，一面面文化墙令人耳目一新，以社会主义核心价值观、村规民约、孝亲敬老、移风易俗、二十四孝小故事等内容为主题的文化墙深得人们的喜爱，既美化了环境，又营造了浓厚的文化宣传氛围，有效提升了群众的思想道德素质。如今，文化墙已成为美丽乡村建设的“代言人”和乡风文明的“传播者”，也成了提升群众文明素质的重要阵地[6]。广西壮族自治区恭城瑶族自治县党委、政府则以开展传承中华优秀传统文化活动为契机，引导各村成立传承中华优秀传统文化联合会，组建民间文艺队、篮球队等积极健康向上的文体队伍，通过举办“盘王节”“七月香”等传统民俗活动，不断丰富农村群众的文化生活，以此促进当地乡村振兴和乡风文明的建设[7]。

三、农村社区文化建设的实践特色

（一）农村社区文化产业化发展趋势明显

实施乡村振兴离不开文化振兴，文化是一眼泉水，源源不断地注入生机。乡村文化产业依靠乡村自身悠久的历史文化资源，打造有特色、有内涵的新乡村。乡村振兴与乡村文化产业融合是历史发展和时代进步必然的机遇，乡村拥有丰富的历史文化资源，深刻解读并发扬优秀乡土文化的价值体系是实现城乡融合发展的内在基础。在国家各级政府的领导下，2019年的农村社区文化发展势头依旧迅猛，政策扶持力度不断加大，中共中央、国务院印发的《乡村振兴战略规划（2018—2022年）》提出要“发展乡村特色文化产业”。乡村特色文化产业，是基于我国农村乡（镇）、村这一最基本行政单元考量对我国文化产业体系加以区分和细化而推导出的一个全新概念，其主要内涵是指以乡村社会为生成土壤、以广大乡民为参与主体、以乡村文化资源为重要依托的文化创意、文化生产和文化服务等经营活动。乡村特色文化产业是围绕乡村民间文化传统和独特文化资源，利用现代经济理念和产业经营模式而开展的经济活动。在助推乡村文化产业方面，湖南的乡村文化旅游节，作为展现农村社区文化魅力，推动文旅融合发展，促进基层文化设施建设的重要文化产业，2016—2019年以来按春、夏、秋、冬四季，突出“花季春游”“清凉世界”“金秋彩林”和“冬游湖南”等主题，举办了13届乡村文化旅游节，已成为扩大乡村文化旅游新产品供给、展示和营销乡村文化旅游资源的重要平台，在加快建设文化强省和旅游强省等方面发挥了重要作用。与此同时，由于我国乡村在文化和传统遗产等方面拥有得天独厚的优势，近年来为了满足大众的精神需求以及物质需求，出现了很多利用本地特色的文化产业，由文旅部门牵头，文史机构、农业等部门打造“中华地理文化IP”，挖掘地理标志产品的历史文化，传播品牌故事。在地理标志的保护中传播中华地理文化，有条件的地方形成“一地一品、一业特长”的地理文化品牌故事[8]。乡村文化振兴必须坚持文化事业建设和文化产业发展双轮驱动，这是乡村振兴战略的应有之义。

（二）农村社区文化建设主体逐渐多元化

社会组织近年来在我国发展迅速，根据民政部相关负责人在2018年全国社区社会组织改革发展经验交流暨工作推进会上的介绍，我国社区社会组织数量已达39.3万个[9]。农村社区充分发挥群团组织和社会组织在文化建设中的作用，实施以农村社区为平台、社会组织为载体、社工为支撑的“三社联动”机制。在江苏省苏州市的姑苏区便有 2961 家社会组织在推进社区各方治理与服务创新、整合社会优势资源等方面进行了有益的探索，在为居民提供服务、扶贫帮困、丰富群众社区文化生活等方面发挥了重要作用。同时社工作为社会协同和社会参与的重要组成部分，作为政府和居民的第三方介入，在推进农村社区文化建设保护方面，发挥了不可忽视的作用。在广东省东莞市虎门镇的新湾社区，疍家文化随着日渐式微的渔业而消逝。为了协助社区改变现状，也为了挽救正在逐渐消逝的疍家文化，社工们立足新湾社区特有的渔民文化资源发展出了“追寻水上人家，保育疍家文化”的渔民文化项目，在文化保育的路径下，挖掘和培育社区发展的内生力量。不但开展渔民文化节，而且以实物形式保留疍家文化，以物质唤醒文化记忆，社工联合新湾社区共同成立疍家文化保育小组，设置古物惠赠站，收集渔具及工艺品，筹建疍家文化展示馆，重新建立“人与文化”之间的内在联系，激发社区居民的文化自信和认同感[10]。与此同时参与农村社区文化建设的还有广大农村志愿者，社区层面的邻里互助是世界各国社会文化的重要传统，也是农村志愿服务最原始和基础的模式，在农村社区当中社区志愿者也成了维系社区文化的重要一环。天津市和平区近年来实施了志愿服务项目化运作，努力提升志愿服务规范化、常态化、制度化水平；举办“志愿服务大讲堂”引进专业组织对项目志愿者进行系列培训，提升志愿者服务技能；为满足群众精神文化需要而设立的“文化乐民”项目，通过整合资源，引导社区文化团队开展志愿服务活动。

（三）农村社区文化依靠传统文化支撑

乡村文化的振兴，农村社区文化的发展，更需要传统文脉、乡村特色的支撑，在发展农村社区文化的过程中，村志作为记录及弘扬宣传乡土文化的有效平台，同时作为全面、权威的地情资料文献，能够有效保留乡村文化记忆，是提升乡村文化内涵的重要举措，既可以总结乡村政治、经济、文化、社会发展的历史经验和智慧，也可以传承传统文脉、重塑乡村特色。村志承担了传承和发扬历史文化传统的重要使命，有助于摸索发展经验，提升乡村文化内涵，为探索未来发展方向提供借鉴和参考，对这一代的村民甚至后世的村民来说都是一份宝贵的精神财富。国家各级政府部门和广大有识之士已经充分认识到编修村志的重要意义，倡议开展村志编修，承续乡土文化。上海市金山区百余个村庄通过“一村一志”留存乡音乡愁，让村志成为完整记录乡村历史、记载新型城镇化历程、留住乡音乡愁的重要载体。自2010年起，历时近8年，金山区率先完成了村志编纂全覆盖，124个建制村全部实现了“一村一志”。更重要的是，金山区的124部村志正“活化”在各村的乡村振兴和文化传承中[11]。浙江省杭州市西湖社区也始终坚持文化自强、文化自信，为了让每个农村社区的群众身有所栖、心有所寄，注重挖掘村史村情、乡风民俗、特色文化、非物质文化遗产等，将传统民俗文化与现代文明融合创新，让文化资源得以留存。为突出农村文化地域特色，该地充分挖掘西湖区龙舟文化、龙井茶炒制、九曲红梅、西溪小花篮等国家级、省级、市级和区级系列非物质文化遗产资源，整理出一批极具区域代表性的文化元素、文化内容、文化禀赋，建设农村文化地标[12]。

四、农村社区文化建设的实践短板

2019年以来，我国在农村社区文化建设实践上无论是文化建设还是文化特色方面都取得了长足发展，但仍然存在一些长期难以解决的困境与问题，同时随着经济社会的发展，农村社区的文化建设也面临许多新的挑战。

（一）农村社区文化建设实践“内卷化”

一是农村公共文化功能性缺位问题。在乡村振兴这一系统性的战略当中，文化振兴处在关键一环，振兴乡村文化，可以为乡村振兴战略提供源源不断的精神动力。近年来国家不断加大对乡村文化的支持力度，尽力保持乡村文化建设的成效，但农村社区文化建设在农村地区却并未发挥出应有的提升效果，反而出现了供需不对称的问题。当前火热的农村社区文化建设主要有农家大院、农家书屋、农家电影广场以及农家图书馆等场所，这些文化惠民工程在一定程度上满足了农民的休闲娱乐和文化资讯需求，但也存在着使用率较低的问题。一方面，农民劳作时间以外的文化活动极其单一，且形式多以看电视、聊天串门等轻娱乐为主；另一方面，更主要的原因在于部分文化基础设施所提供的服务与农民的文化兴趣偏好并不完全相符，这种情况导致建设内容脱离农村实际，在丰富农民业余文化生活等方面也形同虚设，对农民群体缺乏吸引力。

二是农村社区文化建设中农民的主体地位缺失。在过去的经济社会发展过程当中，我们首先注重城市文化精神的建设，较长时间忽视了农村社区文化建设的发展，导致当前农村文化建设中没有给予农民应有的重视，而是将农民视为一种需要改造的客体，农村社区文化建设也呈现出“城市化”的特征，政府按照标准化、规范化、高规格的城市化理念进行农村文化基础设施建设，在一定程度上遮蔽了乡村公共文化服务的综合性、乡土性和情感性的特点，只是把农民当作城市先进文化之“受体”，在文化建设上，出现了“送文化”的现象。由政府文化行政管理部门或其他具有宣传职责的机构主导，在一定文化经费支持下，政府财政购买公共文化服务，由公办的或民营的文化团队承接，通常以寓教于乐的方式在乡村开展文化娱乐或宣传教育活动，也就是所谓的“送文化下乡”活动。送文化下乡活动所提供的文化产品，有时并没有很好地贴近农民群众的价值观和审美情趣，单方面地被动接受政府灌输的文化并不能使农村居民真正参与到文化建设中来，这样的文化下乡根本就没有进入乡村社会的肌理，满足不了农民的真正需求，无法从根本上提高农民对国家文化动员的认同，也就无法将文化“种植”在农民的日常生活之中。

三是农村社区文化建设行政化趋势明显。我国的农村社区文化建设是一种“行政主导”的文化治理模式，各级文化管理部门以“送文化下乡”的指标数量来衡量工作成效，忽视引导建立农民自身的文化组织，一些地区的文化管理部门没能深入细致地开展组织发动工作，“现行文化体制在运作过程中很大程度上属于向上负责，基层文化行政部门的公共服务意识及其责任明显低于对上级执行使命的承诺，文化责任上行及价值逆向性内在地支撑着体制的行政存在方式”[13]，行政主导的文化治理模式，对文化进行治理往往是单向的，是一种“自上而下”的治理模式，政府层面认为农民的文化需求需要改造，公共文化阵地建设及送文化下乡的目的，就是仿照城市文化治理的模式对农村公共文化进行“送文化”改革。韩鹏云指出，重“送”轻“种”以及公共文化资源利用过程中出现的异化现象构成了公共文化服务的“内卷化”逻辑：“自上而下”的公共文化服务没有与乡土特性及农民的需求充分衔接，理念上正逐步远离农村、与农民隔膜甚至从一定程度上排斥农民“参与”。这种现状从本质上呈现的是公共文化服务“有增长而无突破”的“内卷化”逻辑，即公共文化服务的投入在不断增加，但原本预期中的绩效却难以实现突破，在预期与实效之间存在着难以回避的张力[14]。

（二）新时代面临的新挑战

一是农村文化人才极度匮乏。农村文化活动的开展需要具有一定艺术文化才艺的农民来作为活动的组织者、布局者和实施者，农村文化建设当中优秀的文化建设人才是必不可少的。当下我国农村社区文化建设过程中，专业人才缺乏，人才结构失衡问题严重。城镇化及工业化是现代社会的必然趋势，大量的农村务工劳动力进入城市工作，因为农村条件艰苦，很多年轻的文化工作者不愿意到农村工作，甚至不愿意到镇文化站工作。因此目前农村社区文化队伍中专业的文化工作者以老年人居多，中青年文化工作者凤毛麟角，青年中流砥柱人口流失严重；同时农村引进人才的文化体系并不健全，流失当地新鲜血液的同时还难以引进文化人才，最终导致我国农村文化人才队伍中工作人员文化学历偏低、思想素质落后并且老龄化严重，这些都使得很多农村基层的文化工作者因为缺乏新鲜血液而无法退休，文化承接出现严重的断层现象。

二是数字时代的新挑战，传统文化的流失。随着互联网及传媒技术的发展，后现代消费主义的热潮不断侵蚀村庄，村民尤其是年青一代更倾向于各类关门闭户的私人文化，对传统文化的热情有限。尽管仍然有很多农村地区老年人群体喜爱当地农村的传统文化，但年轻群体则由于缺乏对传统文化活动的参与感，且被更多新式的现代文化形式吸引，因此对于传统的乡村文化较为淡漠。可见，农村社区文化的可持续发展面临着极大的挑战。李长庚指出农村“空心化”“老龄化”，严重影响传统文化的保护和传承。传统的道德观念、价值观念是传统文化的内核与灵魂，农村年青一代传统的价值观念正在逐步淡化，家庭观念、集体主义精神、家乡文化认同、故土情结也在逐步减弱。传统文化核心的价值观念和传统美德以及传统的记忆习俗皆处于消融、消解之中[15]。

五、农村社区文化建设的对策建议

（一）加强对农村社区文化人才队伍的培养

首先应当为农村文化人才提供更为广阔的舞台，让农村文化人才都能才尽其用。在建设农村文化的工作中，要注重培养强大的文化建设队伍，首要任务是对文化骨干分子或带头人的发掘和支持。当前参与农村文娱活动并且掌握传统文化技艺的主要是一些没有生活负担的老年群体或文化活动爱好者，应对相关文化人才给予鼓励，使其积极参与到文化组织过程之中，使其成为发扬传统文化的培养者，不断壮大农村文化骨干队伍。另外，在这一过程中，乡村两级组织尤其是“村两委”必须要强化面向农民的文化建设理念，摒弃“文化可有可无”的工具主义理念，在乡村文化组织建设中发挥支持和引导作用。

其次也要着力培养农村文化队伍建设中的组织型人才。目前农村文化建设人才队伍中，特别缺乏既懂专业又懂管理的复合型人才。拓展农村文化阵地、创新农村文化建设途径需要既有专业知识，又能抓文化项目、运作文化项目的人才，可以多渠道引进和有重点地培养这类人才，通过关键人才带动农村文化建设的全面发展。近几年，一大批有知识、有文化的大学生村官扎根基层服务基层，改变着农村人才队伍结构，可以充分利用这一契机选拔一批大学生村官从事农村文化组织和管理工作。

（二）增强农民在农村社区文化建设当中的主体地位

必须明确，农村公共文化建设的主体是农民群体，而非各级行政部门。在具体的农村文化建设过程中，建设内容和着力点必须有针对性地服务于农民群体，彰显“文化农民”的主体意识。文化需求源于农民，要服务于农民的真实需要，而不是由政府或外部的专家“灌输”。应当在农村“种”下文化的种子，让农民成为文化建设的主体，激发他们的热情和动力，才是农村文化发展的长效动力机制，才能真正影响农民群体的精神生活，提振乡村文化基调。因此，改善农村公共文化体系建设的功能效果，需要以农民群体为主体，重塑农民在农村文化中的核心地位，提升农民自身的主体意识。农村公共文化服务要积极构建良好舆论环境，通过移风易俗，培育和践行社会主义核心价值观等潜移默化的方式，转变部分农民等、靠、要的思想，激发农民自身接受先进文化的积极性，塑造出更多有参与和创造能力的农民。乡村可持续发展的关键，也是乡村文化振兴繁荣的关键是“文化农民”本身。

（三）注重农村社区传统文化的保护与传承

知名学者钱穆说过：“中国文化是自始至终建筑在农业上面的。”从中国人独有的思想情感便可窥见，“落叶归根”“故土难离”正是人们对乡村浓厚感情的真实写照。振兴乡村，文化同行。它呼唤人们携带希望回归，它等待传统优秀文化的梳理。党的十九大报告指出：“深入挖掘中华优秀传统文化蕴含的思想观念、人文精神、道德规范，结合时代要求继承创新，让中华文化展现出永久魅力和时代风采。”必须要坚持弘扬家风家训、村规民约，继续加强节日文化建设等形式，让传统美德扎根村民心灵深处。优良的家风家训，可以影响家庭的每个成员“心存真善美，行思仁礼信”。要深入挖掘传统家风、家训中修身齐家、为人处世的理念和智慧，广泛宣传其中的优秀思想和文化精髓，最大限度上唤回优秀的传统文化，增强村民的文化自信。

与此同时，文化需要物质实体来承载，乡村文化的保护与传承亟须推行“乡村记忆工程”。各个地区可以在文物普查的基础上，选择一批具有浓郁地方特色、具备传统文化特征的古村古镇进行整体的保留、保护和维修利用，结合生产用具、生产生活遗物遗迹的展示，形成集乡土建筑和乡村民俗为一体的“乡村博物馆”，集中展示当地的村史、村情，增强村民对自身文化的认同感、归属感。古村落是农村传统文化的“活化石”，保护古村落，要处理好保护与旅游开发的关系，尽可能地保留古村落的历史风貌和特色，传承好文化根脉。就像习近平总书记讲话中强调的那样，保护传承传统文化，要让农村“望得见山、看得见水、记得住乡愁”。

（四）构建政府引导、村民协同的文化发展模式

我们必须认识到当前农村文化建设中存在指标化、市场化、行政化的特性。杜维明教授曾说道：“中国已经从市场经济变质为市场社会，任何价值都用经济衡量。也就是说市场的游戏规则，已经渗透到了社会生活的各个方面。”日益严重的“市场社会”使得政府在处理文化事务的时候不仅将农村文化软实力放在经济建设之后，在文化建设方面也会片面忽视其长久效应，片面追求农村文化基础设施的建设，追求数量与形式，而忽视了其对农民的吸引力与针对性。因此在农村文化建设角度，农村公共文化建设的目的在于更好地服务于农民和农村，使农民享受更多的文化福利，深入农村基层了解其感兴趣的文化形式并加以引导，留住村民的脚步，引入新的互联网技术，在数字时代带领村民共同进步，这就需要改变一直以来计划式、标准化提供公共文化产品的做法，因地制宜地设计文化建设方案，切实提高农村社区公共文化服务的效能，将先进文化“种”进农村社区居民的心中。同时政府作为引导者，应当引入国家资源，形成专项的文化建设资金来支持村庄文化组织，通过文化资源的投入确保文化发展有基础，避免让村落喜闻乐见的村落公共文化形态因为没有资源的投入而日渐衰败。通过国家介入来激活地方性内生文化资源，激发出农村社区的文化活力，使得农村公共文化建设服务体系真正活起来、火起来，被农民群体接纳和喜爱，进而逐步确立起文化的主体地位。

（执笔人：赵亚男）

参考文献：

[1]杜丽丽．打造乡村文明新地标[J]．乡镇论坛,2019(04下):1.
[2]陈新森．文化礼堂点亮乡村生活[J]．乡镇论坛,2019(04下):6—8.

[3]莫子君,王晓东. 腰包鼓 精神富 村貌新——阆中市河溪镇白堡村文化扶贫工作扫描[J]. 乡镇论坛,2019(07 下):14—15.

[4]浙江省提质升级农家书屋 探索留守儿童受益方式[J]. 乡镇论坛,2019(08 下):4.

[5]袁芳. 深化"五大空间"助推乡村振兴[N]. 中国社区报,2019-1-3.

[6]李井水. 文化墙扮靓美丽乡村[J]. 乡镇论坛,2019(08 下):15.

[7]郑智民. 传统文化节点亮农村文化生活[J]. 乡镇论坛,2019(08 下):14.

[8]代真,新波. 拓宽振兴乡村经济的新思路[J]. 乡镇论坛,2019(03 下):10—11.

[9]王川兰,李鑫. 提升社会组织参与社会治理效能的路径选择[J]. 社区,2019(01 下):20—22.

[10]汤珊珊. 保育疍家传统文化·再添社区发展动力[N]. 中国社区报,2019-1-7.

[11]王鑫. 地方志·乡土情——上海市金山区"一村一志"纪实[J]. 乡镇论坛,2019(08 下):6—8.

[12]王列生,郭全中,肖庆. 国家公共文化服务体系论[M]. 北京:文化艺术出版社,2009.

[13]毛泽东. 毛泽东选集:第二卷[M]. 北京:人民出版社,1991.

[14]韩鹏云. 乡村公共文化的实践逻辑及其治理[J]. 中国特色社会主义研究,2018(03):103—111.

[15]李长庚. 加强乡村传统文化的保护与传承[N]. 学习时报,2017-11-13(004).

农村社区环境建设分析

摘要：近年来，社区环境建设作为农村社区建设的重要组成部分越来越受到政府与社会各界的重视。综合全国农村社区环境建设的实践情况来看，2019 年农村社区环境建设在政策法规、建设投入、宣传力度等方面取得较大进步。与往年相比，2019 年农村社区环境建设的突出特色主要表现在环境建设形式日益多样化、主体多元化趋势明显、以人居环境治理为重点三个方面。同时，农村社区环境建设也面临相应的难题，包括建设可持续性不足、农民主体地位缺失、实践中监管仍有缺失等。对此，建议相关部门采取针对性的措施加以改进。

关键词：农村社区；环境建设；人居环境整治

一、引言

农村社区环境是指以农村居民为中心的乡村区域范围内各种天然的和经过人工改造的自然因素的总和，它既包括农村自然环境，也包括农村社会环境。构成农村自然环境的要素包括水体环境和土壤环境；构成农村社会环境的要素包括生物环境和农业环境[1]。环境建设是农村社区建设的重要内容，关乎约 56401 万农村常住人口的健康与福祉，也关乎我国城乡发展的均衡，更关乎子孙后代。近年来，环境建设早已被纳入党和政府工作的重要议程。尤其是 2019 年中央一号文件指出：抓好农村人居环境整治三年行动。深入学习推广浙江“千村示范、万村整治”工程经验，全面推开以农村垃圾污水治理、厕所革命和村容村貌提升为重点的农村人居环境整治，确保到2020年实现农村人居环境阶段性明显改善，村庄环境基本干净、整洁、有序，村民环境与健康意识普遍增强[2]。而后，2019年政府工作报告指出：加强污染防治和生态建设，大力推动绿色发展[3]。同时，国家财政投入力度不断加大。可见，政府重视程度之高，受益范围之广，影响之深远，因此，农村社区环境建设仍是农村社区建设与研究的重要组成部分。

二、农村社区环境建设的实践进展

（一）农村社区环境建设政策法规不断完善

政策与法规是农村社区环境建设的重要依据，对各层级开展的农村社区环境建设活动进行规范、引导与约束。自2019年初，中央一号文件出台以来，各相关部门对农村社区环境建设问题关注度不断提高，政策法规涉及范围不断扩展；各级地方政府出台了相应的政策法规或者工作计划，以指导环境建设活动的顺利开展。2019年出台的农村社区环境建设的相关文件与政策方针详见表1。

表1 2019年我国农村社区环境建设文件

时间	文件名称	涉及农村社区环境建设的内容
2018.11	农业农村污染治理攻坚战行动计划	明确了农业农村污染治理的总体要求、行动目标、主要任务和保障措施，对农业农村污染治理攻坚战作出部署
2018.12	关于推进农村“厕所革命”专项行动的指导意见	1. 推动农村厕所建设标准化、管理规范化、运维市场化、监督社会化； 2. 到2020年，东部地区、中西部城市近郊区等有基础、有条件的地区，基本完成农村户用厕所无害化改造，厕所粪污基本得到处理或资源化利用，管护长效机制初步建立； 3. 中西部有较好基础、基本具备条件的地区，卫生厕所普及率达到85%左右，达到卫生厕所基本规范； 4. 地处偏远、经济欠发达等地区，卫生厕所普及率逐步提高，实现如厕环境干净、整洁的基本要求

续表

时间	文件名称	涉及农村社区环境建设的内容
2018. 12	农村人居环境整治村庄清洁行动方案	针对当前影响农村环境卫生的突出问题，方案提出要重点做好“三清一改”（清理农村生活垃圾、清理村内塘沟、清理畜禽养殖粪污等农业生产废弃物，改变影响农村人居环境的不良习惯）
2019. 1	长江流域重点水域禁捕和补偿制度实施方案	1. 2019 年底以前，要求在长江水生生物保护区，完成渔民退捕，率先实行全面禁捕； 2. 2020 年底以前，完成长江干流和重要支流除保护区以外水域的渔民退捕； 3. 提出退捕渔民临时生活补助、社会保障、职业技能培训等相关工作所需资金，主要由各地结合现有政策资金渠道解决
2019. 5	关于做好农村“厕所革命”整村推进财政奖补政策组织实施工作的通知	要求切实实施好农村“厕所革命”整村推进财政奖补政策，确保农村“厕所革命”顺利推进，将好事办好
2019. 7	关于推进农村生活污水治理的指导意见	1. 到 2020 年，东部地区、中西部城市近郊区等有基础、有条件的地区，农村生活污水治理率明显提高，村庄内污水横流、乱排乱放情况基本消除，运维管护机制基本建立； 2. 中西部有较好基础、基本具备条件的地区，农村生活污水乱排乱放得到有效管控，治理初见成效； 3. 地处偏远、经济欠发达等地区，农村生活污水乱排乱放现象明显减少

（二）农村社区环境建设投入持续增加

农村社区环境建设是党和政府治国理政的重要组成部分，是政府履行社会治理、提供社会服务职能的重要体现。现阶段，伴随农村社区环境建设实践的不断深入，国家财政支持已经成为农村社区环境建设的重要支撑。同时，各级政府以多种方式不断加大对农村社区环境建设的投入力度。2019 年，中央财政投入 70 亿元资金用于农村厕所革命整村推进财政奖补，中央预算内投资 30 亿元支持中西部地区开展农村人居环境基础设施建设[4]。各地方政府同样不断增大环境建设的投入力度。为进一步贯彻落实乡村振兴战略，对现有农牧民住房围护结构进行以节能保温改造、户用厕所水冲式改造、庭院绿化美化等为主要内容的项目建设，2019 年青海省级财政安排 4.5 亿元资金改善 3 万户农牧民家庭住房条件[5]。河南省共计为超过 2 万个村庄配备保洁员 13 万余人。除建立农村保洁队伍外，还建立健全了村庄环卫设施设备和农村垃圾处置体系。全省 67 个达标县（市）的 913 个乡镇共建成垃圾中转站及地埋式转运桶 2115 个，配备垃圾运输车 3790 辆；2.35 万个建制村配备保洁车辆 7.3 万余辆，垃圾收集桶（箱、池）142.53 万个[6]。山东省平邑县为改善因砂石资源过度开采，导致河床下切，对水利设施、生态环境造成的破坏问题，叫停河道采砂，投资 2.28 亿元建成万寿湖拦河闸、元郭拦河闸、温水拦河闸、铜石拦河闸[7]。

（三）农村社区环境建设宣传力度不断增强

环境是农村社区发展的物质基础与客观条件，乡村振兴与农村社区环境的不断优化与完善息息相关，创造良好的环境也是推动城乡融合发展的重要推动力。农村社区环境建设过程中有力的政策与法规宣传，是激发各主体积极参与的重要保障。只有社会各界广泛参与，农村社区环境建设才能取得更好成效。2019 年，正是在国家政策引导与各级政府的积极行动下，我国农村社区环境建设不断取得进步。2019 年，山西省阳泉市上站街道德胜街社区为了增强社区居民“创卫工作人人参与，环境改善人人受益”的意识，党委组织辖区青少年开展“小小志愿者创卫当先锋”活动[8]。山东省枣庄市峄城区阴平镇积极探索乡村“垃圾银行”试点管理体制，推行可回收垃圾换积分、积分换物品的积分管理机制。同时，动员发动全镇范围的居民群众参与到垃圾分类减量工作中，充分运用网络、宣传标语、报刊、宣传栏以及召开村组群众会等多种形式，大力宣传农村环境整治和创立“垃圾银行”的目的和意义[9]。浙江省龙游县大街乡贺田村在村规民约中提出：自觉遵守垃圾源头分类，建立定时定点投放长效机制。规定每天上午 8 点之前、下午 5 点以后可将垃圾投放在垃圾投放点，过时的在次日投放，以便于管理收集。村民要自觉遵守“贺田村清洁工程保洁制度”及“门前四包责任制”[10]。

三、农村社区环境建设的实践特色

（一）农村社区环境建设形式呈现多样化

环境建设是衡量农村社区治理和建设水平的重要维度。随着农村社区建设的不断深入，环境建设在农村社区建设中的重要性不断提升。2019 年农村社区环境建设的形式呈现出了明显的多样化趋势。各省份推动农村社区环境建设的方法与手段，具有明显的创新性和多样性特征。2019 年 7 月，辽宁省印发《辽宁省“千村美丽、万村整洁”行动实施方案（2019—2020 年）》，提出“今明两年，将以‘村容整洁美观、生活生态宜居、风景特色怡人’为建设目标，建成 1000 个美丽示范村；以治理‘脏、乱、散、差’生产生活环境为主要任务，建成 1 万个整洁村”[11]。为了推动生产、生活、生态协调发展，着力解决“水脏”“水浑”的问题，重点围绕节水护水、保护母亲河、防治水土流失、防汛抗旱等四项内容提供服务，重庆市启动了全市“山水之城　美丽之地”主题志愿服务活动，市水利局牵头成立了全市守护绿水志愿服务总队和 42 个（区县、单位）守护绿水志愿服务分队以及部分镇街一级守护绿水志愿服务队伍，已实现 38 个区县全覆盖[12]。为进一步改善城乡居民卫生条件，提升公厕规划建设管理水平，辽宁省沈阳市城区新建、改造 527 座公厕；推进智慧公厕建设，2019 年底前完成智能化公厕监管平台建设。对全市中心城区、郊区市县、新型社区（集中居住区）等区域的公厕进行全面新建、改造升级。沈阳市还将推进“智慧公厕”建设。实施“互联网 + 公厕”计划，发布公厕电子地图，在城管 App 和环卫微信公众号中新增找公厕、用公厕、评公厕功能，实现公厕精准定位和信息实时反馈。推进信息化、智能化公厕监管，引入自动化控制技术和自动化管理程序，实现公厕人流、照明、气味等功能自动监测上传，提升公厕管理服务水平[13]。

（二）农村社区环境建设主体多元化趋势明显

环境建设已经成为农村社区建设效果的重要标志之一，伴随农村社区环境建设实践的开展，成果不断显现的同时，越来越多的社会力量也参与到农村社区环境建设之中，逐渐形成了农村社区环境建设的多方主体格局。首先，党员构成农村社区环境建设的领导力量。广东省南雄市乌迳镇黄洞村通过实行党员包干联户制度，明确党员包户职责，根据“就近、就亲”原则，实行“门牌号 + 责任单、党员 + 农户”的模式，规范农户日常行为，落实“门前三包”责任制，引导村民垃圾入桶，践行健康文明生活，农村人居环境得到极大改善[14]。其次，环境建设过程中广泛的村民参与，构成了农村社区环境建设的中坚力量。江苏省连云港市海州区浦南镇注重群众参与，邀请群众监督。因势利导，依靠群众、发动群众，提升了百姓幸福感。以农村公路路面、水面等“五面”整治为基础，以农村社区净化、硬化等“八化”建设为重点，实现了镇容镇貌整洁化[15]。最后，广大志愿者队伍构成了推进社区环境建设的重要协同力量。广东省深圳市马安堂社区按照社区牵头领导、网格协商共治、社会组织和公众共同参与的环境治理体系，组建了坂田街道首个社区环保志愿者服务队，形成一张“横向到边、纵向到底”的“党建 + 环保”治污之网。社区环保志愿者服务队组织居民进行晨跑，在晨跑过程中，志愿者将道路旁的垃圾随手捡起来，既保护了环境，又为社区居民树立了爱护环境的好榜样。除了随手捡垃圾，志愿者还负责为社区居民进行垃圾分类知识宣传，同时担当社区市容监督员的角色[16]。2019 年，山东青年志愿者协会、单县义工协会、单县青年志愿者协会的志愿者们参与了山东省单县高老家乡张武楼村为建设美丽乡村启动的生态银行行动。活动当天，山东青年志愿者协会、单县义工协会、单县青年志愿者协会的志愿者们在村子里捡拾烟头、塑料、纸屑等垃圾。志愿者们将捡到的垃圾统一放进手提袋中，然后从张武楼村生态资源银行首任行长郑和强处换取 100 万、500 万或者 1000 万面值的“生态钞票”[17]。同时，民间资本为农村社区环境建设提供重要助力。为解决秸秆焚烧问题，吉林省长春市绿园区西新镇裴家村采取由外来老板、村集体、村民各占一定比例股份合作经营的模式，经过村“两委”以及合作社各方进一步协商讨论，决定由合作社出资 200 多万元购买处理秸秆的大型机械设备，通过依托专业合作社成立本村的秸秆打包回收队伍，从根本上解决了秸秆焚烧问题[18]。

（三）农村社区环境建设实践以人居环境治理为重点

农村社区环境建设涉及多项工作，其中农村污染治理、农村生态保护与人居环境改进是环境建设工作的关键，其中又以农村人居环境治理为工作的难点与重点，需要各级政府破旧立新、扫除积弊，甚至要克服难阻、移风易俗。2019 年，在各级政府积极推进之下，农村人居环境治理工作取得极大进展，农村人居环境得到极大改善。2019 年山西省印发《山西省农村“厕所革命”专项行动方案》，农村“厕所革命”坚持“政府引导、农民主体”“规划先行、统筹推进”“因地制宜、分类施策”“循序渐进、久久为功”的原则。公共厕所建设以农村社区综合服务中心、文化活动中心、中小学、集贸市场、乡村旅游景点等公共场所以及中心村等人口较集中区域为重点。确定 2019 年、2020 年两年农村“厕所革命”的目标任务。山西省农村“厕所革命”从面上铺开，到 2020 年力争全省农村卫生厕所普及率达到 55% 左右[19]。江西省共青城市江益镇江益村 15 天内共清运各类垃圾 100 余吨，拆除铁皮棚 31 处共计 9000 余平方米，拆除破旧房和附属房 25 间共计 6000 余平方米，基本做到拆得彻底、清得干净，环境发生了质的变化[20]。甘肃省酒泉市肃州区上坝镇营尔村针对农村后院缺乏规划，随意扩建，疏于管理，屋顶上杂乱无章；后院杂物乱堆乱放，这些农村环境整治的重点和难点，通过恢复宅基地面积、蓿草打包、柴草截段等方式，大力做“减法”。有条件的农户新建棚舍，没有条件的农户统一在马路外侧规划区域，将柴草入棚、粪堆进地、垃圾及时清运，所有的宅基地之外的棚舍全部拆除。通过整治，使农村后院干净、整洁、整齐划一。[21]截至 2019 年 6 月，全国累计清理各类农村生活垃圾 3000 多万吨，清理村沟、村塘淤泥 1300 多万吨，清理村内残垣断壁近 300 万处[22]。

四、农村社区环境建设的实践短板

（一）农村社区环境建设可持续性不足

农村社区环境建设是一项具有长期性、系统性要求的工作，需要有效地规划人力、物力与财力的投入。缺乏规划的间歇性建设实践则不利于农村社区环境建设的持续推进，以及目前农村社区环境建设成果的保持。农村社区环境建设的可持续性不足主要体现在如下方面：首先，就全国整体状况来看，各地农村社区环境建设的规划性和持续性都显示出了明显的不足。仅有部分省份对农村社区环境建设作出了较为清晰和可持续性的规划。临时性、行政性的短期投入是农村社区环境建设的主要模式。各地重视对农村社区环境基础设施的改进，美化路面、墙面，栽种绿植与清除垃圾是改善农村社区人居环境的重要方式。然而，这些活动多以间歇式、碎片式的形式出现，是对政策的敷衍式执行。重在形式而非内容往往事倍功半，广大农村社区居民的环保意识仍缺乏有效引导，健康的生产生活理念未得到有效树立，原有生活习惯与生产方式大大削减了环境建设的效力。其次，农村社区环境建设缺乏良性循环的创造收益能力，导致可持续性不足。2019 年末，财政部下发了关于调整 2020 年农村环境整治提前下达资金的通知，通知中指出 2020 年农村环境整治资金提前下达预算调整金额为 30 亿元[23]，农村社区环境建设仍然严重依赖国家财政。例如，《河南省农村生活垃圾治理问题研究——基于修武县 621 个农户的调研》中指出："调研中得知大多数环卫工人其自身家庭经济条件较为困难，每月只有 800 元的工资而且没有休息日，每天工作时间也较长，每人只有一辆清洁车和基本的打扫工具分管不同的区段，清扫的效果有时很差，加上村里的街道难以清理，致使工作量增大导致环卫工人出现不够认真的现象；另一方面是村里环卫治理设施配置情况，存在着垃圾桶数量供给不足且并未确保每 5—8 户拥有一个垃圾桶，而且若是垃圾桶塞满了村民就会将垃圾倒在路边，这样一来产生的'羊群效应'就又会形成新的垃圾堆。"同时，在调查报告中论述道："78%的村民都普遍缺乏分类处理的意识，68%的村民反映村庄里没有垃圾分类收集点，还有70%的村民表示长期以来并没有接到过生活垃圾需要分类处理方面的通知以及不清楚垃圾分类的标准，因此没有进行过生活垃圾分类处理的行为。"[24]进而，促进农村社区环境不断优化完善，形成良性循环。

农村社区环境建设仍会是我国未来数年乡村建设的重要内容，其可持续性不足，不仅可能导致大量资源的浪费，也不利于农村社区的健康发展。

（二）农村社区环境建设中农民主体地位缺失

农村社区环境建设的受众群体是广大农村社区居民，社区环境建设的目的是要满足农村社区居民对于人居环境改善日益增长的需求，因此要切实以广大农村社区居民的需求为导向，才能使农村社区环境建设实践获得旺盛的生命力，不断推动乡村建设实践的稳步前进。而且，农村社区居民是农村生态环境破坏的直接承受者和治理成效的直接受益者，其参与的广度和深度很大程度上决定着农村社区环境治理的水平。但就目前情况来看，虽然农村社区环境建设随着市场介入与志愿者的参与而呈现出多元化趋势，但是农村社区环境建设效果较差。其重要的原因之一就是农村社区环境建设实践中的内生动力——广大农村社区居民的积极性、参与性尚未得到完全调动。首先，当前我国农村社区居民在农村环境治理与保护方面的知识还是很欠缺的，缺乏主动保护农村环境的意识，也缺乏这方面的教育与培训，整体素质均有待提高。根据公众参与阶梯理论，农村环境污染整治的公众参与最多只是停留在前四个阶段（操纵、引导、告知、咨询），与欧美国家的居民相比，我国农村居民在提高环境保护意识与民主（主体）意识、参与意识的道路上还有很长的路要走[25]。其次，农村居民在开展农村社区环境治理过程中，在政策执行方案制订过程中参与缺失。在政策执行或环境治理过程中，村民仅是政策的被动执行者，按上级要求完成任务，由于缺乏民意的收集与反馈，环境建设多体现为自上而下的单向供给，致使农村社区居民的真实需求难以得到满足。同时，各地农村社区居民的需求不同，居民自身情况千差万别，在农村社区环境建设时采取单一措施应对各种情况，不仅难以满足群众需求，甚至会伤害群众利益，造成群众抵制现象，不仅与政策初衷相悖，也会导致资源浪费以及农村社区环境建设工作难以开展。

（三）农村社区环境建设实践中监管仍有缺失

为实现建设良好农村社区环境的政策目标，国家财政在环境整治、污染治理方面的投入不断增加，相关法律法规不断完善。但也应注意到，当前我国农村社区环境建设存在着监管不足的问题。农村社区环境建设的效果与建设过程中监管的方式、效力息息相关，监管的缺失会对农村社区的环境建设带来严重的负面影响。首先，监管不足对农村社区产生污染行为。农村社区污染主要包括点源污染和面源污染。点源污染主要是指具有固定排放地点的污染源，包括农村固定生活垃圾和生活污水。农村面源污染主要是指在农村生产生活中，过度施用或施用不当或施用难溶解的污染物（如农业生产过程中所施用的化肥、农药、地膜、畜禽粪便等），在降雨和地表径流的冲刷作用下，使得大量污染物在未经处理的情况下，随意流入江河湖泊等水中造成的污染[26]。由于基层的农村环保机构缺失、专业环保人员不足、环保技术及环保设备落后等原因，导致农村环境监管能力薄弱。虽然我国地方政府建立了相应的民事、行政和刑事责任追究制度，但仍然不能制止一些污染农村环境的行为发生。在农村环境执法中经常出现有法不依、执法不严、违法不究等执法不到位的现象。其次，各级政府对农村社区环境建设监管不足。如江西省将村庄环境长效管护工作纳入乡村振兴考核指标体系的地方政府数量仍有待增加。正是由于政府执行农村社区环境建设政策的缺失，重执行而轻监管导致执行偏差，政策执行效果差的现象屡见不鲜。

央视《焦点访谈》节目曾报道了在甘肃省武威市凉州区与山东省临沭县等地出现的“新改造的厕所没人用，这是咋回事?”[27]问题。这项政策本意是为改善居民居住环境及提高生活质量，但是由于监管缺失导致执行过程严重偏离政策，政府投入大量资源流于形式。

五、农村社区环境建设的对策建议

（一）增强农村社区环境建设的可持续性

第一，完善农村社区环境建设的顶层设计。制定好适应本地区的长效环境建设战略，对全面提升农村社区环境建设水平和质量具有至关重要的作用。首先，完善顶层设计有助于协调政府各部门的工作，有利于其相互配合形成合力。通过完善顶层设计可以明确各部门权责、理顺关系，防止在农村社区环境建设过程中出现有些事无人管理、多头管理以及职责不明、相互推诿等问题。其次，完善顶层设计有利于作出合理的资源安排，保证在政策或战略执行过程中有所依据，以有限的资源投入实现农村社区环境建设效果的最优化。在此过程中，各级地方政府在农村社区环境建设过程中要实事求是，脚踏实地地进行调研，结合地区农村社区环境问题或特点，有针对性地制定具有可执行性的环境建设战略与规划。可以通过向本地区农村社区居民征集意见进行意见综合或者咨询专家、外部智库等多种方式收集信息，进而制定与本地区相适应的长期发展战略，以增强农村社区建设的可持续性，避免资源浪费与建设效果不佳。第二，转变农村社区居民的生产生活方式。农村社区环境中所产生的污染问题与人居环境问题很大程度上是受客观生产条件限制和主观环保意识缺失而引起的。增强社区环境建设的可持续性，首先，要增强农村社区居民的环保意识，并真正使其从环境改善中受益，以此形成环保习惯，进而在现阶段客观生产条件与资源投入条件下，发挥居民能动性，使农村社区环境建设可持续性增强。其次，从根本上说要发展农村生产力，转变产业结构与生产方式，因地制宜，以绿色生态农业取代大量施加化肥农药的高污染农业；以观光旅游业取代重污染工业，推动农村社区环境不断健康发展。

（二）增强农村社区环境建设中农民的主体地位

改善农村社区环境建设效果，必须要有广大农村居民的积极参与，保证其主体地位。首先，要充分拓宽农村居民参与渠道与方式。参与方式有利于农村居民充分地表达意见，促进其真实需要满足。农村社区环境建设，最根本的目的是要满足广大农村社区居民的真实需求，以政府为主导提供环境建设服务的模式虽然具有效率较高的优势，但是政府提供的服务与产品可能会与农村社区居民的实际需求相背离，供给与需求的契合度或对应性会降低。而增强农村居民的主体地位，广泛的居民参与，将推动农村社区环境建设的服务与产品的提供由政府主导转向以农村居民需求为依据的合作模式，农村居民充分的意见表达，政府部门合理的意见综合，制定可行的建设目标，将有助于进一步提高农村社区环境建设的整体效果，既减少资源浪费，又切实保障广大农村居民的权益。其次，激发集体意识，充分调动农村社区居民的积极性。农村环境治理的路径不能离开具体的乡村社会情境，要利用村庄的原生秩序，将治理手段寓于乡村社区熟人社会的情境之中，以社区意识和归属感来激发村民对环境保护的认同和参与社区环境保护的内在积极性，是实现乡村社区环境善治的路径选择[28]。同时，在保证农村社区居民主体地位的基础上，政府可以更多地引入市场主体的参与，通过组织开展更广泛的志愿者服务等，推进农村社区环境建设的不断发展。继续引入其他社会力量，农村社区环境建设多元化，这也将有助于提升农村社区环境建设中服务与产品供给的效率与质量。

（三）强化农村社区环境建设实践中的监督管理

在农村社区环境建设实践中为保证政策目标实现并取得满意的政策效果，加强政府监管必不可少。第一，建立健全农村环境污染监管体系。在农村社区环境建设实践中确定污染源头与污染原因至关重要。现阶段需要构建合理的监管体系。首先，增加各级政府分级设立的农村环境监管机构，招募专业的环保人员，购进专业的环保监控设备，负责对农村环境状况、乡镇企业进行环境监督和管理。其次，改进环境监管标准，推进治理效果不断优化。以“河长制”为例，检测水质污染程度可包括溶解氧、化学需氧量、（五日）生化需氧量、氨氮等多项指标。有学者通过实证研究发现，仅在以溶解氧程度为主要指标的监管标准的前提下，在地方政府自主实践过程中，河长制显著提升了水中溶解氧，缓解了水体黑臭问题，达到了初步的水污染治理效果[29]。但是仍存在环境深层污染无法治理、治标不治本的问题。不断提升监管指标的科学化、多元化，才能更好推动农村社区环境治理实践的不断进步。最后，着力构建以地方政府为主导，社会公众积极参与的农村环境污染监管体制，可以有效提高地方政府对农村环境污染问题的监管效率，科学、有序地改善农村居民生活质量。第二，构建完善、严格的农村社区环境治理问责制度。建立责任和权力相统一的农村环境污染监管问责机制，对失职、渎职甚至滥用职权，导致农村环境污染治理效果不佳的，要严肃追究相关负责人的法律责任。只有建立严格的环境监管问责机制，才能杜绝那些在农村环境污染监管中的不作为、乱作为，才能使环保法律政策真正落到实处。

（执笔人：杜　瑶）

参考文献：

[1]祝琪雅．湖南新农村生态环境建设研究[D]．湖南农业大学,2012.

[2]中华人民共和国农业农村部．2019年中央一号文件[EB/OL]．http://www.moa.gov.cn/ztzl/jj2019zyyhwj/2019zyyhwj/201902/t20190220_6172163.htm.

[3]中国政府网．2019年政府工作报告[R]．http://www.gov.cn/premier/2019-03/16/content_5374314.htm.

[4]70亿元[J]．乡镇论坛,2019(09上):7.

[5]青海:2019年将改善3万户农牧民的住房条件[J]．乡镇论坛,2019(04中):4.

[6]河南:新增农村保洁员13万余人[J]．乡镇论坛,2019(01中):5.

[7]"河林长"出手筑牢水清岸绿生态屏障[J]．乡镇论坛,2019(09中):18.

[8]张振云．一句话新闻[N]．中国社区报,2019-2-14(2).

[9]山东省枣庄市峄城区:阴平镇积极开展农村垃圾分类工作[J]．乡镇论坛,2019(08中):28.

[10]浙江省龙游县大街乡贺田村村规民约[J]．乡镇论坛,2019(03上):30.

[11]辽宁聚焦农村人居环境改善两年内将建成千个美丽示范村[J]. 乡镇论坛,2019(07上):5.

[12]龙丹梅. 重庆启动"守护绿水"示范活动[N]. 中国社区报,2019-1-4(6).

[13]沈阳市推进城乡"公厕革命"将建公厕智慧监管平台[N]. 中国社区报,2019-1-8(2).

[14]黄洞村建设生态宜居美丽乡村[J]. 乡镇论坛,2019(02上):11.

[15]万民. 笑声点赞浦南新貌[J]. 乡镇论坛,2019(01下):10.

[16]"党建+环保"治理脏乱差——广东省深圳市马安堂社区全民参与共建绿色社区[N]. 中国社区报,2019-1-31(2).

[17]叶榄."生态钞票"撬动乡村文明[J]. 乡镇论坛,2019(09下):8.

[18]周凯. 社区协商化解"禁烧"难题[J]. 乡镇论坛,2019(08中):14.

[19]山西省农村"厕所革命"专项行动启动[J]. 乡镇论坛,2019(08中):5.

[20]江益村:美丽家园留住美丽乡愁[J]. 乡镇论坛,2019(10中):11.

[21]上坝镇蝶变:美了环境富了生活[J]. 乡镇论坛,2019(01上):17.

[22]3000多万吨[J]. 乡镇论坛,2019(07上):7.

[23]财政部关于调整2020年农村环境整治提前下达资金的通知.[EB/OL]. http://zyhj.mof.gov.cn/g-jz/zjfp/t20200120_3462203.htm.

[24]祁瑞瑞. 河南省农村生活垃圾治理问题研究——基于修武县621个农户的调研[D]. 信阳师范大学,2019:34—35.

[25]黄森慰,唐丹,郑逸芳. 农村环境污染治理中的公众参与研究[J]. 中国行政管理,2017(03):56.

[26]袁双双. 我国农村环境污染问题中的地方政府监管研究[D]. 大连海事大学,2017.

[27]李彤. 新改造的厕所没人用,这是咋回事?[EB/OL]. http://news.enorth.com.cn/system/20-19/01/24/036704305.shtml.

[28]黄森慰,唐丹,郑逸芳. 农村环境污染治理中的公众参与研究[J]. 中国行政管理,2017(03):59.

[29]沈坤荣,金刚. 中国地方政府环境治理的政策效应——基于"河长制"演进的研究[J]. 中国社会科学,2018(5):93.

农村社区服务进展分析

摘要：2019 年是中华人民共和国成立 70 周年，是全面建成小康社会的关键之年。我国农村社区服务工作在国家政策的指导引领下取得了可喜的成就。农村社区生产性服务在乡村旅游、农村电商发展、农村社区金融服务等各方面都取得了长足的发展；农村社区生活性服务内容日益丰富、服务方式日益智能化、服务设施日益完善。但由于我国农村社区服务工作起步较晚，在生产性服务和生活性服务两方面仍有诸多问题，如农业专业化程度不高、农村社区生活性服务参与主体单一等。为此，要改善基础设施，加强党建引领；鼓励农村电商发展，提升农村电商服务能力；探索农村集体经济新形式，盘活农村财产；创新生活性服务方式，扩大服务主体等。

关键词：农村社区；生产性服务；生活性服务

一、引言

农村社区服务包含生产性服务和生活性服务两方面。农村社区生产性服务是指为农业生产提供的中间投入服务，具体包括农产品市场流通服务、农业科技服务、农业金融服务等[1]。农村社区生活性服务是指与农村社区居民生活密切相关的基本公共服务、便民利民服务、志愿互助服务，主要包括社区居民和家庭服务、健康服务、体育服务、文化服务、出行服务、教育培训服务、居民住房服务、住宿餐饮服务及居民零售和互联网服务[2]。农村社区生产性服务是实现乡村振兴的重要推动力，是实现农业现代化的重要动力。乡村振兴也离不开农村社区生活性服务的发展，农村社区居民生活满意度、幸福感的增强，农村社区居民生活品质的提高，必须以充分满足农村社区居民的生活性服务需求为前提。因此，农村社区生产性服务和生活性服务互为表里，只有两者的齐头并进，才能真正解决“三农”问题，实现乡村振兴。2019 年，国务院印发的《关于促进乡村产业振兴的指导意见》和中共中央办公厅、国务院办公厅印发的《关于加强和改进乡村治理的指导意见》对农村社区发展提出了一系列指导意见，对 2019 年农村社区服务发展产生了重要影响。在此背景下，我国农村社区积极展开探索，生产性服务在农业科技、产业模式、产品流通等方面取得了积极的成就，生活性服务在养老服务、文化服务、教育培训服务等方面取得了较大进展。但由于我国农村发展状况不同，农村社区服务还有一些问题需要不断探索和改进，在探索中进行经验积累和创新。

二、农村社区服务的实践进展

（一）生产性服务

1. 乡村旅游蓬勃发展，助力乡村振兴

乡村旅游是以具有乡村特色的自然和人文为旅游吸引物，依托农村区域的优美景观、自然环境、建筑和文化等资源拓展而成的一种新型旅游方式。随着旅游者数量的激增，乡村旅游已成为发展农村经济的有效手段，成为贫困地区脱贫攻坚的有效方式，是贫困群众脱贫致富的重要渠道。2018 年 12 月，文化和旅游部、国家发改委等 17 部门联合印发了《关于促进乡村旅游可持续发展的指导意见》，提出从农村实际旅游市场的需求出发，全面规划引领，完善乡村基础设施建设，优化乡村旅游环境，丰富乡村旅游产品，促进乡村旅游向市场化、产业化发展，全面提升乡村旅游的发展质量和综合效益，为实现我国乡村全面振兴作出重要贡献。农业农村部在安徽省举办的 2019 中国美丽乡村休闲旅行（春季）推介活动，重点推介春季精品旅游线路 60 条、景点 181 个。近年来，全国休闲农业和乡村旅游蓬勃发展，产业规模稳步扩大、产业布局逐步优化。截至 2019 年 9

月，农业农村部已创建388个全国休闲农业和乡村旅游示范县，推介了710个中国美丽休闲乡村[3]。

2. 农村金融服务发展迅速，致力农村经济发展

乡村振兴离不开金融支持。近年来，农村金融服务体系日益健全，服务能力显著增强，农村金融生态环境持续改善，对农业生产、农村经济发展和农民增收起到了重要作用。2019年人民银行发布的《中国农村金融服务报道（2018）》显示，涉农贷款余额从2007年的6.1万亿元增加到2018年末的32.7万亿元，占各项贷款的比重从22%提高到24%。2019年2月，人民银行联合银保监会等多部门发文，明确提出健全适合乡村振兴发展的金融服务组织体系，积极引导涉农金融机构。2019年农业银行积极推行服务乡村振兴“七大行动”，实施互联网金融服务“三农”一号工程，创新推广“惠农e贷”线上金融业务。截至2019年6月末，“惠农e贷”余额达到1847亿元，比年初增长81.4%。为充分发挥农业政策性金融资金优势，破解涉农项目投融资难题，山东省设立乡村振兴重大项目库，聚集农业新旧动能转换、乡村振兴“十百千”工程、农业农村绿色发展、重大基础设施等八大领域。5年综合授信计划3000亿元，支持500个左右重大项目建设，年度项目规模动态保持在200个左右。同时，在信贷规模配置和业务创新等方面，农发行山东省分行对重大项目给予信贷倾斜与优惠[4]。

3. 农村电子商务加快发展，信息服务平台逐渐完善

农村信息服务平台主要是指借助互联网的发展建立一个综合信息服务平台来帮助农民及时获得产品销售渠道、经营管理、生产技术等各方面的信息，使技术服务于农民，从而推动农业现代化的发展。近年来，随着互联网的发展，各种农业信息服务平台层出不穷，为农村电子商务的发展奠定了基础。电子商务的发展使农村生产经营主体更多地了解实际的市场需求，进而开展有针对性的产品改变，从而降低成本，提高效益。2019年农业农村部、财政部发布《关于做好2019年绿色循环优质高效特色农业 促进项目实施工作的通知》，提出推进“互联网+现代农业”，与大型电商合作，建立绿色优质特色农产品电商平台或专属营销渠道。在国家政策的支持和乡村振兴战略的推动下，各地电子商务平台迅速发展。2019年

第四届中国农村电子商务大会发布了《中国农村电子商务发展报告(2018—2019)》。

表 1　2016 年至 2019 年上半年农村网络零售额

年份	零售额（亿元）	增长率（%）
2016	0.89	153.4
2017	1.24	39.1
2018	1.37	30.40
2019 上	0.78	21.00

资料来源：《中国农村电子商务发展报告（2018—2019)》。

2019 年全国首个以大数据和交易结算为核心驱动的农村电商综合服务平台“村村旺”在重庆正式上线经营，标志着重庆市“数字乡村”建设工作迈出了重要的一步。目前，“村村旺”平台注册用户已达到 188 家，已汇聚种植业产品、畜牧业产品、水产品、生活用品等 6 大类别，包含 36 个区县的近 600 种农副产品[5]。为进一步加快农村电子商务发展，贵州省人民政府办公厅印发了《贵州省进一步加快农村电子商务发展助推脱贫攻坚行动方案（2019—2020 年)》，以贫困县、贫困乡及建档立卡贫困户为重点，围绕全省农业产业结构调整，促进农村网购发展。到 2020 年，实现全省培育网商 10 万家以上，带动 15 万以上群众增收。根据该方案，一方面，贵州省将加强与大型电商平台合作，推动天猫、京东、贵州电商云等落户电子商务进农村综合示范县。同时，还将依托龙头电商企业建设线上线下互动融合的社区电商体系，将项目建设和贫困地区农产品销售有机结合，打造农产品基地直供体系。此外，贵州省将围绕 500 亩以上坝区农业产业结构调整，聚焦茶叶、食用菌、蔬菜等 12 个优势特色产业，完善“贫困户 + 合作社 + 电商”利益联结机制，实现电商与当地产业资源精准对接，完善电商供应链[6]。

（二）生活性服务

1. 生活性服务设施日益完善

完善的生活性服务设施是提供社区公共服务的基础，是提高社区居民生活满意度的前提。近年来，党和政府对社区公共服务建设日益重视，逐渐加强对农村社区基础设施的财政投入。青海省海西蒙古族藏族自治州已完成州、县、乡、村四级公共法律服务实体平台建设，建成州、县（市）两级公共法律服务中心 9 个，实现了进一个门就能办各项法律服务业务。建成乡镇（街道）公共法律服务工作站 40 个，村级公共法律服务点 302 个，为全州农村牧区就近就地提供法律服务。本着“让基层百姓办事少跑腿”的服务宗旨，海南省东方市委组织部不断夯实市、乡、村三级为民服务工作基础，在全市 10 个乡镇和 192 个村、社区建立了“一站式”的便民服务中心，构建了市、乡、村三级便民服务体系。便民服务中心实行开放式办公、一站式服务，并推行“一箱一卡一簿”便民服务机制，简化了办事程序，为基层群众提供优质快捷的服务[7]。贵州省“通村村”出行服务平台已经覆盖全省 88 个县（市、区），建成村级服务站点已达 8600 余个。作为交通运输部农村客运智能化应用唯一示范项目，该平台已在全国复制推广运用。

2. 生活性服务方式日益智能化

党的十九大报告中提出，要提高社会治理智能化水平，打造共建共治共享的社会治理格局。互联网、大数据的快速发展，手机等移动通信设备的逐渐普及，使农村社区生活性服务的方式日益智能化、信息化。浙江省龙游县树立以“人民为中心”的治理理念，充分发挥“互联网 +”的作用，通过在农村创新设立“龙游通”App 移动客户端，将“云服务”延伸到户、到人，积极探索基层政权建设模式，努力打造“枫桥经验”升级版、“三民工程”智慧版，将基层治理与移动互联平台深度融合，提升乡村治理现代化水平。山东省莱芜市艾山街道智慧化平台以互联网为依托，创建了走进艾山、智慧党建、城市管理、民生热点、平安艾山、留言专区六大功能板块，是集民生服务、双城同创等群众关注热点于一体的全新社区服务信息平台。只要用手机扫一扫艾山街道智慧化信息平台的二维码，即可进入平台，点击“民生热点”，国家低保政策、社区符合享受低保待遇的人员名单及享受的金额等内容就会立刻呈现。值得一提的是，“留言专区”是为群众打造的一个监督平台，群众可通过该平台对乡村发展提出建议或意见，也可对“两委”工作进行监督[8]。

3. 生活性服务内容日益丰富

随着农村社区居民生活水平的不断提高，农村社区居民对生活性服务的要求日益提高。在此背景下，为满足农村社区居民不断增长的精神文化需求，农村社区生活性服务内容不断拓展、日益丰富。随着村民生活水平的提高，文化需求也与日俱增。上海市浦东新区川沙新镇界龙村在文化服务站建设中，对图书馆进行整体打造，形成集儿童阅读区、线下阅读区、线上阅读区于一体的文化客厅，同时与第三方对接，导入电子书籍阅读服务，村民们只要“扫一扫”就能把电子书籍带回家，方便村民随时随地阅读；周浦镇界浜村基本实现了天天有活动，周一太极拳，周二丝袜花、时装秀，周三浦东宣卷、书画……还有其他不定期活动，每周服务人次累计可达500人。江西省乐平市2019年全市首场“古戏台讲堂”宣讲活动在洎阳街道湖腰畈村举办，通过理论宣讲与文艺演出相结合的方式，用通俗的语言普及政策理论，用民间的智慧讲述身边故事。据了解，乐平市共有遍布各村的古戏台458个[9]。自2017年以来，当地结合本地文化特色深入开展特色宣讲活动，创立“古戏台讲堂”这一宣传形式，打造特色文化宣传品牌，取得了良好成效。

三、农村社区服务进展的实践特色

（一）生产性服务

1. “党建+”发展模式更加成熟

党支部是党的基层组织，对于农村社区而言，党支部可以起到战斗堡垒的作用，是提升乡村振兴工作战斗力的基础。农村社区在积极响应国家乡村振兴战略的过程中，结合本地区的实际情况，形成了各具特色的“党建＋”经济发展模式。“党建＋”经济发展模式能够将组织资源转化为经济发展资源，把组织优势转化为经济发展优势，把组织活力转化为经济发展活力，为乡村振兴特别是脱贫攻坚提供坚强保障。山东省枣庄市通过组织党员干部外出考察学习、重温入党誓词、悬挂共产党员门牌等措施，提振创业士气，凝聚发展合力，带领群众大力发展生态木耳种植，为帮扶脱贫注入源头活水；利用第一书记产业扶贫资金和高校特色产业扶贫项目资金，建设了 7 座钢架大拱棚和 7 座冬暖式大棚，带动更多村民增产增收；在党委带头人的积极牵线下，当地村庄又与相关公司建立友好的技术合作关系，大力发展“订单式”种植、“订单式”销售，不断扩大草莓种植基地规模。山东省枣庄市的“党建＋”经济发展模式充分发挥了党组织的资源优势，推动了当地农村社区的经济发展。

2. 土地流转助力乡村振兴

十三届全国人大常委会第一次会议表决通过了关于修改农村土地承包法的决定。新修改的农村土地承包法既落实了三权分置划分长久不变的政策要求，也加强了对于农民权益的保护。2019 年农村宅基地“三权分置”改革结合发展乡村旅游、下乡返乡创业等，探索盘活利用闲置宅基地和农房、增加农民财产性收入的办法。四川省眉山市针对政、企和银三方在“两权”（农村土地承包经营权和农民住房财产权）抵押贷款中的痛点和农业农村资金短缺问题，配套出台了覆盖产权流转交易、产权价值评估、风险防控等融资各环节的一系列政策，构建了五大综合体系，建立了政府主导、政企银三方参与的合作机制，有效调动了职能部门、金融机构和农村社区主体的积极性，有效解决了农村金融服务乡村振兴问题；针对“两权”融资涉及环节多、人员广等问题，依托区农交中心，打造“一站式”融资服务平台，探索了一套借贷双方高效对接、业务办理方便快捷的贷款办理流程，大幅提高了工作效率[10]。四川省眉山市“两权”抵押程序机制的健全，有效解决了农村金融服务乡村振兴问题。

（二）生活性服务

1. 关注儿童和老人群体生活服务需求

我国改革开放以来，随着农民大规模外出打工，农村社区空心化现象严重，农村出现了大量留守儿童和老人。2019 年，农村社区生活性服务对于留守儿童、留守老人等人员的生活需求服务更加关注。农村留守儿童方面，为健全农村留守儿童和困境儿童关爱服务体系，2019 年民政部联合教育部、公安部等 10 部门制定出台了《关于进一步健全农村留守儿童和困境儿童关爱服务体系的意见》（以下简称《意见》）。《意见》明确了多方力量共同参与的儿童关爱服务工作格局以及儿童关爱服务工作的保障措施[11]。江苏省宝应县民政部门通过协调暑期校外教育辅导站、儿童关爱之家等开展各类教育活动，如夏令营等，为全县千余名留守儿童提供了丰富多彩的课外活动。此外，宝应县武术协会以留守儿童为主要服务对象，通过开展公益服务，让留守儿童有机会参加专业的体育锻炼，还开设经典诵读、绘画、象棋等素质拓展活动[12]。农村留守老人方面，陕西省民政厅出台了《2019 年全省脱贫攻坚保障行动方案》，聚焦农村留守老年人关爱服务，尤其关注老年贫困人口中的特殊困难群体，坚持政府兜底保障与社会参与有机结合。截至 2019 年 7 月，陕西省近 60% 行政村的 216 万老年人已享受到农村互助幸福院的养老服务。天津市钻井新村社区居委会针对社会老人多、困难群体多的特点，提出了以互动为先导、以管理和服务为基础、以信息传播为手段的扶老助残服务机制。通过建立老年人基本信息数据库以及定期与不定期的走访，及时掌握老年人的服务需求。同时，与社区医疗站建立联系，建立老年人健康档案，免费或降费对老年人的身体进行定期检查，并提供心理咨询，保证老年人的身心健康。社区还开设了家庭问题心理咨询、指导服务，解决老年人在处理家庭问题上遇到的问题和麻烦等[13]。

2. 农村社区服务平台日益完善

农村社区服务平台是为农村社区居民提供生活性服务的载体，建立完善的服务平台有助于为农村社区群众提供优质快捷的生活服务。

2019年，我国农村社区在原有基础上，更加关注社区服务体系与服务平台的建设。如：海南省东方市本着“让基层百姓办事少跑腿”的原则，在10个乡镇和192个村、社区都建立了“一站式”便民服务中心，实行开放式办公，并推行“一箱一卡一簿”便民服务机制，极大地方便了百姓办事[14]。浙江省绍兴市在2019年农村社区生活性服务中进一步完善镇、村两级平台建设，整合网点布局，将服务资源延伸下沉。截至2019年8月，绍兴市2235个村（居）实现了代办服务全覆盖。本着“居住相邻、方便服务”的原则，绍兴市117个镇、村积极构建网格化的“便民服务圈”，在多个小村中选取一个中心村设置“区域代办点”，对偏远村、边角村实行乡镇便民服务中心“定期流动上门代办+随时预约上门服务”[15]。浙江省海宁市以市级“社立方”为引领，已推动12个乡镇（街道）分别建立了不少于1200平方米的社会组织服务中心，并选择条件成熟的村（社区），建立社区社会组织服务站，为“二社联动”在基层全面落地，提供项目支持和场地保障，构建起社会组织服务中心的三级架构。

四、农村社区服务进展的实践短板

（一）生产性服务

1. 农村电商发展不成熟

随着互联网和大数据的发展，我国农村社区电子商务发展迅速，部分农村地区形成了“互联网+现代农业+农户”的经济发展模式。但就我国农村电商总体发展而言，依托电商销售农产品的模式尚不成熟，农村电商的发展受到了一定的限制。其一，电子商务的发展对基础设施的要求很高，完善的现代物流体系是电子商务发展的基础，但我国农村地区目前基础设施方面尚不完善，在西部及一些贫困的农村地区，基础设施尤其是交通运输设施仍然比较落后，制约着电子商务的发展；其二，政策配套不健全，虽然近年来我国政府不断出台有关电子商务发展的指导意见，针对电子商务发展中出现的问题提出了多项举措，但现有政策对我国农村地区电子商务的支持力度明显不足，另外，由于出台的政策缺乏统一完备的管理调度，农村地区电子商务的发展管理相对混乱；其三，很多农产品的特性决定了该产品不能或不适合进行快递运输，因为这些农产品不仅笨重，而且保鲜期短，使得农村电商的发展受到了制约。

2. 产业化程度低、专业化程度低

农业现代化、产业化是我国农村社区生产性服务发展的迫切要求，是现代农业发展的必然趋势。但长期以来，由于受地理因素、传统农业生产习惯、农村小规模生产经营方式以及技术、资金等多方面条件的约束，我国农村社区生产性服务起步较晚，农业农村现代化与城市工业现代化相比严重滞后；农业生产规模化、机械化进展缓慢，农业科技水平较低，农产品以初加工为主，缺乏产品附加值与增值率。另外，就农业发展总体而言，我国农业发展目前仍然缺乏有实力、有规模，运行比较规范的专业合作经济组织或农业集体经济组织，以小农户为主，农业生产经营主体直接面对市场，抵御市场风险的能力较低。

（二）生活性服务

随着我国农村社区治理工作的不断推进，农村社区公共服务质量和水平得到加强。在一些农村社区形成了村级公共服务中心等村级公共服务平台，村民参与社区生活性服务的积极性和能力有所提高，在东部发达地区的农村地区，社会组织、志愿服务团体、社工等群体广泛参与到农村社区的生活性服务中，为农村社区提供了多样化的生活性服务。但就全国农村社区总体而言，目前我国农村地区生活性服务主体仍以村级干部和工作人员为主，参与主体单一有限，农村社区参与主体短缺问题仍未得到彻底改善。究其原因有二：其一，农村社区基础设施不完善。虽然在当前大力提倡乡村振兴的背景下，农村社区生活性服务投入逐渐增多，但城乡二元体制影响下的现实差距仍然存在，农村社区集体经济力量仍然比较孱弱，缺乏为农村社区居民提供生活性服务的能力，基础设施的不完善在一定程度上限制了居民参与农村社区生活性服务的热情；其二，青年人口大量外流，农村社区以留守儿童和老年人为主，农村公共服务事业得不到有力的支持，缺乏进行生活性服务的动力。

五、对策建议

（一）生产性服务

1. 探索集体经济新形式，盘活农村各类资产

产业兴旺是乡村振兴的重点。习近平总书记强调，农业强不强、农村美不美、农民富不富，决定着全面小康社会的成色和社会主义现代化的质量。针对我国农村社区目前以小农户为主、应对市场风险能力薄弱以及农业产业化水平不高等问题，要以盘活农村资产为重点，探索集体经济新形式。首先，处理好农民和土地的关系是新形势下深化农村改革、盘活农村资产的主线工作，在探索农村集体经济形式的过程中始终坚持农村土地集体所有，不搞私有化，坚持保障农民土地权益，完善农业支持保护制度等。同时，加快补齐农村人居环境和公共服务短板，不仅要重视投资主体的问题，还要建立建设、运营、维护一整套行之有效的机制，使农村经济真正运转并发挥出应有效益。其次，以完善产权制度和要素市场化配置为重点，激活主体、激活要素、激活市场，着力增强农村改革的系统性、整体性和协同性，因地制宜围绕乡村特色产业进行选题立项，大力发展合作社功能，有效盘活各类资源、资金，引导农民群众开展特色农产品产业经营。此外，还要在技术培训、市场销路上给予大力帮扶，通过各项工作带动农村集体经济发展。

2. 鼓励农村电商发展

农村电子商务平台的出现，对我国农村社区经济的发展起着重要的推动作用，已成为我国农村地区农产品销售的一条重要渠道。针对我国农村电子商务发展遇到的难题，必须坚持完善我国农村生产性基础设施建设，加大投资力度，形成较为成熟的物流网络，为农村电子商务乃至生产性服

务发展提供基本保障；增加制度供给，完善农村电商发展平台。针对我国目前对农村电子商务发展的支持力度较低，党和政府要不断出台有关支持农村电商发展的指导性政策文件，各地要坚持在国家政策的引领下，因地制宜推动农村电商发展。充分运用互联网技术。农村电商的发展要以互联网技术为基础，农村地区要充分发挥互联网技术在农村电商领域的作用，建立健全农村信息共享平台、跨地区农产品电商平台，将技术资源转化为经济资源，真正造福于民。

（二）生活性服务

1. 加强党建引领，完善基础设施

乡村振兴，农村社区基础设施建设是关键。多年来农村社区服务设施建设水平滞后于城市社区，成为制约农村社区生活性服务发展和农村公共服务水平提高的最大短板。因此农村社区生活性服务的发展迫切需要完善基础设施建设。首先，加大政府财政投入建设。目前我国农村社区建设是由政府主导进行的，其资金来源也主要是政府财政拨款，这一局面在短期内得不到根本改变。因此我国农村社区生活性服务的发展，还需要政府在交通设施、养老服务等诸多设施服务方面进行财政支持。其次，完善制度设计。农村社区生活性服务的发展，需要依赖政府加强制度设计，加强对农村社区生活性服务的制度支持和政策倾斜，不断出台优惠政策，吸引和鼓励各类企业、社会组织进入农村社区生活性服务设施建设领域，形成多方主体协同参与的服务机制，从而拓宽资金来源，加快农村社区基础设施建设。

党的十九届四中全会指出，必须加强和创新社会治理，完善党委领导、政府负责、民主协商、社会协同、公众参与、法治保障、科技支撑的社会治理体系。实践证明社区党委在充分发挥社区党组织的组织领导和党员的先锋模范作用，广泛发动群众，提高社区居民的参与度方面有着极大的优势。因此可以发挥社区党建的引领作用，努力提升农村社区服务能力和服务水平。如以创建学习型党组织为载体，不断加强村党员学习教育，通过主题党日活动、党员实践等方式和手段，引导广大党员自觉投身村

（居）建设，成为村（居）发展的示范者、引领者，从而发动辖区内群众广泛参与社区生活性服务。

2. 创新服务方式，扩大服务主体

社区是社会的基本单元，社区治理是社会治理的重要基础，更是国家治理的重要基础。农村社区治理的效果和水平，事关社会和谐稳定和国家长治久安，事关全国深化改革的总目标和乡村振兴战略的全面落实。只有实现农村社区服务“最后一公里”到“最后一米”的根本转变，才能切实实现城乡公共服务均等化，满足农村社区居民日益增长的美好生活需要。针对我国农村社区目前参与主体单一有限和服务方式落后的问题，需要不断创新农村社区服务方式，吸引更多的组织和社区居民参与到农村社区生活性服务和治理当中。首先，随着大数据时代的到来，信息和数据在智慧社区建设中起着越来越重要的作用，没有开放共享的数据共享就谈不上“数字乡村”建设。因此应进一步加强农村数据化基础设施建设，进一步完善农村公共服务综合信息平台建设，为“数字乡村”战略的实施和智慧农村社区的发展提供基础。同时，采取商业模式，吸引各方资源共建农村智慧社区，积极引导和鼓励其他社会力量参与到“数字乡村”建设中来，努力形成政府搭台、企业运作、社会参与、群众受益的多方投入机制，提高农村社区居民生活品质，增强农村居民生活获得感和满意度。其次，立足于发挥社区组织和专业社工队伍在乡村治理中的助力作用，鼓励和支持社区组织和专业社工队伍发挥协同作用。通过吸引或建立专业社工队伍，为农村社区居民提供专业社工服务，充分发挥社会工作在加强保障和改善民生、构建共建共治共享社会治理格局中的积极作用，打通农村社区生活性服务的“最后一米”，并借此激发农村社区居民参与社区生活性服务的积极性，为农村社区生活性服务发展注入源头活水。

（执笔人：赵武杰）

参考文献：

[1]张振明，陈志明，胡琪玲．生产性服务对制造业效率提升的影响研究[J]．科研管理，2014，35(01)：131—138.

[2]项继权．中国农村社区建设研究[M]．北京:经济科学出版社,2016.

[3]农业农村部．农业农村部推介60条春季乡村休闲旅游精品线路[N]．中国社区报,2019－4－2(004).

[4]山东:设立乡村振兴重大项目库5年综合授信3000亿元[J]．乡镇论坛,2019(02中):5.

[5]重庆:全国首个农村电商综合服务平台在重庆上线[N]．中国社区报,2019－4－2(004).

[6]贵州:贵州加快推进农村电商扶贫促进农民增收[N]．中国社区报,2019－3－26(001).

[7]程宦宁．海西州建成40个乡镇(街道)公共法律服务工作站[N]．中国社区报,2019－2－15(002).

[8]廖小静．龙游通开启乡村治理现代化之路[N]．中国社区报,2019－1－25(003).

[9]江西乐平"古戏台讲堂"[J]．乡镇论坛,2019(01下):5.

[10]杨晓东,唐晓征．"两权"抵押盘活乡村振兴资源[J]．乡镇论坛,2019(01中):22—24.

[11]杜蓉．民政部等10部门联合印发《意见》健全农村留守儿童和困境儿童关爱服务体系[N]．中国社区报,2018－5－28(002).

[12]倪倩,张娟娟．宝应县民政局助力千余留守儿童绘就"七彩假日"[N]．中国社区报,2019－8－16(002).

[13]金浩月．钻井新村:脚踏实地扶老助残[N]．中国社区报,2019－7－22(001).

[14]许雪梅．东方市192个村、社区建立便民服务中心[N]．中国社区报,2019－3－28(002).

[15]邵一天．绍兴市2235个村(居)实现代办服务全覆盖[N]．中国社区报,2019－8－1(002).

农村社区工作者队伍建设分析

摘要：农村社区工作者是增强农村社区凝聚力、提升村民生活水平的重要推动力量。加强农村社区工作者队伍建设，是新时代乡村振兴工作的重中之重。随着农村新型社区建设的开展和乡村振兴战略的实施，农村社区工作者队伍越来越受到重视，而且人才建设取得明显进展。例如，农村社区工作者服务水平加强、待遇水平提高、考核激励制度优化，保障机制更加完善、志愿者队伍壮大、减负增效使工作质量得到提升。但与此同时，农村社区工作者的文化素质不高、数量短缺、培训力度不足、激励机制不完善、岗位吸引力不够等问题比较突出。应制订农村社区工作者队伍发展规划，从优化配置、激励考核、减负增效等多个方面采取切实有效的措施，实现农村社区工作者队伍健康发展。

关键词：农村社区；社区工作者；专业化水平；减负增效

一、引言

社区工作者可从广义、狭义两方面来确定。广义的社区工作者是指所有从事与社区工作理论和实践相关的工作人员。狭义的社区工作者是指专业社会工作领域的社区工作者，即受雇于政府或者非营利性质的社区社会组织，以专业社会工作理论、方法为指引，以社区及社区居民为服务对象，协同社区资源，动员社区居民，组织社区活动，提供社区服务，应对社区问题，以促进社区发展的专业社会工作者[1]。农村社区工作者包括村“两委”成员、第一书记、派驻村干部、大学生村官、社会招录派往村里的干部和社会组织工作人员。2019 年的中央农村工作会议也强调，抓乡村振兴，要加强懂农业、爱农村、爱农民的农村工作队伍建设，发挥好农民主体作用。农村社区工作者作为人才资源，在乡村振兴工作中发挥着重要作用。作为服务者，农村社区工作者以服务村民为基本目标，积极推动农村社区发展；作为中介者与资源调动者，社区工作者在把握村民需求基础上运用各种资源，化解社区矛盾，开发社区潜能，最大限度地利用社区资源，提高使用效能；作为倡导者和推动者，农村社区工作者通过各种途径维护村民合法权益，鼓励他们参与社区建设，完善现有政策，出台新政策，并推进保证工作的可持续进行。农村社区工作者是农村人才队伍建设的重要组成部分，是增强农村社区凝聚力、提升村民生活水平的重要推动力量。因此，加强农村社区工作者队伍建设，是新时代乡村振兴工作的重中之重。

整体看来，2019 年农村社区工作者队伍建设明显加强，整体素质有所提高，工作实效有所提升，主要表现在以下几个方面：

第一，注重提升专业能力。各地在走访摸底过程中提拔有担当、有能力的社区工作者进入领导班子，通过党建、组织培训考试等形式提升农村社区工作者的专业化水平与农村社区治理能力。不拘一格选拔人才，只要是能力突出、本领高强的社会工作者、村民、企事业单位工作人员、高校专业人才，都有机会投身农村社区治理实践，助力乡村振兴。第二，强调专业组织和专业人员的加入，在组建农村社区工作者队伍过程中大力引进高层次专业人才。中共中央办公厅、国务院办公厅印发的《关于加强和改进乡村治理的指导意见》指出，积极发挥服务性、公益性、互助性社区社会组织作用。坚持专业化、职业化、规范化，完善培养选拔机制，拓宽农村社工人才来源，加强农村社会工作专业人才队伍建设。第三，探索以政府购买服务等方式，支持农村社会工作和志愿服务发展。培育扶持社会组织，引进专业社会工作者，推动社会组织参与农村社区治理，提高专业服务水平。第四，减负增效更加注重农村社区工作者服务质量。将 2019 年作为“基层减负年”，整治形式主义突出问题，为基层干部松绑减负，着力解决困扰基层的形式主义问题，让广大基层干部从一些无谓的事务中解脱出来，更好地投入到干实事、求实效中去[2]。

然而，农村社区工作者队伍建设在取得进展的同时还存在以下问题：农村社区工作者的教育水平较低，文化素质不高，接受新事物的能力不强，没有接受过系统化、专业化的工作培训，治理理念和手段陈旧落后，对网络化办公治理适应性不强；农村社区工作者数量短缺，任务重，权责利不对等，待遇水平低；农村社区工作者的学习培训机会不多，能力提升空间有限，晋升渠道窄，福利待遇和其学历职称等不匹配，降低了农村社区工作者的积极性，农村社区工作的激励机制不完善，影响了岗位吸引力。

二、农村社区工作者队伍建设的实践进展

（一）服务水平与专业素质进一步加强

农村社区工作者的教育水平、专业化程度越高，接受新事物的能力越强，治理理念和手段越先进，越有利于新时代农村社区治理。正因如此，各地不断采取措施提升农村社区工作者专业化水平，提高服务能力。

首先是加大培训力度。江苏省常州市新北区加强培训提升，举办村（社区）主任培训班，组织学习先进地区治理经验。组织开展社会工作者职业水平考试考前培训，2018 年首次在 4 个乡镇设立培训点，500 余人参加培训、353 人通过考试，通过率全市第一。一系列人才引进与培训措施大大提升了农村社区工作者队伍的服务能力。此外，还将村（社区）干部、专业社工和网格员 3 支队伍有机结合，加大政府和村（社区）购买社会组织服务力度，积极发挥社会组织作用，实现社区、社会组织、社工人才有效联动，扎实推进农村社区治理创新工作[3]。安徽省休宁县积极推动全县社会工作专业人才队伍建设。一是加强组织培训力度。积极组织发动各社区工作人员以及全县有关单位工作人员，参加 2019 年度社会工作者资格考试以及培训辅导。二是加强项目扶持力度。加大对社会工作的资金投

入，争取各项政府购买服务资金，加大扶持力度，提升全县开展专业社工服务的水平[4]。

其次是扩充人才来源渠道，优化农村社区工作者队伍人才配置。山东省莱西市为破解部分村庄“无人选”、治理不到位、发展乏力等问题，探索从党政机关、企事业单位、社会组织、农村优秀干部以及各类人才中选拔34名本领高强的农村社区工作者，到软弱涣散和需要提升、补短板的班子的社区和村庄工作[5]。广东省南雄市通过走访摸底等举措使受到群众爱戴、有能力、有担当的村民能够顺利选入村“两委”，并将能力不强、年龄较大、工作不尽责的村干部调整出村“两委”，构建起符合现代治理要求的干部班子。通过选举在外乡贤进入党群理事会、实施“党员人才回乡计划”等举措，使一大批能力出众且具有威望的“能人”充实农村社区工作者队伍[6]。浙江省东阳市探索“引智、筹资、优服务、强治理”的新乡贤治村模式，通过建立乡贤数据库、培育发展乡贤理事会、乡贤文化进礼堂等方式，推动各村乡贤参与社区治理。目前，全市已录入乡贤数据7000多人，建立乡贤理事会364个，成员3428人。据不完全统计，近几年，全市各镇、村通过召开春节茶话会、乡贤理事会等，筹集新农村建设资金10亿多元[7]。贵州省福泉市印发《福泉市机构改革后同步小康驻村干部优化调整工作方案》，优化驻村干部配备，确保尽锐出战，确立原则整体优化。一是坚持“大稳定、小调整”原则，对部分机构改革单位和个人原因需要调整的驻村干部进行优化调整，原则上涉及调整人员由申请调整单位逐一补齐，确保帮扶力量只增不减。二是坚持向贫困村倾斜原则，确保机构改革后新成立的单位以及“两不愁三保障”涉及的重点单位帮扶力量向贫困村倾斜。三是坚持选优配强原则，对评估为“差”、工作能力弱、作用发挥不好、群众满意度低的第一书记和驻村干部进行“召回”，选优配强[8]。

（二）激励考核制度进一步优化，基层岗位吸引力更加凸显

激励制度主要体现在两方面：薪酬激励和岗位福利。首先，工资待遇水平提高。湖南省长沙市出台《关于加强村党组织书记队伍建设的实施办

法》（以下简称《办法》），从优化管理考核机制、提高待遇保障水平等6个方面，提出22条具体举措，激发基层干部工作积极性，推进村党组织书记队伍整体优化提升[9]。关中地区F乡镇强化基层柔性激励体系，重点体现在乡镇党委书记如何实现对村党支部书记的有效激励上：一是项目分配，谁配合工作，项目分配就向哪个村庄倾斜，以此调动工作积极性；二是工作考核和工资待遇挂钩，即善用工资制和考核制匹配关系，即谁工作做得好，工作考核就靠前，个人工资待遇就有保障[10]。

其次，工作补贴增加，福利待遇进一步提高，农村社区工作者权益得到保障。如江西省吉安县出台《第一书记和驻村工作队选派管理办法》，落实第一书记每月生活、通信、交通补贴1580元，为驻村工作队成员购买意外险；实施乡镇干部绩效考核，拉开收入差距，打破平均分配惯性，实现“干好干坏不一样”；提高村党支部书记、主任、报账员报酬，并全部纳入社保范围，提振了精气神[11]。江苏省常州市新北区把社工人才作为农村社区治理的重要支撑，制定一系列政策措施，引导社工人才投身农村社区治理实践。出台了《关于推进社会工作人才引育的实施办法》，明确对新北区持证社工给予一次性奖励并每月发放社工补贴，制定了优秀社工人才招引的激励措施和奖励办法。浙江省海盐县在推动农村社区治理过程中注重人才引领，出台《海盐县进一步加强社会工作专业人才队伍建设　推动社会工作发展的意见》，对取得社工证人员给予1000—3000元奖励，同时给予每月30—200元不等的职称补贴。截至2019年底，持证社工1116人，提前实现了社会工作人才“千人计划”，拥有全国专业社会工作领军人才1名，中国百名社工人物4名，省、市、县专业领军人才28名。让专业社工参与农村社区治理，取得良好效果[12]。山东省临沭县店头镇认真落实村“两委”成员报酬待遇。严格每月量化考核，将岗位补贴与村级工作相挂钩，按照“奖优罚劣、多劳多得”的原则进行考核，有效提升了村“两委”成员的工作积极性。建立健全关怀机制。每年定期为村干部体检，凡是村干部有生活困难或急危情况，镇党委、政府尽量给予帮助，使他们感到上级的关心和温暖，安心工作。建立表彰晋升机制。对于在日常工作中表现特别突出的，充分肯定其成绩，在全镇范围内表彰推广[13]。

最后，管理考核制度也趋于完善。山东省临沭县店头镇始终坚持正确的用人导向，坚持凭实绩用人，对参选人员的资格进行严格审核，杜绝“带病上岗”的情况，严格履行选举程序，选出了一支素质过硬的人才队伍。同时，坚持每年淘汰10%的原则，大胆使用、提拔重用对发展经济有本领、维护稳定有办法、服务群众有感情的人才。从任职资格联审、档案集中管理、职务调整备案、重大事项报告、履职情况评估、业绩报酬挂钩、负面清单处置、主体责任倒查8个方面对村“两委”人员管理工作作了详细规定，为基层党委管理、任用村干部提供了依据和抓手，也让村干部进一步明确了自身职责。店头镇强化对村“两委”的监督和考核，充分发挥群众在监督和考核中的作用。每年对村“两委”进行评议，对于落后村居，与村主要负责人谈心、谈话，帮助其查找差距，对于不能胜任工作的，及时进行相应的调整[14]。

（三）志愿者队伍壮大，社区工作者队伍得到有益补充

志愿服务组织作为民间志愿性的社会组织，人数众多，队伍庞大，是农村社区工作者队伍的良好补充，是农村社区建设强有力的推动者。各地纷纷开展志愿者服务活动，鼓励志愿者队伍参与农村社区治理，并提升志愿服务能力和质量，志愿者队伍作用逐渐凸显。安徽省黟县建立了县直单位、乡镇、社区的三级志愿者网络。安排专人指导社区志愿者组织、公益慈善类组织、相关社会服务机构按照要求记录志愿者的个人基本信息、志愿服务信息、培训信息、表彰奖励信息、被投诉信息等。立足社区积极搭建“志愿者和求助者”服务平台，鼓励志愿服务组织紧贴民生需求，开发灵活多样、社会认同度高的志愿服务项目，为社区居民提供教育扶贫、留守儿童、城市环保、空巢老人、健康咨询等志愿服务项目，实现志愿资源的有效整合和志愿服务的供需对接，为社区居民提供“菜单式”志愿服务。积极探索社工带动志愿者服务方式方法，将社工专业技能与社区志愿者人力资源相结合，逐步实现社区志愿服务从点的突破到面的展开，推进“社工＋志愿者”联动机制的建立[15]。

除鼓励志愿者开展活动外，志愿服务质量也得到重视，通过志愿服务

品牌化、专业化推进志愿者组织服务能力建设，农村社区治理取得良好成果。四川省绵阳市将各地老年协会逐步转型为老年志愿服务队，力争做到“一村（社区）一队”，每一个老年协会均成立老年志愿服务队伍，充分发挥村（社区）阵地作用，每一个村（社区）均成立自己的老年志愿服务队伍。积极推进志愿服务项目化、品牌化，组织开展本地老年志愿服务项目展示活动，推进优秀老年志愿服务项目建设和典型宣传，引导老年志愿服务活动实现项目化运作、品牌化发展，推动老年志愿服务形成充满活力、丰富多彩又规范有序的良好局面[16]。四川省平武县龙安镇政府街社区为进一步提升志愿服务，以“网格员 + 志愿”模式，推动社区志愿服务精准化、专业化、多样化，为辖区居民开展“幸福敲敲门服务”。“网格 + 小组志愿服务队”对网格内的孤寡老人、困难群众、留守儿童等进行排查，敲门入户走访，打扫卫生，为辖区孤寡老人进行心理疏导和精神慰藉；“网格 + 社区代办”志愿服务队不定期入户走访，以聊家常形式来了解辖区老人们的所需所求，并上门代办医保、退休认证、申报老龄补贴购买各项日常生活必需品等；“网格 + 专业技术人才”志愿服务队入户走访时留下网格员电话号码，居民家中出现无法及时解决的困难可第一时间打电话向网格员寻求帮助，保障了辖区居民家庭用电、用气、用水安全。一年来专业志愿服务队为居民解决家庭日常生活困扰事件 100 余件。设立“网格 + 政策宣传”志愿服务队，宣传各项惠民政策和法律法规；“网格 + 环境卫生”志愿服务队对无人管理的小区、卫生死角、小区住户楼道、特殊人群家中进行全覆盖的环境卫生综合治理，志愿者和网格员定期巡查环境卫生，并敲门入户宣传人人养成爱清洁、讲卫生的良好习惯[17]。

（四）注重减负增效，工作质量得到提升

2019 年 1 月，中共中央印发新修订的《中国共产党农村基层组织工作条例》，增加“领导和保障”一章，规定构建权责相称、简约高效的基层管理体制，让基层组织减负增效，保证乡镇工作力量[18]。2019 年 3 月，中共中央办公厅发出《关于解决形式主义突出问题为基层减负的通知》（以下简称《通知》），明确提出将 2019 年列为“基层减负年”，要把基层

干部从一些无谓的事务中解脱出来，从提供材料的忙乱中解放出来。《通知》指出，在考核评估方面，采取“一统筹、四减少、一提高”的措施。一统筹，即把往年分散的几个考核统筹整合为脱贫攻坚考核，将现行的省级党委和政府扶贫开发工作成效考核、东西部扶贫协作考核、中央单位定点扶贫工作考核等3项考核，整合为“脱贫攻坚成效考核”1项，提高考核效率。“四减少”即减少报告报送、减少抽查县数量、减少考核评估人员规模、减少填表报数。在此基础上，省际交叉考核和第三方评估的抽查县，分别由每省平均5个减少到了4个；抽查县总数比去年减少了11.7%；在减少抽查县数量、提高信息化水平的基础上，在确保质量的前提下，考评人员比去年减少了21%。“一提高”就是提高考核评估信息化水平，2019年专门开发了脱贫攻坚考核评估软件系统，与全国扶贫开发系统对接、数据共享，确保考核评估减负不降质量[19]。2019年6月，中共中央办公厅、国务院办公厅联合印发《关于加强和改进乡村治理的指导意见》，要求坚决整治形式主义、官僚主义，让基层干部从繁文缛节、文山会海、迎来送往中解脱出来。清理整顿村级组织承担的行政事务多、各种检查评比事项多问题，切实减轻村级组织负担。各种政府机构原则上不在村级建立分支机构，不得以行政命令方式要求村级承担有关行政性事务。交由村级组织承接或协助政府完成的工作事项，要充分考虑村级组织承接能力，实行严格管理和总量控制[20]。

一系列中央文件为减轻农村社区工作者负担提供了政策导向，各个地方也随之作出反应。2019年2月，山东省提出科学界定“属地管理”适用范围，完善主体责任清单和配合责任清单，严禁以“属地管理”名义将责任下压至乡镇和村居[21]。湖北省印发《关于进一步激励关爱基层干部的意见》，提出建立权力和责任清单，厘清县乡两级职责权限，开展督查检查考核专项清理，全面整治形式主义、官僚主义，杜绝不必要的工作日志、“痕迹管理”，切实为基层工作者减负[22]。黑龙江省鹤岗市取消社区全部出具证明事项，推动各部门优化办事程序，建立了市、县（区）、街道（乡镇）、社区减负工作四级保障服务机制，大力推进社区减负增效工作，为社区工作者减轻工作负担[23]。天津市制定了《关于进一步开展社区减负

工作 依法厘清居民委员会职责 提升为民服务效能的意见》，要求规范社区组织机构，精简压缩各类台账和报表，规范考核评比项目，规范社区开具证明事项，避免形式主义，让社区工作者从分身乏术的工作应对中解放出来，全身心投入到为社区居民服务的事业中[24]。

三、农村社区工作者队伍建设的实践短板

（一）教育水平偏低，专业化程度有待加强

一般而言，教育水平与农村社区工作者的职业成长成正比，教育水平越高越有利于职业成长，社区工作者的专业化程度也越高。然而，从相关资料来看，农村社区工作者的教育水平较低，低学历人员多，高学历人员少，大多为初高中、专科学历，而且专业化程度较低，现有工作方法多是从以往人生阅历和生活积累中得来，是实践性、经验性的东西，缺乏专业的社会工作方法指导。农村干部队伍部分年龄偏大、观念老化、干事创业能力和激情明显不足，接受新鲜观念和知识能力弱，对农村社区治理产生不利影响。全国首批 7 个农村社区治理实验区中，社区工作者最为重要的成员是村党支部与村民委员会成员，平均年龄在 50 岁以上，以初中学历为主，说明大多数社区工作者的整体素质无法满足现代农村社区治理的需要[25]。此外，这些工作者由于文化素质不高，接受新事物的能力不强，没有接受过系统化、专业化的工作培训，治理理念和手段陈旧落后，对网络化办公治理适应性不强，在新时代农村社区治理中难以发挥标杆作用。

（二）数量短缺，权责利不对等

近几年，一些大学生通过招聘和选拔进入农村社区工作者队伍，社区工作活力明显增加。然而，农村社区工作条件较为艰苦，加之薪酬不高，福利待遇不佳，岗位吸引力不足，导致农村社区工作者数量明显偏少。此外，即使是已进入工作岗位的大学生，因为工作没有足够吸引力而把社区

工作当作权宜之计，作为职业生涯的跳板，没有全身心投入工作。除此之外，乡村情况复杂，基层社区工作者负责群众事务，直接做群众工作，面对的是一个一个具体的人，具体工作往往比较繁杂。一方面，无论是动员群众发展致富产业，还是街道拓宽、村庄改造，改变乡村面貌都需要精准到人、工作到户，每一户、每个人都有不同诉求，基层工作总会面临新情况；另一方面，“上面千条线，下面一根针”，随着工作下放，任务转嫁、考核评比、无效证明指标等越来越多，农村社区工作者本身数量少、经费不足，导致背负的任务越来越重。面对来自上下两方的双重压力，农村社区工作者往往显得心有余而力不足。

（三）激励考核制度有待完善

社区工作者尤其是大学生社区工作者除了考虑薪资福利待遇问题外，非常看重身份和未来发展问题。但事实上，由于社区工作者身份的不确定（既非国家公务员，又非事业单位干部）以及选拔任用渠道的相对单一，社区工作者个人发展空间十分有限，其职业成长受到严重制约。他们无法享受与机关、事业单位人员一样的待遇，也缺乏流动或上升的机会和空间。这种个人发展空间的局限性极大地影响了许多社区工作者特别是年轻人的事业心和上进心，成为社区工作者队伍稳定与发展的重大障碍。此外，2020 年是农村全面脱贫的决胜年，虽然 2019 年减负举措实施以来社区工作大大减少，但对于农村社区工作者来说，农村社区脱贫任务仍然较重。然而，农村社区工作者工资较低，除完成繁复的农村工作外还要应对上级频繁的考核评比，使他们感到分身乏术。而且给予农村社区工作者的学习培训机会不多，能力提升空间有限，晋升渠道窄，福利待遇和其学历职称等不匹配，降低了农村社区工作者的积极性，农村社区工作的激励机制显得尤其不完善。

四、农村社区工作者队伍建设的对策建议

（一）引进人才，扩充队伍，加强培训，提高专业化程度

专业上提升，优化组织配置。要给予农村社区工作者学习的机会，定期组织其参加专业培训，提供形式新颖、内涵深刻、立足实际的教学内容，提高社区工作者专业化水平与服务技能，转变传统工作思路，探索具有可操作性的农村社区创新治理之路，更好地推进乡村善治、促进乡村发展。增强外界对社区工作岗位的认同感，扩大社区工作者来源渠道，将优秀人才吸引到社区工作岗位上来。加强乡村治理人才队伍建设，注重从返乡创业大学生、年轻企业主、农村致富能手、外出经商务工返乡人员、军队转业干部、热心农村工作和乐于为农民服务的年轻人才中发现和储备乡村治理人才。联动多元化参与主体，充分发挥社会组织的作用，吸收社会组织中有能力的社会工作者来承接一部分社区公共服务。例如，社区提供的“助老送餐服务”，使社区老年人、残疾人等群体的送餐需求得到满足，通过联动互补，进一步服务群众。

（二）力戒形式主义，减轻工作负担

数量上减负，力戒形式主义。多数社区工作者认为现在社区工作不好干，其实并非是工作本身，而是多种形式主义让工作变得难以入手。因此，需要从社区电子政务、会议、考核等多个角度全面排查，精确理出形式主义问题，严格控制，及时清理。加强沟通，协调配合，通过协同办公、联合考核等方式，对社区的考核、检查主体进行整合，从源头上控制社区数据台账等相对过剩的势头。强化督查是推进工作的一种行之有效的手段，但前提是要做到合理有度。对基层工作的督查，要立足于发现问题、解决问题，而不是“为了检查而检查”，这样只会让基层工作者忙于应付检查而进行“敷衍”，缺少精力和时间真正去抓落实。因此要制定标准，长效管理，结合社区实际，制定社区工作准入标准，把形式主义拒之

门外。在工作量上减轻社区负担，让社区工作者把工作重心落到管理社区事务、服务社区群众上。

（三）完善激励考核机制

把农村社区工作者各方面的待遇和条件提上去是一项有效措施。加强乡村治理人才队伍建设，逐步提高基层工作者待遇，建立与农村全面发展和村集体经济收益挂钩的绩效奖励机制，通过落实待遇保障稳定农村社区工作者队伍，并激发其干事创业的热情；要严格执行基层工作补贴政策，对在条件艰苦的偏远基层和长期在基层工作的人员给予适当倾斜。要加大考核力度，抓好日常管理和考核，把考核结果作为选拔任用、培养教育、管理监督和激励约束的重要依据。要运用好精神激励，大力宣传先进典型。对于肯做事、能干事的工作者，要更加鼓励，予以破格提拔或者奖励，让无为者无位，有为者有位，为担当者担当，为负责者负责。总之，只有提高基层社区工作者福利待遇，才能让他们更有奔头，工作起来才能更有劲头，才能把更多精力用在为群众服务上。

（执笔人：吕延青）

参考文献：

[1]周沛，易艳阳．社区社会工作[M]．北京：社会科学文献出版社，2019：51—52.

[2]新华社．中共中央办公厅、国务院办公厅印发《关于加强和改进乡村治理的指导意见》[EB/OL]. 2019 - 6 - 23，http://www.gov.cn/zhengce/2019 - 06/23/content_5402625.htm? trs = 1.

[3]陈建生．全面推进农村社区治理创新[N]．中国社区报，2019 - 6 - 3（003）.

[4]汪远定．休宁县多举措推动社会工作专业人才队伍建设[N]．中国社区报，2019 - 6 - 21（007）.

[5]侯义凤，崔帅．深化“莱西经验”拓展新时代农村社区治理路径[J]．乡镇论坛，2019（08 中）：22—23.

[6]皑蜀,那柳．党建引领乡村振兴的“南雄样本”[J]．乡镇论坛,2019(02上):8—9.

[7]李梦丹．落实重大政策措施,真抓实干成效明显[N]．中国社区报,2019－5－27(001).

[8]李凌锐．福泉市配强驻村干部,筑牢脱贫基础[N]．中国社区报,2019－6－25(002).

[9]杜梁．长沙市推出22条办法加强村党组织书记队伍建设[N]．中国社区报,2019－9－17(002).

[10]王向阳．怎么破解中西部农业型乡镇治理困境[N]．中国社区报,2019－1－21(003).

[11]赵文权,陈小明．一线选任机制激励干部担当作为[J]．乡镇论坛,2019(04上):26—27.

[12]周玲．社会组织参与县域社会治理创新的海盐模式[N]．中国社区报,2019－12－06(006).

[13][14]徐术杰．严把“五关”从严管理村干部[J]．乡镇论坛,2019(08上):16—17.

[15]唐建华．安徽黟县采取多项措施助推志愿服务上台阶[N]．中国社区报,2019－3－29(002).

[16]江敏．绵阳市召开老年志愿者服务队伍建设专题会议[N]．中国社区报,2019－9－5(002).

[17]朱春涛．网格员＋志愿让幸福来敲门[J]．社区,2019(01下):46.

[18]新华网．中共中央印发《中国共产党农村基层组织工作条例》[EB/OL]．2019－1－10,http://www.xinhuanet.com/politics/2019－01/10/c_1123973918.htm.

[19]国务院扶贫办．国务院政策例行吹风会:2018年落实重大政策措施真抓实干成效明显地方督查激励[EB/OL].2019－5－23,http://www.cpad.gov.cn/art/2019/5/23/art_2241_361.html.

[20]新华网．中共中央办公厅、国务院办公厅印发《关于加强和改进乡村治理的指导意见》[EB/OL].2019－6－23,http://www.xinhuanet.com/2019－06/23/c_1124660587.htm.

［21］新华网．山东严禁借“属地管理”名义将责任压给基层［EB/OL］. 2019－2－12，http://www. xinhuanet. com/local/2019－02/12/c_1124105764. htm.

［22］湖北省人民政府．湖北出台激励关爱基层干部的十条意见［EB/OL］. 2019－3－28，http://www. hubei. gov. cn/zwgk/hbyw/hbywqb/201903/t20190328_1386850. shtml.

［23］黑龙江省民政厅．鹤岗市采取有力举措推动社区减负工作取得实效［EB/OL］. 2019－10－24，http://mzt. hlj. gov. cn/919/31522. html.

［24］新华网．为社区“减负”告别“万能居委会”［EB/OL］. 2019－9－11，http://www. tj. xinhuanet. com/news/2019－09/11/c_1124985644. htm.

［25］张立伟．我国农村社区协商治理的现状、困境及发展对策——基于全国7个农村社区治理实验区的分析［J］. 行政论坛，2019(3)：44—50.

第三部分

经验总结

一核引领　三治融合　助力乡村振兴

——四川省成都市郫都区乡村治理经验

摘要：四川省成都市郫都区作为全国承担健全党组织领导下的自治、法治、德治相结合的乡村治理体系试验试点，积极开展“一核三治”乡村治理实践。郫都区以标准化建设为基础、以队伍建设为抓手、以制度建设为保障，提升党的组织力。以完善乡村共建共治机制、落实依法治理长效机制、引领乡风乡德示范，实现自治、法治、德治“三治融合”。郫都区“一核三治”的乡村治理实践，将基层党组织的政治优势、组织优势、作风优势转化为推动乡村振兴与治理的发展优势，构建了共建共治共享的乡村治理体系。

关键词：乡村治理；一核三治；郫都实践

一、治理背景

四川省成都市郫都区地处成都市西北，坐卧川西平原腹心地带，是古蜀文明的核心区域。郫都区历史悠久，农耕文化灿烂，是中国农家乐旅游发源地，有豆瓣之乡、蜀绣之乡、盆景之乡的美誉。全区土地面积 437.5 平方千米，辖 14 个镇（街道），191 个村（社区），其中建制村 129 个、涉农社区 37 个、城镇社区 25 个；户籍人口约 57.5 万，常住人口约 118 万，其中农村人口约 28.9 万。郫都区是成都市为建设国家中心城市重点打造的“电子信息和双创产业基地、国际化都市新区”。在工业化和城市化加速发展的同时，郫都乡村也实现同步发展，农村经济社会发展取得全面进步，农民收入水平日益提高。

2018 年 2 月，习近平总书记到郫都区战旗村调研，要求“把乡村振兴这件事做好，走在前列，起好示范”。2018 年 9 月，农业农村部办公厅、中组部办公厅、民政部办公厅印发《关于农村改革试验区拓展试验任务的批复》（农办政改〔2018〕1 号），同意郫都区作为全国承担健全党组织领导下的自治、法治、德治相结合的乡村治理体系试验任务的 5 个试点单位之一。

为深入贯彻习近平总书记重要指示精神，牢记习近平总书记“走在前列，起好示范”的殷切嘱托，郫都区委、区政府不断深化农村基层治理机制改革，围绕“健全党组织领导的自治、法治、德治相结合的乡村治理体系”核心内容，积极开展党建引领乡村治理“一核三治”试验区创建工作。

二、治理措施

郫都区立足乡村治理实践，充分发挥基层党组织领导核心作用、政府主导作用、社区基础作用与群众自治力量，通过实践、总结、探索，逐渐形成了党建引领下自治、法治、德治互融互促的“郫都样本”。

（一）建强“一核”，引领乡村振兴

郫都区始终强调基层党组织在乡村治理中的领导核心地位，坚持以党建为引领，推动农村社区发展治理工作。立足实际，积极创新，围绕“全面加强农村基层组织体系建设，建强战斗堡垒，把党员组织起来，把人才凝聚起来，把群众动员起来，合力推动新时代乡村全面振兴”的要求，全面实施组织力提升工程，建强基层党建组织体系。

1. 以标准化建设为基础，建强组织阵地

郫都区以“一个阵地”为基础着眼于建强基层党建阵地，实施“组织力提升”工程，充分发挥中国共产党基层组织的核心领导作用、组织作用与统筹作用。在实践中，郫都区全面提升党支部标准化、规范化建设水平和党群服务中心“三化”建设。

郫都区健全基层党组织，深入推进党支部“达标晋级”规范化建设工作。一是规范标准体系。突出健全基层党组织、建强基本队伍、开展基本活动、落实基本制度、强化基本保障、优化基层治理“六个方面”的基本标准，聚焦党建引领乡村振兴示范区“五大振兴”能力提升、社区治理“七项攻坚”能力提升、机关文化建设和服务基层能力提升、“两新”党建聚力发展水平提升、国有企业深化改革促进现代治理水平提升“五大领域”重点内容，分领域、分行业建立党支部可遵照执行、上级党组织可量化考核的规范化建设标准体系。二是完善考核机制。郫都区根据党组织隶属关系和归口管理原则，镇街和区级部门党组织对“基础标准”和“提升标准”党支部进行考评认定，将“示范标准”党支部初核申报区委组织部核查认定。其中，“基础标准”党支部数量要求达到100%；“提升标准”党支部不低于总数的40%，并按每年10%的比例递增；“示范标准”党支部不低于总数的20%，并按每年5%的比例递增。三是抓好示范带动。郫都区结合各领域、各行业示范创建开展推优评先活动，充分发挥优秀党支部示范带动作用，集中打造“区域党建联合体”“行业党建联合体”先进集体，充分发挥组织共建优势，构建完善的组织体系，不断提升组织力。

在不断提升基层党建阵地建设的过程中，郫都区探索构建开放、集约、共享的党群服务阵地体系，积极开展了党群服务中心“三化”建设，即空间标准化、服务规范化、运行常态化，出台了全区村（社区）党群服务中心规范建设指导意见、空间标准导则和参考样本，对“三化”提出具体的规范和要求。一是空间标准化。按照《成都市郫都区村（社区）党群服务中心空间标准导则》《成都市郫都区村（社区）党群服务中心空间标准参考样本》两项标准，郫都区规范了空间标准化的三项基本任务，即功能配置标准化、标识标牌标准化与环境氛围标准化。二是服务规范化。在推动党群服务中心服务规范化方面，郫都区在实践中注重进一步落实村（社区）的基本工作制度，强化服务意识，坚持村（社区）“两委”坐班值班制、首位责任制、服务承诺制等。与此同时，加强工作调研、联络与会商制度，完善服务标准和工作台账管理制度。三是运行常态化。郫都区以居民需求为导向，通过建立项目化运行机制推动党群服务中心的常态化运行，并不断拓展项目形式与类别，打造具有当地社区特色的服务项目。2018 年以来，已打造 58 个“三化”建设示范村（社区），每个示范点均在实现“六有”标准的基础上，融入村（社区）自身文化元素，党群服务中心已变成集村（居）民议事、党员活动、便民服务、教育培训和文化娱乐于一体的综合性服务阵地。

2. 以队伍建设为抓手，培育乡村治理骨干

郫都区按照“组织建强、书记配强、班子育强、队伍塑强”四强标准，全面落实村（社区）“两委”队伍“优选、育强、严管”机制。建强村（社区）党组织带头人队伍，扎实抓好村（社区）党组织书记后备人才选培工作，实行公开遴选一批、持续培养一批、动态储备一批，不断优化干部队伍结构；优化村（社区）“两委”人员队伍，配齐配强村（社区）党组织专职副书记，全面落实干部履职考核制度、能力提升培训制度、专职工作者管理制度，压紧压实制度管理基础，实现村（社区）“两委”规范化、职业化、专业化，提升队伍整体素质与能力；培育村（社区）后备干部队伍，落实村（社区）党组织书记后备干部“区选区备”、专班培养 100 名制度，落实街道择优遴选、常态储备村（社区）后备干部制度，持续用力做好优秀返乡创业人员定向回引培养工作，实行实岗锻炼、定向培养、动态管理，建强组织后备力量。

郫都区在党员队伍建设中“三管齐下”，从建强党组织带头人、选育后备干部及深化党员队伍的先锋示范作用三个方面作出了有效的部署与安排。一是实施“头雁工程”，建强党组织带头人队伍。围绕新时代乡村振兴、城乡社区发展治理新要求，郫都区开展支部书记“精准提能”行动，每年定期组织全区 191 个村（社区）党组织书记，开展 3 天以上集中培训，组织到区外先发地区参观学习，全面提升其引领乡村发展治理的能力素质。二是建强后备力量，开展“两委”干部和后备干部的“选育管”。为全面加强后备干部队伍建设，优结构、提素能、强使用，2017 年以来郫都区探索总结了“摸、找、选、育、炼、用、管”七步工作法，开展了“区选区备”村（社区）党组织书记及后备干部的选拔与培养工作。目前，郫都区建立了 335 人的村（社区）后备干部库，从中“区选区备”重点培

养对象开展实岗锻炼、分类培训、常态轮训、上派挂职，目前已按程序从后备干部中选任村（社区）书记10人、“两委”干部14人、其他村级岗位29人。相关做法被《中国组织人事报》2018年6月13日第五版刊载。三是树立“一个党员就是一个标兵”，深入推进党员先锋队伍示范工程。郫都区实施“党员先锋队伍示范工程”，分类建立党员责任清单和负面清单，完善党员承诺践诺、评星定级、积分管理制度体系，引导广大党员在常态长效走基层、解难题、办实事中“立标杆、树榜样”。

3. 以制度建设为保障，推进基层党建

为深入学习贯彻党的十九大精神和习近平总书记在四川视察特别是视察战旗村重要讲话精神，郫都区在实践中大力推动基本制度的落实。

首先，推动落实“三固化四包干”密切联系群众基本制度。为进一步充实基层力量，夯实基层基础，密切联系群众，郫都区坚持问题导向和效果导向相结合，探索建立了党组织密切联系群众的“三固化四包干”制度。通过区领导、区级部门机关干部、街道机关干部到村（社区）联系服务群众，引导全区各级干部重心下移，切实转变工作作风，固化人员、固化时间、固化地点（以下简称“三固化”），对宣讲政策、督导工作、解决问题、办好实事四个方面进行包干指导，面对面听取群众意见和诉求，帮助解决问题，实现“联系群众全覆盖、社情民意全掌握、凝心聚力全方位”，强化以基层党组织为核心的基层治理体系建设，推动各项工作在基层落地落实，奠定了坚实的组织基础、工作基础和群众基础。

在实施过程中，郫都区通过联席会议制度、信息公开制度、全程纪实制度以及督导考核制度，进一步推动“三固化四包干”制度的落实，并重点开展了以下工作：一是全面落实平安社区工程百日攻坚行动，建立“社情指数分析”反馈机制，拓展“三固化四包干”工作内容和载体，实现普通问题办结率提升、疑难问题妥处率提升、实事好事办成率提升，“社情指数”“信访指数”“网络理政指数”下降的“三提三降”目标；二是严把常态联系走访、定期督查问效、会商解决问题、为民办好实事四个重点环节，深入推进规范化建设、信息化升级、示范性引领、满意度提升，开展“区—镇（街道）—村（社区）”3级示范建设、推优评先活动，不断提高“三固化四包干”制度解决问题的实效。

全区29位区领导、162名局级干部固定联系191个村（社区），1142名村（社区）干部分片联系辖区居民，机关干部定期到基层走访群众、促进工作。每月第1周，“三固化”联系领导到村（社区）值守、走访，召开“小事即办”村级联席会议；第2周、第3周，对村（社区）不能解决的问题，分别召开“大事联办”的街道和区级联席会议；第4周，村（社区）干部“全覆盖”联系走访群众，收集社情民意，建好“问题收集台账”，确保每月工作形成“闭环”。2018年开展该工作以来，区内各级干部累计联系走访群众263万余人次，解决问题4.6万余个，全区信访总量月均下降20%左右，收到群众感谢锦旗18面。

其次，推动落实党员“三问三亮三带头”积分管理制度。郫都区以建设新时代高质量党员队伍为目标，对照“四讲四有”“四个合格”标准，进一步强化了党员日常教育管理和作用发挥，制定了成都市郫都区党员分类积分管理制度。党员积分采用100分制，由党员履行义务“三问”（基础标准60分）、践行承诺“三亮”（创优标准20分）、奉献服务“三带头”（示范标准20分）三部分组成。党员积分管理由各级单位党组织负责，以党支部为单位组织实施。党支部以一年为积分周期，每季度召开党员大会，对党员日常表现采取加分、减分的积分方式进行考核，按“党员积分＝履行义务得分＋践行承诺得分＋奉献服务得分”的方式动态计算分值，年终进行综合考评。区委组织部牵头负责全区党员积分管理的政策制定、日常督导、目标考核工作。党员年度积分和年度测评结果是年度组织评定的重要依据，同时纳入党支部达标晋级的测评体系。

最后，创建“一环五组团”基层党建工作推进机制。为进一步加强各领域党建工作的系统谋划、分类推进、整体提升，按照分类别具体指导、分领域统筹推进原则，郫都区委组织部在“一环三组团”区域党建模式的基础上，不断完善，探索创建了基层党建“一环五组团”的工作推进机制，健全了包含城市、农村、机关（事业单位）、“两新”、国企领域在内的基层党建工作推进机制。“一环”即全区分年度党建示范点串联形成的示范环线，其中，2018年全区打造了45个党建示范点；2019年全区打造了47个党建示范点。“五组团”，即以电子信息产业功能区为主的城市党建组团，包括郫筒、犀浦、红光、安靖、团结、德源、友爱等7个街道的109个村（社区）；以安唐乡村振兴博览园为主的农村党建组团，包括三道堰、新民场、唐昌、安德、花园、唐元、古城等7个街道的82个村（社区）；以区级部门为主的机关（事业单位）党建组团，包括各区级部门的机关（事业单位）党组织；以产业园区非公企业和城市社区社会组织为主的“两新”党建组团，涉及工业港、川菜产业园、双创基地、社会组织、民办学校、民办医院、商圈楼宇、专业市场等“两新”领域；以国有企业为主的国企党建组团，包括区国资系统党工委、成都市西汇投资有限公司、成都蜀都川菜产业投资发展有限公司、成都市郫都区国有资产投资经营公司、成都市润弘投资有限公司、成都市郫都区蜀都乡村振兴投资发展有限公司、成都鹃城金控股有限公司。

在实践中，每个组团都实行专班推进，建立各党建组团建立以村（社区）、机关（事业单位）、“两新”组织、国有企业党组织书记（副书记）为班长、副班长、班委，相关区级部门分管负责同志和街道分管党务工作同志任党建指导员，区级部门相关科室负责同志为党建联络员的组团专班组织机构。形成了运行有序的工作机制，常态推进组团专班各项工作。

（二）“三治”融合，助推乡村发展

郫都区在充分发挥党组织的领导核心与政治核心作用的同时，注重完善乡村共建共治机制、推进依法治理常态长效、强化乡村道德教化作用，形成自治、法治、德治互联互融的乡村治理体系，激活乡村发展内生动力。

1. 以共建共治机制落实，夯实乡村自治

在推动乡村自治建设过程中，郫都区不断规范村（居）委会、议事会、监委会等自治组织建设，完善党组织领导下的协商议事机制，激发乡村自治活力。

一是厘清治理主体权责，完善自治组织建设。在实践中，郫都区以明晰基层政府、基层党组织、村级自治组织、社会组织等治理主体的职责和

边界为重点，构建各类治理主体权责清晰、合作有序的新型合作关系。通过明确和理顺村（社区）各治理主体间的关系，构建领导权、决策权、执行权、监督权、经营权相互分离、运转协调的运行机制。乡镇党委和村（社区）党组织是乡村治理各种组织和各项工作的领导核心；乡镇政府承担农村基本公共服务和社会管理等行政事项的主要责任；村民会议、村民代表会议、村民议事会是村民自治事务的决策组织；村民委员会是村（社区）自治事务的执行组织；村务监督委员会是村（社区）自治事务的监督组织；村级集体经济组织是村民集体所有的土地和其他集体资产的管理经营主体；社区社会组织是以满足村民多样化、个性化需求为目的，村民自主成立、自愿参与、自我服务的组织。推行基层党组织、村民委员会、农村社区社会组织、物业服务组织、业主委员会、农村集体经济组织、农民合作组织等村（社区）利益相关各方联席协商会议制度，开展灵活多样的协商活动。

二是规范自治制度建设，完善自治工作运行规则。根据四川省委印发的《村党组织工作运行规则》，郫都区大力加强村级党组织对其他各领域社会基层组织的政治领导，制定《郫都区村（社区）“两委”运行规则》，规范党组织领导下的居民协商议事监督机制，建立自治组织定期向村级党组织报告工作制度；梳理完善现行村级自治章程、制度和规范；探索建立全区村级小微权力清单，明晰村“两委”权力责任边界权限。坚持把村级建设作为重点，建立健全严格执行民主决策、民主管理、民主监督等项目制度，推进乡村治理的现代化和可持续。完善村级重大事项提交村民代表大会讨论决定，充分发挥村民在涉及村民重大利益中的主导作用。为村“两委”依法依章管理村务，村民有序参与村务管理奠定基础。对财务活动进行全过程监督，每年定期两次在村民代表会议上向村民汇报村党总支、村委会的工作，并接受民主评议。实行村班子事项公开制。每年年初，村“两委”制定年度目标并公开张贴，每完成一项用标识标注出来，从公开承诺到最终完成，全过程接受村民监督。

此外，切实“还权于民”，落实村民在村级治理专项资金使用管理中的主体作用。严格村民群众按照自主意愿根据“自下而上”原则按民主程序决定资金使用。严格执行专项资金“负面清单”，严禁乡镇（街道）干涉资金使用方向，提高使用绩效，鼓励农村专项资金通过支持“社区营造”类项目，促进农村社会服务的自我有效供给，增强社会组织参与，增强农村社会活力。

三是培育发展基层社会组织，协同社会力量。基层自治能力的提升离不开社会组织的培育与发展，郫都区在实践中注重提升农村社会组织参与共治共享的协同能力，以农村社会组织撬动多方资源。具体实施策略包括搭建社区协商议事平台。按照“谁主张、谁受益、谁负责”的动力机制和行动逻辑，充分调动多方社会力量协同参与农村社区治理。在村民议事会制度基础上，广泛吸纳村各类社会组织、驻社区单位、农村集体经济组织、农村合作组织及成员等参与协商。通过常态化协商机制，引导社区居民逐步形成参与意识，为居民常态化参与社区公共事务、提升社区公共精神奠定基础。

发挥社会组织参与式陪伴功能。通过在郫都区、街道、村（社区）三级引入枢纽型社会组织，作为社区治理总体孵化器。枢纽型社会组织通过提供智力支持、资源支持、专业支持，以居民需求或社区问题为导向，挖掘培育社区居民骨干、孵化增能社区自组织或其他组织，赋权增能社区居民解决社区公共议题。稳步扩大社会组织参与治理覆盖面。将内培外引相结合，一方面，依托郫都区社会组织服务园等支持性枢纽平台，着力提升郫都区本土社会组织能力，打造村（社区）治理品牌服务项目，以模式化推广复制到其他街道或村（社区）；另一方面，着力引进在村（社区）治理方面有代表性的知名社会组织，将典型做法和经验在郫都区推广。

四是探索农民集中居住区治理新模式。针对统筹城乡改革试验中形成的大量农民集中居住区治理需求，实施自治制度、自治组织、完善物业管理、开展院务公开的“三有一公开”模式，在农民集中居住小区（院落）逐步实现准物业服务，有效促进了村民自我管理、自我服务、自我教育、自我监督，解决了集中居住区治理秩序、环境、卫生、安全等治理难题。

2. 以法律服务常态长效，保障乡村法治

在推动乡村基层法治建设过程中，郫都区探索构建了完善的基层法律服务工作机制，建立农村“法律之家”，推进“一村（社区）一法律顾问”全覆盖，深化村（社区）“诉源治理”，大力开展群众性普法教育，推动形成依法治理环境。

一是强化村（社区）依法治理常态长效。郫都区全面推行派出所所长任乡镇（街道）党（工）委兼职委员、社区党员民警任村（社区）党组织兼职委员，大力推行“一村一辅警”机制。结合“法律七进”活动，发动党员群众成立村（社区）普法宣讲队伍，宣传日常法律知识，引导运用法治思维和法治方式化解矛盾、破解难题、促进和谐。充分发挥法治对社会治理的引导、规范和保障作用，成立村（社区）人民调解工作室，健全村（社区）党组织、人民法庭、检察室、派出所、司法所、工青妇组织以及调解组织等多方参与的联席会议制度。大力开展“民主法治示范村（社区）”创建，实施“法律明白人”培养工程，培养一批以村（社区）“两委”、人民调解员为重点的“法治带头人”。

二是健全村（社区）基层公共法律服务体系。在实践中，郫都区系统梳理和修改完善有关规章制度和规定，处理好农村“软法”与国家法律法规之间的关系，在“一村（社区）一法律顾问”工作基础上，健全村（社区）基层公共法律服务体系。结合农村经济转型升级、实施乡村振兴战略等工作，指导修订村规民约和居民公约，在推进村规民约工作中，始终发挥党支部的领导核心作用，镇党委、村党支部参与村规民约制定、宣传、执行的全过程，跟踪推进情况，提供指导服务。严格把关审查村规民约，确保党的方针政策贯彻落实到村规民约的具体条款之中。按照“易记、易懂、易行”的原则，以解决问题为导向，把村规民约与法律法规、社会主义核心价值观和人们日常生活紧密联系起来，在落细、落小、落实上下功夫。广泛动员村民参与村规民约的制定，组织群众签订遵守村规民约承诺书，强化村民“我制定、我执行，我签字、我执行，我承诺、我执行”的自我约束意识；通过会议、宣传栏、宣传册、广播站等进行宣传，让村规民约的内容入脑入心；大力宣传遵守村规民约的好人好事，公开谴责违反村规民约的不良行为，形成“遵守村规民约光荣、违反村规民约可耻”的舆论导向；探索建立专职化网格员队伍，推进城市和乡村治理精细化、智能化、专业化。

三是强化村（社区）法治资源统筹整合。郫都区发挥党组织链接作用，联动基层法庭、派出所、司法所等司法资源开展法治宣传和法律服务，引入律师调解、法律援助等法治资源推进“一村（社区）一法律顾问”，整合群众资源以本地真人真事创作法治宣传节目。发挥党组织阵地作用，依托党群服务中心，统筹设置“法律服务工作室（社区法律之家）”“心理工作室”等。发挥党组织帮教作用，引入专业资源加强对社区矫正对象、刑满释放人员等特殊人群的服务管理，以项目化方式为农村“三留守”人员等特殊人群提供专业服务。

四是推动村（社区）矛盾纠纷多元化解。健全党组织矛盾纠纷发现研判机制，深化党代表、人大代表、政协委员联系村（社区）制度，畅通群众诉求表达渠道，提前发现纠纷隐患。完善党组织矛盾纠纷多元化解机制，积极推动人民调解、行政调解、司法调解衔接互动，结合网格化治理，联动村（社区）、村民小组（小区）、院落（楼栋、单元）党组织化解矛盾，提高矛盾纠纷化解的整体效果和效力。完善村（社区）党组织重大敏感纠纷隐患、社会矛盾排查预警和呼叫制度，第一时间向上级报送预警信息，“呼叫”公安等下沉力量解决问题，努力做到早发现、早预防、早处置。

3. 以乡风乡德引领示范，支撑乡村德治

在推动乡村基层德治建设过程中，郫都区持续深化风尚新美、环境秀美、生活富美的“三美”示范村建设，把社会主义核心价值观融入乡村熟人社会的道德规范，引导村（居）民遏制大操大办、厚葬薄养等陈规陋习，抵制封建迷信活动，让社会主义核心价值观成为百姓日用而不觉的行为准则。推进“新时代文明实践中心”统一规划设计与建设，充分发挥“微党校”“乡村振兴讲习所”“新时代文明实践中心”等载体作用，大力开展“家风家训”、社会主义核心价值观、传统文化等的“讲”“习”“评”“宣”活动，培育乡风良俗，传承农耕文化，弘扬邻里互助文化，推进乡村传统美德、文明新风潜移默化，发挥德治在乡村治理中的基础支撑作用。

一是坚持社会主义核心价值观，推动核心价值引领。坚持将社会主义核心价值观贯穿于党建引领城乡社区发展治理和乡村振兴，推动核心价值观落细、落小、落实。依托党性教育阵地、基层微党校、新时代文明实践站、百姓故事会等，弘扬崇德向善的精神品格、自强不息的风骨气度、爱国忧国的家国情怀。发动党员群众挖掘本地优秀传统文化，用大众语言、文艺作品、身边故事推动核心价值观入脑入心。结合党建引领社区发展治理，在特色街区打造、老旧院落整治以及农民集中居住区建设中，推进核心价值观与成都生活美学有机融合。深化风尚新美、环境秀美、生活富美的“三美”示范村建设，把核心价值观融入乡村熟人社会的道德规范，搭建活动载体、创新活动形式，遏制大操大办、厚葬薄养等陈规陋习，抵制封建迷信活动，让核心价值观成为百姓日用而不觉的行为准则。

二是提倡乡风乡德，塑造文明新风。提炼“仁和、心齐、风正、气顺”的郫都精神，提倡乡风乡德，反映居民的精神面貌和乡村风貌，促使社会主义核心价值观深入人心。不断加大文化投入，新建改建文化场所，建设设施齐全的广播站、文化礼堂、图书室、文化活动室，展示郫都区新乡村建设的创业历程和浓厚的人文情怀；创新实施“墙头开花”（墙绘）工程，通过通俗易懂、寓教于乐的墙体彩绘文化，让传统美德、文明新风潜移默化；创设评选载体，在农村社区开办“诚信菜市”，建设“诚信广场”，在公共场所和楼道悬挂家庭美德、个人品德等相关内容的标语、漫画等；开展道德评议会，及时点评社区居民、商家中存在的诚信问题；评选“身边好人”“诚信商铺”等；开展“小手拉大手”系列活动，培育居民“从我做起、从身边做起”文明涵养，增强居民建设幸福和谐街区的责任感和荣誉感，通过典型宣传，营造人人文明、人人自律的良好氛围，积极传承中华优秀传统文化，充分发挥道德教化作用。

三是增强乡贤示范，树立道德模范。一方面，郫都区在试验过程中大力挖掘、提炼、宣传在加快建设新型农村与乡村过程中实心干事、成绩突出的“乡贤”先进典型事迹。结合乡贤表彰、示范行动等丰富载体形式，加大对乡贤先进典型事迹的宣传。广泛宣传乡贤先锋模范，倡导党员群众深入挖掘和学习宣传身边的典型案例、感人事迹，带动全社会见贤思齐、积极向上、奋发进取。另一方面，郫都区通过乡村振兴干部学院、新时代乡村振兴讲习所、蜀绣传统技艺讲习所、蜀绣学院等平台，在大力开展“家风家训”、社会主义核心价值观、传统文化等的“讲”“习”“评”

“宣”活动，培育乡风良俗，传承农耕文化的同时，培训“新乡贤”（农业职业经理人）以及新时代新型职业农民，树立模范标杆。

三、治理成效

郫都区始终围绕“健全党组织领导的自治、法治、德治相结合的乡村治理体系”核心内容，构建了一套有效的工作体系、实施机制与推进路径，形成了具有代表性的“郫都实践”，有效地推动了乡村基层治理与共建共享的新格局建设，郫都区乡村治理成效的取得，为我国乡村治理提供了“郫都样本”。

一是将“党建引领”贯穿改革始终。通过不断探索、总结与创新，充分发挥基层党组织在改革创新和集体经济发展中的统领作用，深化农业农村改革创新，扶持壮大村级集体经济，提高村级集体经济可持续发展能力，不断夯实农村发展治理的经济基础。实施党建引领示范工程，探索“乡村振兴”战略背景下党组织领导的自治、法治、德治相结合的乡村治理体系，注重完善乡村共建共治机制、推进依法治理常态长效、强化乡村道德教化作用，把基层党组织的政治优势、组织优势、作风优势转化为推动乡村振兴与治理的发展优势，构建了共建共治共享的乡村治理体系。

二是形成“三级联动、协同推进”的工作机制。郫都区对“一核三治”工作进行整体规划，结合郫都实际对“一核三治”的基本内涵、推进步骤、考核机制、扶持措施等进行统一设计。在区一级，实施区级整体规划“系统推进”。各区级部门牢固树立“一盘棋”理念，着力配强队伍、完善制度、加强投入，形成齐抓共管的良好局面。在镇街一级，镇街因地施策“分类推进”。镇街立足辖区各村组织建设、人口结构、生态环境、产业发展乃至地理区位等特点，针对各村短板和不足，点面结合，探索符合当地实际的“一核三治”模式。对组织建设相对落后、基层党组织带动能力不强的村，则重点推进组织建设，提升党组织经济管理能力；对具备生态环境优势的村，则充分发挥生态优势，变现生态价值；对已形成产业优势的村，则在保持现有优势产业的基础上，重点加强法治、德治机制探索，注重抓重点、补短板、强弱项、固优势，分类推进。在村一级，组织村级示范建设“专班推进”。组建“农村党建组团专班”，建立以村党组织书记（副书记）为班长、副班长、班委，相关区级部门分管负责同志和镇街分管党务工作同志任党建指导员，区级部门相关科室负责同志为党建联络员的专班组团，每月开展一次主题“党建沙龙”，每季度开展一次竞进拉练，发动先进村示范带动落后村。同时，选定示范村，由专人专班负责协助指导各村的“一核三治”建设，帮助设计方案、发现问题、提供建议，在尊重基层党组织主体地位、广大村（居）民民主权利的同时，发挥自身优势，帮助争取资源。

近年来，郫都区农村基层治理机制不断深化，为助推乡村振兴奠定了良好的组织基础、社会基础与群众基础，逐步构建起以村党组织为领导、村民（代表）会议或议事会决策、村委会执行、其他经济社会组织广泛参与的新型村级治理机制，形成了以战旗村为代表，以“绿色战旗·幸福安唐”乡村振兴博览园为载体的“一核三治”乡村治理实践与经验。全区科学发展、共治共享、和谐繁荣的良好局面初步形成，为探索实施党组织领导下的自治、法治、德治相结合的乡村治理体系提供了“郫都样本”。

（供稿单位：四川省成都市郫都区委组织部；案例整理：赵　晶）

“333” 制抓治理　“三治融合” 促振兴
——贵州省贵定县社区治理经验

摘要：贵州省贵定县自2017年12月被民政部确定为“全国农村社区治理实验区”以来，通过两年的农村社区治理工作，全县农村社区治理成效明显。在党的十九大精神引导下，贵定县紧紧围绕“打造民族地区创新发展先行示范区”的实验主题，以“三个三模式”（群众三会、三级联动、三方参与）为主要方法，以夯实党在农村的执政基础为目标，以完善农村社区治理体系为抓手，通过社区服务站这个平台，提升基层党组织的组织力、发挥群众自治的主体作用，让改革发展成果更多、更公平惠及广大人民群众，进一步形成农村社区治理工作的“贵定经验”，为全国农村社区治理改革贡献可复制推广和借鉴的贵定农村社区治理新经验。

关键词：三个三模式；三治融合；社区治理

一、治理背景

贵定县位于贵州省中部，属黔南布依族苗族自治州，面积1631平方千米，辖6镇2街道95个建制村，总人口30万。2014年全县贫困村51个、建档立卡贫困人口12408户45540人，贫困发生率18.38%，集中分布在边远和少数民族聚集村寨，贫困面大、贫困程度深、攻坚任务艰巨繁重，属国家滇桂黔石漠化集中连片贫困县。

2017年12月，贵定县被民政部列为首批48个全国农村治理实验区之一，任务是探索民族地区农村社区治理路径，利用3年的时间探索一套可复制、可推广的民族地区农村社区治理经验。为抓好实验区建设，建设美丽宜居和谐的农村社区，成立了以县委书记、县长为组长的贵定县“全国农村社区治理实验区”建设工作领导小组，各镇（街）也成立了建设工作领导小组，上下联动推进实验区建设。围绕“‘333’制抓治理，‘三治融合’促振兴”目标制订《贵定县全国农村社区治理实验区建设实验工作实施方案》和2018年、2019年子方案，具体做好每年工作指导。建立了贵定县“全国农村社区治理实验区”建设工作联席会议制度，定期召开会议研究、统筹协调和解决“全国农村社区治理实验区”建设工作中存在的问题和困难，监督、指导各有关部门落实责任。借力精准扶贫，加强农村公共基础设施建设，2014—2018年累计投入资金81.35亿元，在全县农村推进物质扶贫“六个山”工程，全面实现了山区公路组组通、山寨道路户户连、山间清泉家家到、山上产业村村有、山乡环境处处美、山中危房栋栋除，全县农村发生了翻天覆地的变化，广大群众的获得感、幸福感大幅提升，农村社区治理成效明显。贵定县荣获“第四批全国法治县创建活动先进单位”“全国社会治安综合治理先进集体”“全国民族团结进步示范县”等20项国家级表彰命名；获得“全省农村精神文明建设示范县”“贵州省民族团结进步示范县”等9项省级表彰命名；贵定县昌明镇文江村被司法部、民政部表彰为“第七批全国民主法治示范村”，贵定县石板村被评为“全国生态文化村”，贵定县新巴镇乐邦村调解委员会被省政府表彰为“全省先进人民调解组织”等。

但是，贵定县的社区治理工作还存在一些问题和不足。一是群众的思想认识有待进一步提高。虽然部分群众在驻村干部的带动下有所改变，但群众的感恩意识、奋进意识、荣辱意识有待进一步提高。二是村（社区）的各类村民自治组织作用发挥不明显。因大多数中青年人员外出务工，留守在家的多是老人、妇女、儿童，自治组织年龄、文化、认识结构参差不齐，自治效果不太理想。三是农村社区阵地建设经费投入不足。因县级财政总量小，投入农村社区治理的经费有限，部分农村社区办公场地狭窄、办公设备简陋，不能满足服务群众的需要。四是村级各类村民自治组织作用发挥不够充分。村党组织领导社区治理体制虽已形成，但村民组织管理委员会、村务监督委员会等因为没有报酬尚未真正发挥有效作用，群众参与群众自治的积极性和主动性还不高。

针对当前在社区治理中存在的问题与不足，中共贵定县委和贵定县人民政府下一步的工作重点主要包括：一是继续加大对群众感恩意识、荣辱意识的培树力度，充分发挥群众社区治理主体的作用；二是多方筹集资金，解决农村社区服务阵地狭窄、办公设备不足的问题；三是大力扶持农村社区发展村级集体经济，解决村级各类村民自治组织劳动报酬问题，充分发挥村级各类村民自治组织在农村社区治理中的作用；四是认真提炼、总结农村社区治理工作方法，充分利用网络、媒体，及时宣传报道好经验、好做法，把特色变模式，形成可借鉴、可复制、可推广的民族地区农村社区治理创新经验。

二、治理措施

（一）坚持党建引领，明确政治方向

贵定县以党建为切入点，以乡村社会治理和村落经济发展为双轴，通过创新党建形式、科学考评绩效、提升干部动能等措施，让党组织真正冲在了乡村振兴的第一线，促进了乡村振兴战略规划与党建的无缝衔接，实现了农村经济的稳步发展以及社会治理的“跨越式”发展，打造出“贵定经验”。一是持续建强村级党支部。以提升组织力为重点，持续深入开展后进村党组织排查整顿提升工作，精准发力、分类实施、有序推进全县村党支部标准化建设。开展“四渗四联”（社区党建向小区渗透、小区党建向楼宇党建渗透、行业党建向产业党建渗透、村社党建向村寨渗透）工作，进一步强化支部联建、村寨联合、产业联抓、发展联动，拓宽全县基层党建工作覆盖范围，筑牢党的执政根基，真正把村党支部建成坚强战斗堡垒。二是深化党建引领农村治理。以基层党组织建设为引领，全面推行“组管委（寨管委）”“乡贤会”，深化“四议两公开”“群众三会”工作法，成立470个党小组、863个组管委，并实现

党组织引领下的“乡贤会”全覆盖，充分发动村民参与村务组务的积极性、主动性，提升乡村治理水平。三是科学考评村级绩效。印发《贵定县2019年度村级增比进位考评办法》，以直观评价和群众评议为主、资料印证为辅，注重正向加分激励和负向扣分惩戒相结合，充分激励、鞭策各村比学赶超、增比进位。四是全面激发村组干部动能。制定《关于村（社区）干部“任期内享受乡镇副科级干部经济待遇”的意见》，全县22名表现优秀并获省州县表彰的村支书、村主任任职享受副科级干部待遇；出台《贵定县2019年度村民小组组长工作实绩评价“以奖代补”工作意见》，县级财政每年投入资金150余万元，加大村民组长待遇保障，有效激发村“两委”和村民小组长工作动能；拟实施村（社区）干部队伍薪酬待遇差异化，体现多劳多得、多干多得、不劳不得的导向机制，充分激发村（社区）干部干事创业激情。

（二）加强队伍建设，强化组织保障

农村基层党组织是农村社区治理的核心力量，基层组织队伍建设得好坏，直接关系到其在群众中的威信和地位，也影响着乡村振兴战略的实施和推进。全县各地农村社区治理的过程中，都重视加强队伍建设。一是优化配置人力资源，持续建强村“两委”班子。采取一个村选派一名第一书记或村委会助理、配备一名警务助理以及选聘“三情”村干部等方式将能人向一线下沉，增强基层工作力量。持续开展村党组织书记分析研判，坚决调整不胜任的村党组织书记；选拔懂农业、爱农村、爱农民的外出创业成功人士、经济能人、新乡贤、优秀驻村干部等到村任职，开展村党支部书记、主任“一肩挑”，健全党务、村务公开工作机制，确保党务、村务公开管理常态化、长效化，内容标准化、规范化，提高政策执行透明度，确保群众的知情权、决策权、参与权和监督权；按照村“两委”班子职数1:1的比例储存村后备力量，开展村干部学历提升班、专题培训班等建强村级干部队伍。二是派干部下沉网格管理。县委、县政府选派部门三分之二、镇（街）五分之四共计2100余名干部下沉到村，按照一个网格不超过30户的原则“化小承包”，驻村开展“走进村寨知民生、勤访农家问民

情、细拉家常暖民心”活动，工作触角家家户户“无死角”，充分发挥了“主推手”作用。三是持续推进“组管委”“乡贤会”“群众三会”，鼓励依法组建群众民主协商议事平台。以村民组或自然寨为单位，全面推行“组管委（寨管委）”“乡贤会”等做法，建立和完善在村党组织领导下的村民民主议事协商制度，推动党组织下沉到村民小组，组建政策宣传、治安联防、抢险服务、环境整治、矛盾调解等党员志愿服务小组，有效扩大党的工作和组织覆盖面，充分发动村民参与村务组务的积极性、主动性，做到小事不出村，大事不出镇；深化“四议两公开”“群众三会”工作法，将涉及民生的问题交由群众解决，让群众当家做主，提升乡村治理水平。充分发挥“五老”（即离退休老干部、老教师、离任老村干、老党员、老退伍军人）等村寨热心人士作用，引导组建“寨管委”“组管委”“乡贤会”、姨妈会、红白理事会、社会治安队等组织，协助村“两委”参与村级公益事业、土地纠纷调解、群众矛盾化解，促进农村群众多形式、多主体参与农村治理工作。四是机制激励。制定《贵定县激励县直部门年轻干部到镇（村）锻炼，有效促进脱贫巩固、强化治理、乡村振兴和干部学习成长的管理办法（试行）》，将农村一线作为培养选拔干部的主战场，鼓励机关干部到农村一线锻炼。

（三）探索方法创新，助力协商民主

全面推行“群众三会”工作法。在农村社区治理中，创新推行群众议事会、质询会、公投会的“群众三会”工作法，充分发挥群众力量解决发展中面临的热点、难点问题。一是集体事项群众改。创新议事决策事项由群众“签发”。坚持在现行法律法规规定的前提下，村级“两委”牵头组织，针对涉及群众集体的事项由“群众议”，充分激发群众在农村建设中参与管理的积极性，对关系群众切身利益的农村基础设施建设、山林纠纷、土地流转等问题，让群众全程参与议事讨论、决定议事结果，充分让群众当家做主。二是集体事项决定群众“公投”。坚持村级民主自治规定，关系群众利益的事项由群众进行表决，引导参与议事的群众坚持少数服从多数，让群众自己的事情自己“公投”表决，充分让群众行使决定权。三是干部作风群众“质

询”。对群众提出的质疑事项，召开群众会议，让群众提问、干部回答，当面进行质询，既让群众明白，更还干部“清白”。

（四）创新“三级联动”服务机制，完善服务供给

“三级联动”即县、镇、村三级共建共促共享构建“党委政府推动、部门（镇街）联动、村民互动”的工作格局。打造县级政务服务中心、镇级综合便民服务中心、村级便民服务站“三级”服务平台，优化社区服务功能。充分简政放权，最大化将县级审核权限下放到镇（街），通过实行“网上申办”“服务代办”，实现“一网通办”“一站式”服务，打通服务群众“最后一公里”。同时，积极推动为民服务全程网上代办工作，指导有条件的镇（街）和村（居）科学设置代办服务项目，建立健全代办服务制度，实行一门受理、全程代办。除了打造“政府推动、部门联动、村民互动”的“三级联动”服务平台，贵定县还以脱贫攻坚契机，在农村社区开展“六山行动”，以“山区公路组组通、山寨道路户户连、山间清泉家家到、山上产业村村有、山乡环境处处美、山中危房栋栋除”为工作着力点，不断完善农村社区基础设施及配套设施。2019 年 6 月，为了严肃考风考纪，确保风清气正，贵定县开展“三级联动”机制，首先由考点主任和各学校领队教师组成第一道考风考纪巡视组，他们驻守在各个考点，随时对考试工作进行巡视，发现异常，及时处置，确保考试工作顺利进行。其次由每个镇教育指导站组成一个考风考纪交叉巡视组，按照县教育局的安排，到其他镇街进行交叉巡视，并就巡视期间发现的情况，及时处置，确保考试工作风清气正。最后由教育局班子领导带领县教研室、县教育督导室的同志组成县级考风考纪巡视组，随机到各个镇街进行考风考纪的巡视，了解各镇街的考试组织情况、考生安全情况，考风考纪情况，为考试工作的有序、严肃打下扎实的基础。

（五）创新社区治理主体，强化政府、社会组织和群众三方参与

多主体参与社会治理是利用多方主体，促进社会治理结构的转变，促进社会治理思想的转变，促进社会改革的重要选择。社区治理是社会治理

的基本组成单元，在社区治理中逐步引入，运用多种主体参与治理模式，改进和优化社区治理是至关重要的。贵定县创新社区治理，推动多方主体共同参与。一是党委政府主导。强化县、镇两级党委、政府的主导责任，出台相关政策支持社区治理，通过派员下沉网格管理、选优配强村级组织、激励社区村组干部工作动能等方式加强农村社区治理的队伍建设。二是社会组织推动。加大扶持农村社会组织建设力度，组建各种志愿者活动组织、群众自治组织，争取辖区各类社会组织的支持，引导辖区内非公企业和各类协会等社会组织参与到社区建设中，使各类组织共同参与社区治理工作。成立村级乡贤会，凝聚乡贤力量，促进乡贤人士积极建言献策，深入了解民情、反映民意、凝聚民心，引领和带动各族群众增强对政府的情感认同和工作认同；带领村民加强环境整治，化解邻里纠纷，构建和谐社会，助推贵定县民族团结进步示范创建。三是可以利用自身优势资源联系社会各界，扩大对外交流，推进乡村开放创新，吸引人才、资金和项目向本地聚集，助推贵定县打赢脱贫攻坚同步小康这场输不起的硬战。四是能人参与。以“共建共治共享”为载体，充分调动农村“五老”、农村致富能手、农村产业能手、辖区投资商人等参与农村社区治理，充分发挥他们“德高望众”的优势，鼓励组建村级自治组织，协助村“两委”完成“协调关系、化解矛盾、文明传导、感恩教育”等工作任务，教育引导党员群众自我教育和自我管理，达到共建、共治、共享的目的。

（六）坚持法治保障，建设平安社区

基层法治建设的重要性是以国家政权意志形式出现的，具有一定的威信。而法治建设作为社会主义建设的一项重要内容，是贵定县加强社会治理的重要内容，也是经济社会发展的重要保障。近年来，贵定县全社会法治意识不断增强，法制环境持续优化，效果显著。在实施农村社区治理工作中，坚持以法律为依据、以法治为引领、以司法为保障，作为推动农村社区治理的重要抓手。一是不断提升法治水平。不断强化普法渗透到重点项目、渗透到中小学校、渗透到千家万户“三渗透”工作，真正做到重大项目建设到哪里、法律服务就跟进到哪里，矛盾纠纷发生在哪里、法律服务就跟进到哪

里，人民群众的期盼在哪里、法律服务就跟进到哪里。二是不断完善农村法治设施。开展镇级公共法律服务站（室）建设和民主法治示范村创建工作，全面完成全县95个建制村实施“雪亮工程”建设（以县、乡、村三级综治中心为指挥平台，以综治信息化为支撑，以网格化治理为基础，以公共安全视频监控联网应用为重点的“群众性治安防控工程”）；加强“一村一警”建设，成立村级综合治理室、人民调解室、法律服务室，成立治安巡防队伍，实现村村有村警、学校等人员集中点有警务室，推进农村网格化治理和服务，建立覆盖农村人口的动态管理机制。三是不断强化法治服务。做好社区禁毒、戒毒工作，加强社区服刑人员、刑释人员等特殊人群帮教工作。四是不断加强农村法治队伍建设。充分发挥司法工作者和大学生村官、第一书记、退休法律工作者的积极作用，组建法律服务小分队，大力开展“法治服务进村组、法治文化进院落、法治宣传进家庭、法治知识进头脑”行动，将法治教育和法律服务渗透到群众的生产生活中，引导村民学法、懂法、守法、用法。强化人民调解组织建设，完善和推广以奖代补机制，深入推进“4321”（四级三化两评议一回访信访调处机制）工作法，建立依法维权和调处化解农村矛盾纠纷多元化解机制，有效预防和化解农村矛盾纠纷。五是不断加大农村违法打击力度。强化农村违法违规整治，重点整治农村滥办酒席和违法违规建房等，严厉打击农村黑恶势力、黄赌毒等违法行为，做到违法必究，违规必查。

（七）重视文化建设，弘扬民族文化

文化建设是农村社区治理的重要内容。近年来，随着贵定县物质生活水平的不断提高，农村居民的文化生活需求日益旺盛，贵定县党和政府重视文化建设，采取了以下措施：一是党恩教育引。坚持深化宣传加强教育，把“勤劳创造好日子、幸福不忘党恩情，懒惰贫穷不光彩、礼让谦和人称赞”作为群众教育的主题，通过联村“两委”人员逐户上门动员，强化激发村“两委”内生动能，设置道德“红黑榜”等，把编写的“争当贫困户、吓跑儿媳妇，等给等送不光荣、最大耻辱是懒穷”等内容印制到茶杯、脸盆等生活用品上作为奖品，发放给“红榜”群众，刺激“黑榜”

群众，引导群众感党恩、记党情、跟党走。紧扣美德传承、思想扶贫、党恩教育目标，以“山山寨寨有敬语、村村组组树村规、家家户户明家训、老老少少颂党恩”为抓手，“村规、村训、寨规、寨训”实现全覆盖，全面推进村寨党建扶贫思想客厅、文化堂屋、美德露台等阵地建设。县委、县政府主要领导和镇（街）党委、政府给边远贫困山区父老乡亲写信，勉励群众弘扬自力更生和团结拼搏精神，许多村寨群众纷纷回信表达对党和国家的感恩之情，奏响“信来信往·传递党恩民情”的新时代和谐曲。二是传统美德倡。紧扣“法治、德治、自治，共建、共治、共享”工作主线，持续开展传统美德教育，激发广大党员干部群众唱响“脱贫致富勤劳勤俭勤奋，发展稳定同心同责同荣，小康建设奋发奋斗奋进，振兴进步共建共治共享”主旋律。广泛组织广大群众集中观看《六尺巷的故事》，引导党员群众互谦互让、相互理解、相互包容，多起沉积多年的群体性山林权属纠纷得以成功调处，形成了可复制、可推广的“贵定经验”。三是身边模范激。把经常性比武竞赛作为重要工作抓手，持续开展“贵定榜样”人物评选和多轮次、深入性、群众性的“镇与镇、村与村、组与组、寨与寨、户与户”比武竞赛，开展通过抓村与村比拼促自治、抓寨与寨比赛促自强、抓户与户比武促自立，倒逼镇、村从抓点、抓示范逐步向抓村、抓全面开花深化拓展；广泛开展脱贫攻坚自力更生户、勤劳生产户、支持公益事业户、卫生家庭等身边典型培树工作，2018 年全县评选出 13443 名榜样农户。通过乡贤会传承和弘扬优秀村规民约、家风家训，倡导扶贫济困、尊老爱幼、勤俭持家之风，革除陈规陋习，有效参与并引领乡风文明、乡贤文化建设。

（八）健全村规民约，提高自治效能

贵定县委、县政府认为村规民约是农村社会各阶层表达自身诉求的良好渠道，是在村民广泛参与下作出的社区公共决策，反映了村民的意愿和要求，体现的是农村基层政治的发展和村治运作的民主化。为有效开展乡村社区治理工作，有效地兼容村民自治的乡土性与现代性，降低治理成本和提高农村管理运行效率，贵定县主要采取以下举措：一是集体事情群众

议。推行“村民事、村民议”工作方式，坚持以组（寨）为单位，凡涉及村寨集体的事宜，无论是水、路等设施建设，还是饮水管理、卫生管理等自治管理，都组织群众召开会议讨论，强化群众的事情由“群众议、群众干、群众管”，通过会议讲清政策、公开事务、争取支持、化解矛盾、监督管理，让群众在参与村寨管理中不断增强主人翁意识。二是村规民约管。县委以感党恩为主题，因势利导植入思想扶贫、传统美德、乡风良俗等文化元素，提出“山山寨寨有敬语，村村组组树村规；家家户户明家训，老老少少颂党恩；房房庭庭清脏乱，人人处处显文明；事事物物创美景，和和美美在农家”全覆盖的工作要求，引导村民重新制定村规、寨规，将生产生活中的不良风气和陈规陋习、禁止滥办酒席、拥护殡葬改革、破除封建迷信、扫黑除恶等写进村规寨规。特别是在全省首创制定《新时代文明贵定“全民公约”》，经县人大审议后发布施行，张贴到全县家家户户，深入开展全民学习、签诺、示诺、践诺等系列活动，把蕴藏在群众中向善向好的正能量散发出来，让群众教育群众的力量充分发挥出来，丰富拓展群众自治的内涵外延，焕发出农村社区治理的新活力。三是小手拉大手共推。创新推进“小手拉大手・文明家家有”活动，通过教育学生影响家长知党恩、感党恩、颂党恩、听党话、跟党走，促进学生文明、家庭和睦、社会和谐。四是民间组织促。把思想扶贫与同步推进农村治理结合起来，在强化广大群众的思想扶贫、动能激发、荣辱意识教育工作的同时，注重抓好村民自治工作的模式、内涵拓展工作。五是强化民族文化宣。结合少数民族地区民族文化特点，通过鼓励群众组建民间歌舞队、编撰少数民族山歌、组织民间歌舞比赛等多种方式动员群众将村规民约、自治管理、身边榜样等运用少数民族喜闻乐见的方式进行宣传，动员群众自主参与自治管理，不断提升群众参与度。

三、治理成效

贵定县在深刻把握县情基础上，探索“自治、法治、德治”“共建、共治、共享”方式，破解脱贫攻坚工作难点、堵点、痛点问题，全力推进农村社区治理创新。贵定县农村社区治理工作成效明显。

一是农村社区治理成果显著。各行业领域治理工作得到国家、省、州的高度认可，贵定县被授予国家级表彰命名20项，获省级表彰命名9项；贵定县昌明镇文江村被司法部、民政部表彰为“第七批全国民主法治示范村”，贵定县石板村被评为“全国生态文化村”，贵定县新巴镇乐邦村调解委员会被省政府表彰为“全省先进人民调解组织”等。

二是三级联动网络基本形成。建设完善县镇村三级社区服务阵地，实现一网通办、网络代办、村级服务代办，以县镇审核审批办理、村级代办服务为主的三级服务体系全面建成。

三是群众自治管理组织活力彰显。通过全面推进思想扶贫、思想扶强，动员和鼓励群众自我管理，全县成立470个党小组、863个组管委，并实现党组织引领下的“乡贤会”全覆盖，农村基层自治水平不断提升。

四是农村环境卫生治理成效十分明显。依托海螺垃圾焚烧发电项目，投入资金2.5亿元实施农村垃圾治理，“村收集、镇转运、县处理”的垃圾处理系统已基本形成；全县建设集镇生活污水处理厂6个、农村生态污水处理系统42个，农村污水处理能力进一步提升；近5年投入“美丽乡村·一事一议”项目资金4.6亿元，农村环境净化美化明显。

五是农村基础设施、公共服务体系进一步完善。基础设施方面实现村村组组通水泥路，家家户户通电通水、住房安全。全县义务教育阶段学校69所，实现镇镇有卫生院、村村有卫生室，村村通广电、通网络，村村幼儿园全覆盖，村村有图书室，村村视频会议系统全覆盖。

六是农村群众教育实践阵地实现全覆盖。全县95个村新时代农民讲习所建设全覆盖并正常运转，实现农民教育阵地（道德讲堂、党建客厅、文化露台等）建设村村全覆盖。

七是强调物质意识统筹，重视群众充分动员。县委、县政府在抓物质扶贫“六个山”建设完善农村公共基础设施的基础上，形成了“6334”组合拳，通过强化对广大群众的思想教育、党恩教育、美德教育和荣辱意识教育，全面实施干部走村寨、访农户、拉家常情感沟通，不断改善群众生产条件和生活环境、改造群众思想观念和不良习惯，改造群众收入结构和增收质量、改善干部作风和干群关系，充分动员群众向上向善。

八是强化支部作用，发挥群众自治功能。县委注重加强村“两委”领导班子履职能力建设，选优建强村“两委”班子、村民小组长，充分发挥基层组织的战斗堡垒作用，村党组织开展农村治理、组织群众的议事决策能力不断增强。

九是强化村规寨规，推进全民签诺践诺。县委按照“自治、法治、德治”和“共建、共治、共享”相结合的乡村治理体系新要求，制定《新时代文明贵定“十不做十当好”全民公约》，引导农村制定村规民约全覆盖，全面强化全民公约、村规民约的全民教育、全民承诺和全民践诺工作，引导村民自治，强化群众的事情群众议、群众干、群众管，激发了广大群众的参与治理热情。

十是加强典型引导，重视荣辱意识培树。近年来，贵定县强化树立群众身边典型，耐心说服教育引导，树立学习榜样，培树支持公益事业户、家庭卫生示范户等各类示范户、先进户、进步户2万余户，在全县形成了农村向上向善你追我赶、品德美德比武争先的浓厚氛围，充分动员群众积极参与农村社区治理。

十一是严格乱村治理，强调集体意识教育。以创建“民主法治示范村”为契机，不断加强“群众性治安防控工程”等技防设施投入，加快建全乡村基本公共法律服务体系，用法治思维和法治方式解决问题、化解矛盾，实现矛盾不上交、小事不出村，为乡村振兴提供了坚强的法治保障。

十二是倡导全民动手，提升美德文化感召。充分利用村工作队和结对帮扶责任人进村入组，因村因户开展农村治理动员，将群众能解决的事交给群众去做，强化群众自我管理、自我教育、自我监督、自我服务，认真抓出群众自治的乡村治理新成效。

（供稿单位：贵州省贵定县民政局；案例整理：曲　艺）

“爱心课堂+” 模式 让村务治理活起来
——吉林省安图县松江镇桃园社区治理经验

摘要：党的十九大报告指出，实施乡村振兴战略，必须加强农村基层基础工作，健全自治、法治、德治相结合的乡村治理体系。吉林省安图县松江镇桃园村驻村工作队团结带领村“两委”班子，借助“爱心课堂”这个教育扶贫平台拓宽村级治理新渠道，着重从下一代入手，发挥“爱心课堂+”的独特优势，通过下一代影响和改变上一代，培育弘扬社会主义核心价值观，增强村民自治活力，激发全体村民参与村务治理的积极性和主动性，实现了“爱心课堂+”模式的成功实践，让村民自治活起来，桃园村荣获2019年度“延边州文明村”的称号。

关键词：爱心课堂；精神文明；村务治理；乡村振兴

一、治理背景

桃园村位于吉林省延边朝鲜族自治州安图县松江镇东部，长白山脚下，距镇区15千米。全村户籍人口300户1017人，常住人口222户853人，耕地面积445公顷，册外地面积278.7公顷，大部分土地属于山地和丘陵，村民收入以种植业和务工收入为主。2015年底桃园村被评定为吉林省贫困村，有贫困户114户182人，2016年吉林医药学院定点帮扶桃园村。通过当地党委、政府与帮扶单位吉林医药学院近5年的努力，桃园村集体经济从无到有，成立了多种经营合作社、肉食牛养殖基地、冷水鱼养殖基地等产业项目，实现村集体经济收入由2015年的5万元增长到2019

年的70.74万元，增长率达93%，2019年底桃园村整村达到脱贫标准。

习近平总书记强调，扶贫必扶智，让贫困地区的孩子们接受良好教育，是扶贫开发的重要任务，也是阻断贫困代际传递的重要途径。为了弥补农村基础教育薄弱短板和家庭教育不足，吉林医药学院驻村工作队积极响应当地党委、政府和学校党委关于认真开展教育扶贫工作的号召和要求，结合自身高校教师的独特优势，利用扶贫工作之余，在村部开办“爱心课堂”：周末开设文化课程，平时课后辅导作业；假期集中管理，农忙托管服务；志愿者义务支教面对面教学，大学生社会实践一对一帮扶。

实行村民自治，保证人民群众依法直接行使民主权利，管理基层公共事务和公益事业，是人民当家做主最有效的途径。桃园村“爱心课堂”的开办不仅使孩子们受益，而且极大提高了村干部和驻村工作队在村民中的威望，提高了广大村民参与村务治理的积极性和主动性，推动了扶贫工作的开展和村务治理的实现。桃园村爱心课堂的发展注重融入各项村务治理之中，比如党建活动、文体娱乐活动、民主法治建设、环境卫生整治、农家书屋建设、邻里纠纷化解、脱贫攻坚事务等。与此同时，爱心课堂通过孩子的成长改变家长的观念，通过孩子的行为影响家长的行为，促使家长成为一个合格的村民，这种潜移默化的影响将辐射全体村民最终形成极大的正能量，增强村民自治活力，激发全体村民参与村务治理的积极性和主动性。

二、治理措施

桃园村借助“爱心课堂”这个教育扶贫平台，着重从下一代入手，拓宽村级治理新渠道，通过下一代影响和改变上一代，进而增强村民自治活力，激发全体村民参与村务治理的积极性和主动性，让村民自治活起来。

（一）爱心课堂+教育扶贫

2017年1月24日，习近平总书记赴河北省张家口看望慰问基层干部群众时指出：“精准扶贫的根本在于教育扶贫，教育扶贫是实施精准扶贫国家战略的根本保障。”驻村帮扶以来，吉林医药学院发现学生家长普遍不太重视教育，不懂得教育对于改变农村孩子命运的重要性，大部分家长自身文化程度较低，很多家长对孩子的教育持顺其自然的态度，遇到农忙时候，家长更是无暇顾及孩子，甚至放任自流。面对桃园村这种教育现状，吉林医药学院党委群策群力，全程指导驻村工作队精心策划，周密部署，形成了系统的爱心课堂教育扶贫计划。

周一至周五下午放学，集中所有六年级以下学生来村部会议室写作业，驻村工作队负责学生管理和现场辅导答疑。

周六周日及节假日，针对桃园村小学、初中和高中学生，驻村工作队利用村部会议室和活动大厅，开设小学三到六年级英语班，小学三年级以下国学班，初中数学、物理、化学班，并定期组织阶段性考试，巩固课堂学习效果。此外，定期邀请吉林大学、东北师范大学等省内高校优秀硕士志愿者到村为初、高中学生辅导课程。

寒、暑假期间每天上午 9 点到 11 点，下午 3 点到 5 点，驻村工作队对村内中小学生实行集中管理、集中辅导。完成假期作业的同时，驻村工作队利用自身和社会资源，开设特色科目，如小升初、初升高、低年级升高年级的衔接课程。利用假期时间，保证孩子们每天都能够充实度过，对学习做到温故而知新。

桃园村“爱心课堂”的开展，引起了帮扶单位吉林医药学院党委的高度重视，研究决定由吉林医药学院团委带头，吉林医药学院扶贫办组织，每年暑假期间选送优秀大学生志愿者团队到桃园村义务支教，同时选送优秀留学生到村开展专题英语教学。同时开展“大手牵小手，筑梦小课堂”活动，每位大学生对接一名桃园村学生，在暑期支教活动结束后，通过网络媒介手段，进行线上辅导。

驻村工作队利用个人资源积极联络省内高校暑期大学生“三下乡”社会实践团队，来桃园村开展义务支教，建立社会实践基地，形成长效帮扶机制。爱心课堂的开展不仅弥补了家庭教育的不足，而且丰富了孩子们的童年生活，得到家长和广大村民的高度认可，一定程度上提高了村民对帮扶单位脱贫攻坚工作的满意度。

（二）爱心课堂 + 农家书屋

驻村工作队紧紧围绕学习党的十九大和十九届二中、三中、四中全会精神，紧扣决胜全面建成小康社会、决战脱贫攻坚、践行社会主义核心价值观等主题，根据地方年节特点，依托农家书屋组织开展读书征文、经典诵读、朗读比赛等内容丰富多彩、家长和孩子乐于参与的文化活动。农家书屋的建设是落实党的文化惠民政策的重要举措。近年来，在党的文化惠民政策的指引下，虽说农家书屋建设基本实现了全覆盖，但不少地方的农家书屋建起来之后并没有真正发挥其应有的作用。一方面是农家书屋闲置成“摆设”，另一方面是广大基层农村群众对文化生活有期待，如何破解这一问题，既能够激活农家书屋，又能够满足基层农村群众的精神文化生活需求是一个现实问题。松江镇桃园村驻村工作队不断实践，探索出“爱心课堂 + 农家书屋”运行服务模式，使得昔日沉寂、少有人上门的农家书屋成为“网红”。

桃园村爱心课堂借助农家书屋的平台优势，积极向帮扶单位和社会力量发起募捐活动，先后募集到 1000 余本人文社科类图书，并成立筑梦小书屋，围绕庆祝中华人民共和国成立 70 周年，开展筑梦小书屋阅读实践活动，让少年儿童学习做人、学习立志、学习创造，培养好思想、好品行、好习惯，传承中华优秀传统文化，大力培育和践行社会主义核心价值观，促进少年儿童全面发展和健康成长，引导全社会关心、关爱贫困地区农村少年儿童尤其是留守儿童的学习成长，让农家书屋成为少年儿童的精神乐园和第二课堂。桃园村爱心课堂结合开展的首届“书香少年”“书香家庭”评选，启动了“争做书香少年　创建书香家庭”百日读书活动，同时建立图书借阅管理制度，每次限借 4 本；每周举行一次读书分享会，由家长和学生分别分享心得体会；每月举行一次主题写作比赛。

学生每天完成作业后，进行读书活动，在家或在村部均可，每次读书不低于 10 分钟，完成一次积 1 分，并提交读书笔记，家长需拍照记录，并配文字说明上传微信朋友圈。

每周日上午进行读书分享，畅谈一周内的读书心得，分享精彩内容，读书分享优秀者给予积 3 分奖励。

每月进行一次主题写作比赛，优秀者给予前 3 名分别积 5 分奖励。

家长积极参加亲子读书活动，并陪同孩子一起读书，每次积 1 分。以上所有积分可以兑换学习文具，同时跟家庭评选“文明家庭”“未来之星”挂钩。

通过一段时间的亲子阅读，家长们普遍认为孩子发生了很大变化，现在孩子回到家中不再玩手机了，甚至电视也不喜欢看了，拉着家长一起读书打卡，慢慢地把读书当成了一种乐趣，也可以说是一种习惯，家长也受到了感染，开始慢慢放下手机跟孩子一起读书了。有的家长表示，他们这一代普遍文化程度不高，现在通过陪孩子读书，自己也能回忆起很多知识，他们切实感受到了读书带来的实实在在的益处。桃园村爱心课堂凭着开展“争做书香少年　创建书香家庭”百日读书活动这一文化自觉与坚定信念，独创“农家书屋＋爱心课堂”模式，通过驻村工作队员的倾情付出和家长孩子们的共同参与，使低调内敛的农家书屋成为“网红”火了起来。通过一系列读书活动的开展，极大调动了包括家长在内的广大村民阅读图书的积极性，纷纷前来借阅图书，有的干脆就在村部农家书屋看书学习，种植技术类、养殖技术、医疗常识、法律常识、经典名著类图书深受大家青睐，村民中逐渐形成了家家争创书香家庭、人人争做书香达人的良好风气。

（三）爱心课堂＋党建

农村是乡村振兴的主战场，农村基层党组织是乡村振兴的领导者和根本保证。加强农村基层党组织建设，是乡村振兴的重要内容和主要任务，是推动乡村振兴的固本之举。桃园村党支部现有党员 42 人，支部委员 6 人，平均年龄 40 岁，年龄结构合理，战斗力较强。桃园村党支部高度重视思想政治建设，改变以往集体学习文件内容的枯燥形式，让爱心课堂走进党支部。桃园村爱心课堂不仅重视孩子们的知识教育，而且非常重视孩子们的理想信念教育和爱国主义教育，通过各种形式的学习和活动，让孩子们在潜移默化中坚定理想信念，筑牢红色基因。

开设党史故事会，爱心课堂每月举行一次党史会，邀请家长一起参加，通过观看红色经典影片和伟人传记，让孩子和家长共同谈感想、谈收获，组织“你讲我听”活动，家长和孩子互讲党史故事；每年七一建党节举办党的知识竞赛亲子活动，爱心课堂或者通过考试，或者通过演讲，或者通过朗诵等形式，让孩子和家长一起学习党的基本知识，增强对党的了解；爱心课堂定期举行升国旗仪式，学生发表国旗下讲话，宣誓爱国誓词，从小培养孩子们的爱国主义情怀，每逢重要纪念日都要举行升国旗仪式；举办时事讲座，针对热点问题，组织学生讨论，拓宽孩子们的视野。爱心课堂的上述系列活动不仅有孩子们的参与，也有家长们的参与，更有与党支部联合举办的活动，真正把党建工作融入了日常生活。

此外，桃园村党支部也积极探索党建新模式，把爱心课堂引进党支部建设。

参照爱心课堂，开设月度党史课。由爱心课堂负责人兼驻村队员顾海亮老师（思想政治教育硕士研究生，多次受邀为全镇党员干部讲授党课）授课，对象是全体党员，运用现代多媒体技术，图文并茂地向党员同志讲述鲜活的党史故事，共同回忆党的峥嵘岁月，践行入党初心和使命。

参照爱心课堂，组织党的理论知识竞赛。每年七一建党节和年终党员民主评议会，组织全体党员进行考试，评选出优秀党员并给予表彰。

参照爱心课堂，举行升国旗仪式，重温入党誓词。每年七一建党节、八一建军节和十一国庆节都要举行升国旗仪式，重温入党誓词。

参照爱心课堂，举办时事讲座。明辨是非曲直，大是大非面前紧跟党的领导。

参照爱心课堂，开展传帮带。对困难党员、老党员、年轻党员制订一对一帮扶计划，保持党员年龄和知识结构合理，保证新老交替，始终保持高昂战斗力。

（四）爱心课堂＋环境卫生整治

党的十九大报告指出，要着力解决突出环境问题，开展农村人居环境整治行动。乡村振兴，生态宜居是关键，农村环境卫生差成为困扰农村发展和居民高质量生活的一大难题，必须下大力气解决。为了培养孩子们的环保意识和主人翁意识，桃园村爱心课堂成立少年环境卫生整治先锋队，分组包片，划分责任区，责任落实到人。

首先，督促家长共同向自家环境卫生脏乱差宣战，争当模范，定期组织孩子们清理村内主干道垃圾。一方面，培养孩子们的环保意识；另一方面，也触动各家各户自觉搞好环境卫生，共同维护村庄干净、整洁。此外，爱心课堂还积极配合妇联开展美丽庭院、干净人家评选，建立奖惩机制，每月开展一次评比活动，互检互评。孩子们的积极行动和模范带头作用，让部分家长和村民逐渐认识到环境卫生整治的重要性，认识到建设美丽村庄人人有责，任何人都不能做旁观者。

其次，为了进一步提高桃园村环境卫生水平，参照爱心课堂成立环境卫生整治先锋队，借鉴松江镇“十户一组”村级治理新模式，把分散的农户联成一个团体，形成利益共享、责任共担的利益共同体，实现自我管理、自我监督、自我服务、自我发展。7 名村干部加上 3 名驻村工作队员共计 10 人，他们分别作为组长，每人引导以 10 户为一组的村民小组，开展环境卫生评比活动，每组自己评选出若干环境卫生达标家庭，最后由村环境卫生评比小组根据每组上报的家庭，评比小组由驻村工作队、村三委班子、村民代表组成，本着公平、公正、公开、严谨的原则逐户走访打分，最终评选出若干美丽人家，并表彰奖励，同时给予本小组奖励，排名靠后的小组给予惩罚，形成奖惩机制，桃园村环境卫生得到了极大改善。而桃园村通过实施“十户一组”村级治理模式走出了一条村民共建、共治、共享的乡村治理新路。

（五）爱心课堂＋文化建设

党的十九大报告指出，文化是一个国家、一个民族的灵魂。要以培养担当民族复兴大任的时代新人为着眼点，发挥社会主义核心价值观对国民教育、精神文明创建、精神文化产品创作生产传播的引领作用，坚持全民行动、干部带头，从家庭做起，从娃娃抓起。深入挖掘中华优秀传统文化蕴含的思想观念、人文精神、道德规范，结合时代要求继承创新，让中华文化展现出永久魅力和时代风采。爱心课堂围绕桃园村村情村史，创作了《桃园乡约》。村民积极将《桃园乡约》编排成快板和诗朗诵等经典剧目参加文艺演出活动，丰富村民精神文化生活，旨在把中华美德与核心价值观在中国梦和乡情的统筹下，集中展示出来，让人记住乡愁，延续根脉，传承几千年来深藏于我们文化基因中的家风祖训、传统美德和家国情怀。

爱心课堂定期举办排球赛、足球赛、羽毛球赛、趣味运动会等亲子体育活动，推动全民健身在广大村民中普及开展；积极参加桃园村举办的各项文艺会演，深受广大村民的喜爱；爱心课堂借助传统节日和纪念日，举办丰富多彩的主题活动，如六一儿童节开展“童心向党　快乐成长”主题文艺演出，母亲节开展“温馨五月情、致敬母亲节”文艺会演，父亲节开展“孝经·纪孝行章第十”朗读比赛，庆七一党的知识竞赛，庆十一举办“童心告白祖国”主题活动等。通过开展这些主题活动，向孩子们传播中华优秀传统文化，培养爱国主义情怀和文明素养，大力弘扬正能量，净化村庄软环境。

（六）爱心课堂+法治乡村

2018年颁布实施的《中共中央 国务院关于实施乡村振兴战略的意见》，首次明确提出“建设法治乡村”。随着经济的发展，农业农村法律体系现已基本形成，乡村依法治理工作也在不断完善。然而，建设法治乡村的道路依旧漫长，当前最大的乡村法治化障碍就是一些干部群众未能形成积极守法的意识，缺乏基本的法律知识，遇到自身利益受损，不懂或者不敢拿起法律武器维护自己的合法权益。因此必须加大普法力度，增强村干部法治观念和法治为民意识，提高村民法治素养。

桃园村通过开展法治竞赛、放映法治电影、组织法治文艺节目表演、宪法知识进万家等“接地气”的方式，增强普法工作的吸引力。桃园村爱心课堂在日常课堂教学辅导中就开设有法律常识课，普及宪法、未成年人权益保护法、婚姻法、教育法、消费者权益保护法、劳动法等关乎公民日常生活的法律常识，帮助孩子们从小树立法治观念，培养法治思维，学法、懂法、守法、护法，学会用法律武器维护自身合法权益不受侵害。爱心课堂联合村妇联定期组织全村广大妇女同志学习妇女权益保障法、婚姻法等关乎妇女切身利益的法律常识，学会用法律武器争取妇女权益，拒绝家庭暴力，构建和谐家庭。桃园村爱心课堂每年组织孩子们在全国法制宣传日当天充当义务宣讲员，走进村民家中开展法治宣传，通过编排法治节目、现场宣讲、主题签名、赠送法律书籍、散发传单等多种形式让法律知识走进村民日常生活。参照爱心课堂，桃园村党支部联合驻村工作队每年都要开展“宪法日宣传进万家”主题活动，主要向村民讲解国家宪法日的由来和宪法的相关知识，向他们说明宪法宣传背景、介绍宣传资料，号召广大村民积极尊法、学法、守法、用法。并通过列举发生在村民生活中的法律案例，增强桃园村村民的法治和法律意识，自觉学法、守法、用法，当自身权益受到侵犯时，学会运用法律的武器来保护自身的合法权益。入户宣传宪法知识受到了桃园村村民的热烈欢迎，大家对宪法有了更加深入的了解，真正做到了知宪懂宪，宪法入户实现了宪法宣讲对象全员覆盖，让宪法精神活起来、落下去，让宪法精神根植人心，走进人民群众日常生活。

三、治理成效

此前，桃园村村民参加村务自治的积极性普遍不高，对人民当家做主理解不够，总感觉那是村干部的事情，跟自己无关，对村内事务不过问，对村内发展不关心。“爱心课堂＋”模式推行以来，不但极大地改变了村容、村貌、村风，而且桃园村爱心课堂一时间成为全县乃至全州范围内的一张名片，一定程度上提高了桃园村的知名度，提升了广大村民的获得感、荣誉感和归属感。

（一）最美爱心课堂，筑梦孩子成长

桃园村开展爱心课堂工作，中央电视台、吉林教育电视台、《延边州日报》等多家媒体报道了桃园村“爱心课堂”经验做法和先进事迹。通过爱心课堂的帮助，村里孩子们逐渐养成了良好的学习和生活习惯，文明素

养和精神面貌大为改善，学习成绩普遍提高，爱心课堂宛如孩子们的精神乐园。桃园村爱心课堂从最初的 3 个孩子，发展到现在的 30 多个孩子，从最初开设的小学班，发展到现在的小学、初中、高中各年级班，课程也由单纯的英语和语文发展到现在的语文、数学、英语、物理、化学等多学科。

（二）创建“书香家庭”，家有书香更和谐

桃园村通过开展“书香家庭”系列阅读活动，借助农家书屋平台，在全村大力推广家庭阅读、全民阅读。让少年儿童学习做人、学习立志、学习创造，培养好思想、好品行、好习惯，传承中华优秀传统文化，大力培育和践行社会主义核心价值观，促进少年儿童全面发展和健康成长。让广大村民戒掉了很多不良习惯，打牌的人少了，借书的人多了，喝酒的人少了，读书的人多了，家庭更和谐了，日子过得更幸福了。现如今，农家书屋已成为村民农闲时节“充电”的首选之地。

（三）党建引领，让乡村治理强起来

“村看村，户看户，群众看着党支部”。加强农村基层党建，是推动乡村振兴的固本之举。要确保乡村社会充满活力、安定有序，就要打造千千万万个坚强的农村党支部，建立健全现代乡村社会治理体系。近年来，村党支部在镇党委的正确领导下，始终把加强基层党组织建设作为推进桃园村创新发展的根本举措，在全体党员的共同努力下，党支部开创了党建工作新局面，得到群众的热烈拥护，桃园村党支部和驻村工作队先后荣获“先进基层党组织”“党建工作先进村”“党建促脱贫先进村”“吉林省星级党支部”“优秀驻村工作队”“先进驻村工作队”等荣誉称号。

（四）“脏乱差”变“净齐优”

桃园村深处山区，交通闭塞，基础设施建设滞后，村民的环境意识薄弱，生活垃圾无处安放，缺少卫生厕所，村容、村貌一度较差。为了深入推进农村人居环境治理，近年来，桃园村按照“整洁美丽、和谐宜居”的

美丽乡村要求，以农村人居环境整治为突破口，以厕所革命、新农村建设、精准脱贫等重点工作为“助推器”，加大对农村生活垃圾、污水的处理力度，持续推进农村环境综合整治，助力美丽乡村建设，打造亮丽居住环境，村内环境卫生得到极大提高，村民环保意识增强，桃园村近三年来一直被评为“环境卫生整治先进村”。

（五）“后进村”变“文明村”

几年前，松江镇桃园村还是有名的后进村，因为村务问题内斗不止，一度成为松江镇有名的“问题村”。如今，“问题村”成功摘帽，并蝶变成为州级文明示范村。桃园村近年来高度重视精神文明建设，注重丰富村民精神文化需求。扎实开展“道德规范进万家”“婚育新风进万家”“文明公约进农家”“美丽庭院”“十星级文明户”“模范夫妻”等系列创建活动，促进了全体村民思想道德素质的提高；充分发挥道德评议会、红白理事会等群众自治组织的作用，组织开展了“讲文明、树新风”活动，引导农民自觉摒弃陈规陋习，逐步养成了健康文明的生活方式；开展农村志愿服务活动，以志愿服务的形式大力开展送理论、送政策、送文化、送健康、送法律、送新风活动，凝聚群众、服务群众，让农民群众在参与中得到实惠，获得精神滋养、增强精神力量，从而积极投身全面建成小康社会的生动实践；广泛开展破除婚丧陋习、反对封建迷信等移风易俗活动。

（供稿单位：吉林医药学院驻村工作队；案例整理：满小欧）

以“三社联动” 助推“六联一带”

——广西壮族自治区环江毛南族自治县农村社区治理经验

摘要：广西壮族自治区环江毛南族自治县毛南家园社区、城西社区是两个大型集中搬迁移民安置区，为扎实做好搬迁群众后续管理服务工作，实施《环江毛南族自治县推行易地扶贫搬迁“六联一带”新型社区创建工作总体方案》，探索践行“三社联动”促进易地扶贫搬迁“六联一带”的实践之路，推出“党建联抓、产业联扶、就业联创、文化联办、服务联动、自治联建，全力带动搬迁群众安居乐业”的“六联一带”易地安置社区化管理机制。在此目标的指引下，“三社联动”推动“六联一带”成为稳定夯实基层政权的基石，成为推动建立健全新型社区各类基层组织，把资源服务管理下放到社区，管理服务提升，为搬迁群众“搬得出、稳得住、能发展、可致富”提供坚实保障。

关键词：移民安置；“六联一带”；社区治理；“三社联动”

一、治理背景

广西壮族自治区环江毛南族自治县地处桂西北云贵高原东南麓，是全国唯一的毛南族自治县，也是少数民族聚居县，成立于1987年，全县总面积为4572平方千米，辖6镇6乡，户籍人口37.95万，县内居住着汉、毛南、壮、苗、瑶等13个民族。县域内共有7个易地扶贫搬迁移民安置点，其中毛南家园社区、城西社区作为两个移民规模较大的易地扶贫搬迁安置点，共安置全县12个乡镇4041户16437名贫困人口。

随着易地扶贫搬迁后续扶持工作的不断深入，为探索推行城市社区治理新模式，促进自治、法治、德治相融合，帮助搬迁群众解决实际困难和问题，环江县于安置区除配套建设有学校、农贸市场、运动场馆等设施外，在两个移民安置区都设有10—15间，总面积800多平方米的服务场地，用以设立社区党支部和社区居委会、物业管理公司等组织机构，建设新时代文明讲习所、警务室、文化活动室、社区卫生所等公共服务场所。2019年5月，两个社区依照程序选举产生了社区“两委”，推举产生了社区居务监督委员会，为建立社区居民自我管理、自我服务长效机制奠定基础。但是，经过调研发现，在推进“六联一带”后续扶持服务机制中还存在以下客观困难。

第一，社区服务窗口资源浪费及工作职能责权利不明。为落实相关搬迁社区的福利和服务政策，两个安置区都建立了各个职能部门的社区便民服务站，购买公益岗位驻点为民服务，希望打造“一站式”“便捷式”综合社区服务平台。但就目前的运作模式看，各派驻单位的公益岗位人员未发挥出应有的作用。一是各自派驻岗位人员业务范围和目标服务单一，未能发挥“一站式”服务职能，且单一窗口的业务内容数量较少，人力资源浪费；二是公益岗位人员依靠“坐班”形式，被动等待有需要的居民群众上门办理业务，没有体现“走访群众、调研需求、提供服务”的功能，导致政策及服务落地的“最后一公里”服务目标难以实现；三是一些“窗口”工作内容与社区居委会工作内容重复，未能有效分工合作，导致资源浪费和效率低下。

第二，社区“两委”工作人员业务能力与主动性不足。社区“两委”成立时间较短，成员整体文化程度偏低，缺乏新时代社区治理和社区服务的理念，在运用社区治理的模式和方法中显得力不从心。成员在党群建设和社区服务方面缺乏创新精神，相关业务水平也有待提高。同时，由于“两委”工作人员处于半脱产工作状态，工资待遇较低，参与社区工作时，无法全身心投入社区管理工作中，从而也出现了工作主动性不高的现象。

第三，移民安置社区治理工作社会组织参与缺乏。社区治理强调了社会组织的参与，离不开群众的支持，也离不开社区进驻单位、社区社会组织和其他利益相关方的参与。环江毛南族自治县作为深度贫困县，现阶段属于对本土社会组织培育阶段。按照民政部的文件要求部署和规划，以两个移民安置区为试点，计划着力孵化和培育社区社会组织，力争到2020年，社区社会组织培育发展初见成效，实现城市社区平均拥有不少于10个社区社会组织，农村社区平均拥有不少于5个社区社会组织的工作要求。

第四，社会工作专业人才队伍培育和建设基本空白。虽然广西的社会工作历经10年孕育，已经处于发力和蓬勃发展阶段，而环江毛南族自治县的社会工作发展则刚刚开始萌芽，各界对社会工作的认识度低，本土的社会工作人才空缺严重。环江毛南族自治县将参考发达地区社工人才队伍建设的经验，加快全县的社会工作专业人才队伍的建设和培育，鼓励从事社区服务的相关人员积极参加社会工作知识培训和报考国家社会工作者职业资格考试。

为保障社区居民“搬得出、稳得住、能发展、可致富”和社区治理及社区居民自我能力的提升、适应社会的转变，环江毛南族自治县根据县域内社区现状、服务需求和推进“六联一带”后续扶持服务机制中还存在客观困难的实际情况，引入区内优秀的专业社会工作服务机构——广西汉达社会工作服务中心，借鉴国内先进经验，尝试以“三社联动”助推“六联一带”后续管理服务提升行动，助力扶贫攻坚，打造环江亮点，探索环江模式。

二、治理措施

环江毛南族自治县为体现“三社联动”机制的作用，逐步形成“以社区为平台，完善社区组织发现居民需求、统筹设计服务项目、支持社会组织承接、引导专业社会工作团队参与的工作体系”。在实践过程中推动取得居民群众和参与各方共同受益的良好效果。

（一）“三社联动”促党建基础，提升社区治理能力

1. 夯实党建基础，保障社区建设

第一，落实社区建设。环江毛南族自治县按照“同步规划、同步建

设、同步入驻”的原则，依托党建引领搬迁工作，采取“建好阵地、带好队伍、建好组织”等措施，配套完善硬件设施，强化安置点基层组织建设，为搬迁移民群众提供了便捷的公共服务保障。两个新社区均分别建立了党群服务中心和县扶贫搬迁领导小组办公室驻社区办事处，按照党支部引领、部门直管、属地配合的原则，推动12个职能部门和群团组织建立了10个民事代办功能室，设立了水电、燃气、通信等“一站式”服务站点，交通部门协调开通公交专线，方便群众出行，教育局为搬迁户解决子女就近入学944人，水电部门解决1000多户用水用电。政府财政加大对新社区公共服务建设的投入，采取政府购买服务方式，给每个社区设置购买100个社区卫生保洁岗位和100个治安岗位，维护社区治安和环境卫生，帮助群众尽早尽快适应新的生活环境，融入新社区。

第二，建立了社区自治组织。按照公平、公正、公开的原则，通过社区全体党员选举产生两个搬迁社区新一届支部委员会班子，改变由过去“联管式”变成“自治式”。两个搬迁社区召开第一次妇女代表大会，成功选举了第一届妇女联合会执行委员会，共22名成员；并分别选举产生妇联主席1名，城西妇联主席兼居委会副主任，毛南家园妇联主席兼居委会委员，百分之百进入了社区“两委”。2019年5月28日，这两个新社区同时进行了居民直接选举，其中城西社区的选民参选率达94.7%，毛南家园社区的参选率为90.7%。当选的社区干部已经全部到位，其中，以前担任过村委会计生专干或者村民小组长的占33%，具有大专及以上学历的占28.6%。新社区均采取了网格化治理模式，每栋楼都由居民民主推选了楼长，负责对本栋楼各住户的联系和管理。

第三，建立了社区基层党组织。把新型社区党建作为自治县党委书记、乡（镇）党委书记、社区党支部书记三级党组织书记的“一号工程”来抓，列为党建责任制目标考核的重点指标。全面推行网格化治理模式，将社区党员和辖区单位党员全部纳入网格进行管理。建立“县党委—乡镇党委—社区党支部—楼栋党小组—党员中心户”五级党群服务网络，确保每个网格都有党组织引领，每个片区都有宣传服务平台，每个楼栋、巷道都有党员带动。两个新社区均已建立了党支部，采取“上级委派+乡镇推

选 + 属地配套”的办法，精准选派红雁能人组成临时党支部班子，选派第一书记和党建指导员对移民社区进行指导，实现党的工作无缝对接、全面覆盖，党员干部带领群众有序搬迁。同时，加大安置点党员发展力度，积极引导懂政策、守法纪、支持搬迁工作、示范带头作用发挥好的移民群众、复转军人和返乡青年向党组织靠拢。认真执行“三会一课”、主题党日、组织生活会等基本制度，坚持和完善民主评议党员制度，加强流动党员管理。同时将致富能手、返乡人才等农村党员能人建档储备，并注重在移民工作中培养、锻炼和使用后备力量，把素质过硬、品行端正、群众公认的人员培养为安置点所在村（社区）“两委”后备干部。

第四，成立移民社区大党委，着力解决党的领导体制不够顺畅，社区党组织横向协调和纵向领导的“权威性”较小，移民社区与共驻共建单位组织关系不隶属、行政关系不关联，党员发挥作用有限等问题。推动整合与调动社区内的所有力量和资源，为社区居民提供优质的基本公共服务、社会化服务、信息化服务和群众诉求服务等，不断拓展社区服务内容和拓宽服务领域。

2. 推行“三社联动”，优化治理效能

第一，为了提高易地搬迁安置社区“两委”工作人员的业务水平和基层治理能力，邀请南宁市优秀示范社区的相关负责人进行实地指导与系列知识培训，在理论与实践中扩大易地搬迁安置社区工作人员的视野和实务能力。对两个社区的党建工作的实训和指导，提供了社区党建工作内容和档案管理的建议，拓宽了两个新社区的“两委”工作人员的视野。同时，发挥“三社”作用，丰富党建内容。结合“不忘初心、牢记使命”主题教育，在社区开展“不忘初心、牢记使命”主题教育暨“守初心，担使命，以优异成绩庆祝新中国成立 70 周年”系列活动，旨在丰富安置区群众的精神文化生活，激发“摘穷帽、拔穷根”的内生动力，同时调动社区居民共同参与社区事务的积极性，促进居民共建美好社区，营造社区文明、和谐氛围。

第二，通过强化志愿精神，助推党建服务。社区和社工联动，配合建立敬老爱老志愿服务队、青年志愿者服务队和妇联巾帼志愿服务队，根据各自服务范围发挥所能为社区搬迁群众做力所能及的事情。一是环保妈妈志愿服务队深入群众家中开展“邻里守望·姐妹互助”活动，为残疾妇女、留守老人做好室内外卫生；二是靓丽巾帼志愿服务队“桂姐姐”宣讲队为搬迁妇女群众解读国家方针政策，送去家庭教育宝典；三是社区志愿者协助开展社区禁毒宣传活动；四是青年志愿者协助开展留守儿童和困境儿童服务等。

第三，为更好地服务移民群众，社区“两委”联合社会组织和社工，第一时间入户调研了解困难群众需求。采取“群众下单、支部派单、党员接单、联动办单、办结销单”的方式对社区群众进行针对性精准服务。统一编印《群众需求登记簿》《党支部处理问题跟踪登记簿》《党员服务登记册》100 余本，由楼栋长收集居民的意见，反馈给社区支部，社区支部进行服务统筹、派单和跟踪。同时，推行“一册一卡一号”，即便民服务手册、邻里亲情卡、微信公众号，开展关爱活动，增进邻里感情，发挥民智民力，凝聚共建合力。同时，发挥社会工作专业优势，协助社区居委会收集居民服务需求、链接服务资源、开展议事规则培训和推动社区议事制度、建立社区领袖和核心志愿者名单、定期举办社区和邻里活动、采集家庭故事和推动五好家庭评选等。开展“邻里守望”系列活动，打破邻里之间“对门不相识”的局面，让“生人社区”变成“熟人社区”，营造良好的新型社区邻里关系。不断做细做实“党建服务”“公共服务”和“亲情化服务”三张清单，实现安置点自我管理和自我服务。

（二）“三社联动”促自治联管，创新社区自治

第一，建立社区自治长效机制。一是通过在新社区举行直接选举，建立社区居委会，建立居民自治长效机制。在社区党组织的领导下，及时成立居委会，并同步成立居务监督委员会、调解委员会、治保委员会等自治组织。建立健全以社区党组织为领导核心，居委会为主导，居民为主体，居务监督委员会、社区集体经济组织、群众团体、社会组织等共同参与的社区治理架构。二是制定居民公约。为规范居民日常行为，制定切实可行的居民公约。结合“一约四会”、生态乡村等活动的开展，根据安置点群

众不同民族、不同风俗等实际情况和管理需要，有针对性地制定安置点居民公约，规范居民日常行为。三是实行楼长制。采用“划片、包楼、联户”的方式，每栋楼选举 1 名楼长监督居民公约落实情况，参与社区事务，确保安置区自治管理井然有序。把每个社区划成 5 个网格，实行网格化治理，做到网中有格、格中有责、责任到人、管理到位。四是组织成立“议事会”。建立和推行“一约四会”、居民会议、居民代表会议、“四议两公开”工作法等民主决策机制，充分发挥自治章程、居民公约在社区治理中的积极作用，促进法治、德治、自治有机融合。“议事会”代表由社区经济能人、参政议政能力强的党员以及部分现任居委会工作人员担任，社区的重大事情必须通过“议事会”讨论研究，进一步拓展居民自治的内涵，在社区事务治理、维护安置区社会稳定、改善人居环境等方面发挥作用。

第二，引入社工，孵化培育社会组织。“三社联动”机制重要的一环就是社区社会组织的孵化培育，以激发社区居民自我管理和自我服务的活力。以社区老年协会为例，为实现城西社区老年人“老有所养、老有所医、老有所学、老有所教、老有所为、老有所乐”的美好愿景，进一步做好社区老年人工作，引入的社工机构联合社区居委会组织召集社区老年人，召开了“环江毛南族自治县城西社区成立老年协会动员大会”。会上社工向城西社区老年人介绍成立社区老年协会的目标、流程及老年协会未来发挥的功能与作用，鼓励大家自愿踊跃加入和管理老年协会。动员大会的顺利召开，拉开了社区孵化社会组织的序幕，为老年协会的合法规范成立奠定了坚实的基础。同时启动老年协会的服务功能，从协助组织开展会员重阳节老年人活动到老年协会自行组织唱山歌等活动，充分体现了居民自我成长和自我管理初见成效的一面。目前社区里的巾帼志愿者协会、民俗文化协会已陆续成立，通过业务指导和自我学习，社区内的社会组织必然能够发挥其作用为居民提供服务。

第三，以“三社联动”，培育社工人才队伍。要促进“六联一带”后续管理服务提升，仅靠引进外来社工是远远不够的。“三社联动”重视本土化社工人才队伍建设，积极推动全县社会工作人才培育工作。目前采取以重点发掘乡镇社区工作人员、政府服务部门、返乡青年的形式，寻找适合培养为本土社会工作服务人才的重点对象，同时通过入驻的社工机构组织行业专家定期举办培训班和交流会，传播社会工作理念知识和实务经验，介绍国内先进地区社工人才队伍建设的政策与经验。通过开展社会工作知识培训和服务督导工作，促进基层工作人员运用社工专业手法进行相关为民服务。

第四，“三社联动”积极宣传，创建和谐平安社区。由县政府牵头，组织公安、司法、妇联、民政、社工机构等单位开展调查摸底工作，将人口档案、地理信息进行采集，完善残疾人、空巢老人、留守儿童、低保家庭、刑释解教、社区矫正、精神病患者等重点服务对象人员信息，完善相关档案建立工作，同时组织政府和社会力量参与，开展如禁毒和扫黑除恶宣传活动，进一步提高了人民群众对扫黑除恶专项工作的认识。同时，以各种教育活动为载体，加强对两个居委会班子、社区群众的思想道德建设，树立“以德治区”的治理理念。在新社区里成立了新时代文明实践中心，依托该中心成立了19个志愿服务队，服务涵盖各行各业。通过开展各种道德教育活动，有效激发移民群众感恩社会、回报社会的意识。在社区的感恩园里建立了“明白墙”，将群众关心的热点、难点、敏感性问题，社区里重大建设项目、居委会财务、居民自治事务、居民意见征询与反馈等内容进行公开，让“明白墙”成为社区居民获取信息、监督社区“两委”工作的渠道。通过一系列先进榜样的力量，引导群众，达到强化社区治理的目的。

（三）“三社联动”助产业联扶，保证居民经济权益

环江毛南族自治县为全面贯彻落实上级脱贫攻坚的决策部署，扎实做好搬迁群众后续扶持工作，全力推进易地扶贫搬迁贫困户后续产业培育工作，力促易地扶贫搬迁贫困户稳定脱贫增收。在县政府投入建设的易地扶贫搬迁后续扶持产业园和万亩现代特色林业脱贫户后续产业园中，易地搬迁扶贫产业基地扶持易地搬迁户自主创业，使得易地搬迁户经济收入得到增加。由社区、社工、帮扶干部宣传优惠扶持政策，鼓励搬迁户流转土

地，保障搬迁户获得优惠扶持政策并受益。以保障搬迁户合法权益为核心，确保搬迁户按照法律法规和政策继续享有土地、林地承包经营权、集体收益权和其他支农惠农政策补贴保持不变；搬迁户原已确权登记颁证的承包地和林地保持不变，漏登、错登的可依法进行修正；易地扶贫搬迁拆除旧房的宅基地可纳入城乡建设用地增减挂钩项目实施范围，复垦复绿后搬迁户仍享有经营使用权。

采取“确权到户、权随人走、带权进城”的办法，结合“三变”改革，鼓励搬迁户在自愿的前提下，通过转让、互换、出租（转包）、折股量化入股经营主体等方式进行土地流转，流转收益归搬迁户所有；一时难以流转的土地，由县农投公司按水田每年每亩400元，旱地每年每亩300元，林地每年每亩200元，进行保底价收储流转或统一打包开发经营，对收储连片的土地，由农投公司引进新型经营主体统一流转开发，重点发展经果林、中药材、花卉苗木、特色养殖等产业，让迁出点资源成为搬迁群众稳定的一项收入来源；对零星的、分散的土地，交由村集体经济组织管理，种植一村一品经济作物或特色种养业，收益归村集体经营组织。县农投公司在盘活搬迁群众原有耕地、林地、宅基地“三地”的基础上，在有条件的社区周边流转土地，建设产业基地，基地收益与搬迁贫困群众挂钩，将基地的部分收益用于社区公益事业，降低群众生活成本。

（四）“三社联动”促就业联创，推进人力资源优化管理

第一，“三社联动”抓好就业扶持工作，引导就近就地就业。为保障搬迁移民群众的生活质量，真正实现“搬得出、稳得住、能致富”的目标，环江县以党建为引领，党支部分别从技能培训、平台建设等方面为移民群众铺路搭桥。由安置区党群服务中心根据移民群众意向，采取移民下单、中心接单的办法，就移民群众的就业需求，定期举办创业就业技能培训班，目前已经为两个丝绸公司培训就业人员350人。同时，深入落实“党建＋教育扶贫”惠民政策，多家培训机构进驻新区开设电工、焊工、育婴、养老护理员等职业技能培训，帮助移民群众从体力型劳动人才向技能型劳动人才转变，力争实现“培训一人、就业一人、脱贫一户”的目

标。还在社区内建立了扶贫车间。在安置区建设时就做好规划，预留部分门面，无偿提供给党员能人建立扶贫车间，专门向移民群众提供就业岗位，让其实现在家门口就业。目前城西移民安置区已经建成扶贫车间4个，可实现500人稳定就业。同时，发挥安置区毗邻工业园区的优势，加强与工业园区党工委开展结对共建行动，将工业园区确定为易地扶贫搬迁对口转移就业基地，提供9000多个岗位帮助移民灵活就业。此外，还通过大力发展林业、蔗糖、桑蚕、核桃、特色水果、中草药、香猪、肉牛等扶贫产业，拓宽移民增收渠道。通过重点扶持一批有创业意愿的移民群众，在小额贷款方面给予大力支持，使他们能够更好地实现自主创业；对于有意愿外出务工的移民群众，加强与各类职业中介机构和劳务派遣公司联系，引导移民群众外出转移就业。强有力的产业扶持政策和措施成了新社区生活稳定并且可持续发展的根本支撑。

第二，“三社联动”引导劳务输出。加强与珠三角、长三角等沿海发达城市、省内经济发达地区的工作对接，做好重点地区企业用工、岗位需求摸排工作，依托广东人力资源公司和区内职业介绍所收集岗位信息，建立岗位信息台账。积极拓宽用工信息的发布渠道和与劳动者沟通渠道，充分利用安置区综合服务窗口发布企业用工信息，构建立体式企业用工信息发布体制机制。加强与对口帮扶市深圳福田区人力资源和社会保障局的联系，搭建劳务输出用工信息服务平台，有序组织易地扶贫搬迁家庭劳动力到对口帮扶市深圳福田区就业。

第三，“三社联动”构建就业人群数据库。通过社工和帮扶干部对移民搬迁劳动力的就业情况、就业意愿、劳动能力、培训需求等情况进行摸底调查，建立就业工作台账，按季度在广西公共就业服务信息平台上对全县易地扶贫搬迁人员的信息进行更新。社工积极协助人社部门开展就业服务工作。一是协助开展巡回招聘会活动；二是在城区开展“民营企业招聘周”活动，搭建县内民营企业和搬迁劳动力就业平台，促进就近就地就业；三是提供岗位信息，收集到区内外企业和就业岗位信息编印成《精准扶贫企业用工手册》，通过社工、帮扶干部以及移民安置点的党群服务中心的就业社保窗口发放到有转移就业愿望的移民搬迁劳动力手中。同时，社会组织积极参与社区职业培训，提升有劳动力的居民的就业能力。此外，社区内创建了扶贫车间，社区和社工对已就业的居民进行就业回访服务，了解就业适应情况和是否存在后顾之忧，稳定就业群体的工作态度和就业意识。

（五）“三社联动”拓文化联办，加强精神引领

第一，借力社会创建活动阵地，完善社区功能。环江毛南族自治县通过委托文化传媒公司对整个安置区的文化氛围进行打造包装，统筹安排文化周等活动。同时，按照基层综合文化服务中心项目建设标准，围绕“十个一”的项目内容开展建设，即一个集开放性、实用性、多功能性于一体的文化活动广场，一个配备有相应娱乐设施和器材的文化活动综合室，一个篮球场，一个戏台，一个宣传文化栏（墙），一套文化器材，一套广播器材，一套体育设施，一支文艺队，一支体育队，并建立社区图书室，配备社区文化兼职协管员。进而完善社区功能，丰富社区居民文化生活，强化社会主义先进文化对社区居民精神层面的引领作用。

第二，结合重大节日和当地特色文化节日，开展丰富多彩的社区文娱活动，营造了社区和谐氛围，让移民安置区居民搬得出、稳得住、开心住。联合社区成立的社会组织动员社会力量参与其中，过程中发挥了“三社联动”的互助共进的良好作用，发挥居民的自主能动性和主人翁精神，促进群众关注社区自身的文化生活，鼓励从“参加”活动到“参与”活动的角色转变，同时推动孵化的小型社区社会组织逐渐转变角色为社区活动的组织者和实施者，积极营造社区自治的良好氛围。

（六）“三社联动”促服务联动，引导居民关注社区事务

社工机构在社区“两委”的支持配合下，合力开展城西、毛南家园社区留守儿童关爱和困境儿童保障项目，在入户探访工作中开启对社区特殊困境儿童的精准服务，掌握留守儿童和困境儿童的生活现状以及他们潜在的风险与需求，与儿童和家属建立了良好的工作关系。同时通过社工专业服务手法引导儿童父母或是爷爷奶奶等监护人关注儿童的身心发展，结合

安全教育小组、青春期小组、垃圾分类小组等教育形式，促进家庭的有效互动，在培养孩子们养成良好的卫生习惯的同时，推动了社区垃圾的分类，美化了社区环境，也促进了居委会与居民的互动，提升社区居民生活的幸福感。

三、治理成效

在正式成立社区“两委”的短短几个月时间里，县、乡（镇）党委、政府在“三社联动”助推“六联一带”后续管理服务提升行动中积极发挥督促指导作用，制定了环江推进“三社联动”促易地扶贫搬迁“六联一带”后续管理服务提升行动方案的部门责任清单。各职能部门、各乡（镇）依据服务清单，落实工作责任，加强对“三社联动”服务机制的指导，帮助解决“三社联动”推进过程中遇到的社区治理、场地建设、联系群众的困难和问题。县党委不定期召开常委会，研究新型社区治理工作，并采取定期召开工作调度会、现场办公会等形式，推动“三社联动”服务机制各项工作有序推进，切实回应让人民群众“搬得出、稳得住、能发展、可致富”的服务目标。

（一）开展培训开拓工作人员视野，提升业务能力

社区“两委”班子刚成立不久，新班子成员工作热情高涨，团结协作意识强烈，但受限于整体文化程度较低，对新时代下社区治理和社区服务的理念缺乏，在面对新形势下的社区治理的模式和方法工作中显得力不从心，无法有效跟上新形势的步伐，在党群建设和社区服务方面缺乏挑战和创新精神，相关业务水平也有待提高。通过开展系列能力提升培训，促进新建社区工作人员的业务能力提升，直接加深了社区工作人员对社区建设和社区服务的认识，提高了社区工作的实操能力。南宁市优秀社区书记的授课也为社区工作人员带来启发，明确了下一步的工作方向，大家一同绘制出具有毛南族本土特色的社区建设和社区服务蓝图。

（二）启动社区社会组织孵化培育，增强居民自治意识

社区社会组织孵化选择从社区老年协会着手进行，是依据广西壮族自治区工作委员会办公室、民政厅联合出台的《关于加强基层老年协会建设的意见》（以下简称《意见》）和《广西基层老年协会规范化建设实施办法》（以下简称《办法》）为指导精神。《意见》明确了县级民政局是基层老年协会登记管理机关，县级老龄办是基层老年协会的业务主管单位。要求各级民政、老龄工作部门要高度重视基层老年协会建设，把基层老年协会建设作为创新社会治理、加强老龄工作的重要举措，列入重要议事日程，加强协调沟通，大力抓好落实。《意见》同时要求，各地要抓住自治区实施新一轮扶贫开发攻坚战的机遇，将农村基层老年协会建设纳入创新农村养老服务体系建设的内容，采取积极措施，加大对基层老年协会的扶持力度，并建立激励机制。《办法》指出，规范化的基层老年协会必须登记注册。参考这些政策法规，社工机构开展社区老年协会成立动员大会，帮助老年居民了解新社区将如何为老年人开展服务，特别是鼓励老年人自发组织的社会组织发挥积极的作用，引导老年居民凝聚起来共同关心社区老年人公共事务，充分激发老年居民参与社区自治，让老年人老有所为。下一步，环江县将通过社工机构有计划地培育社区社会组织，增加社会组织数量及质量，为“孵化社区社会组织”内容添砖加瓦，以更强的社区社会组织力量践行“三社联动”机制。

（三）深化社会工作培训服务理念，培育本土服务人才

广西的社会工作发展已经处于起步和蓬勃发展阶段，而环江县的社会工作发展则刚刚开始萌芽，各界对社会工作的认识度低，本土的社会工作人才空缺严重。广西为推进社会工作政策创制，指导社会工作的发展，在人才队伍建设政策方面，《广西壮族自治区中长期人才发展规划纲要（2010—2020年）》提出了广西社会工作专业人才队伍建设的主要任务和目标；《广西壮族自治区社会工作人才队伍建设中长期规划（2010—2020年）》《广西壮族自治区贯彻落实〈关于加强社会工作专业人才队伍建设的

意见〉实施方案》对当前和今后一段时期广西社会工作专业人才队伍建设提出了明确要求。根据自治区社会工作发展相关政策的指引，目前广西已经拥有持证社工 6000 多人，南宁市和柳州市还出台了对社会工作人才激励的相关文件，环江毛南族自治县未来将参考这些人才队伍建设的经验，加快全县的社会工作专业人才队伍的建设和培育。目前，引进的社会工作专业机构及培训师资，已经为移民安置社区开展社会工作专业服务入门培训，向社区工作人员及居民普及社会工作理念，促进相关工作人员的服务能力提升和居民对社会工作的认识，后续将加大培育社会工作专业人才，为“三社联动”机制培训社工人才力量。

（供稿单位：广西壮族自治区环江毛南族自治县民政局；案例整理：杜　瑶）

广场夜话听民声　协商共治解难题

——江苏省沭阳县桑墟镇农村社区治理经验

摘要：江苏省沭阳县桑墟镇为有效提高农村治理成效，紧扣“转型升级促发展、敢于担当抓落实”主题主线，坚持“产业为纲、生态为先、民生为本、特色为要、创新为魂、党建为根”“六为”导向，采取“四抓四促”工作举措，开创了“广场夜话”的本土化公共议事方式。通过加强社区文化建设，践行党建引领作用和基层民主政治，呈现出空间固定化、主体一致化、程序规范化、机制科学化的特点。在开展“广场夜话”的基础上，桑墟镇充分发扬“往深里做、往实里做”的实干精神，坚持从实际出发、从问题改起，确保取得实实在在的效果，探索出一条农村社区治理良性发展之路，奋力谱写新时代桑墟农村社区高质量发展新篇章。

关键词：广场夜话；协商民主；社区治理

一、治理背景

桑墟镇位于江苏省宿迁市沭阳县最北部，地处宿迁与连云港、沭阳与东海两市两县的接合部。2019 年下辖元兴、刘厅、刘寨、舒窑、新顺河、蔷薇河、友谊河、条河、二兴、北大兴 10 个建制村，桑墟、大河西、老庄 3 个居委会，人口 5.64 万人，镇域面积 54 平方千米。桑墟镇历史悠久，民风淳朴。桑墟镇古称“穷桑”，4400 年前五帝之一的白帝少昊出生于此，桑墟当时尚是东海边的大丘，少昊劝课农桑，遍植桑树，桑墟因此得名。中华人民共和国成立后成立沭阳县桑墟区，1957 年撤区并乡，1958 年 9 月成立桑墟人民公社，被评为全国“农业社会主义建设先进单位”，受到中华人民共和国国务院的嘉奖，1983 年 4 月复改称桑墟乡，1999 年 10 月撤乡建镇。

20 世纪 90 年代后期，桑墟镇在周边最早开始木材加工产业。经过 20 余年发展，已成为全县传统支柱产业之一，是全江苏省最大的板材之乡，有各类板材企业 559 家。2018 年，全镇实现工业开票销售收入 53. 95 亿元，同比增长 40. 28%；实现工业增值税 1. 99 亿元，同比增长 36. 01%；工业用电量 7999 万千瓦时，同比增长 12. 13%；实现镇财政收入 2. 4 亿元，农民人均可支配收入达 19380 元。2019 年，全镇完成工业开票销售收入 69. 6 亿元，同比增长 29. 38%；全镇实现财政收入 2. 9 亿元，同比增幅 20. 82%；实现开票实绩企业 212 家，其中开票超 2000 万元企业 91 家，超亿元企业 12 家。工业开票销售、工业增值税两项主要工业经济指标均位居全县各乡镇首位。在农业上，桑墟苗木栽植历史悠久，全镇榆叶梅培育面积已逾 1. 6 万亩，目前是全国最大的榆叶梅苗木培育基地，拥有榆叶梅、乌梅、绿梅、垂梅、美人梅等 15 个品种。

近年来，在上级党委、政府的领导下，桑墟镇始终坚持以习近平新时代中国特色社会主义思想为指导，全面贯彻新时代中国特色社会主义思想和党的十九大精神，加强党对农村社区治理工作的领导，牢牢把握稳中求进总基调，落实高质量发展要求，深入实施乡村振兴战略，抓好农村人居环境整治工作，加快补齐农村基础设施和公共服务短板，扎实做好乡村规划建设和社会治理各项工作，提高桑墟镇农民的获得感、幸福感、安全感，在实现农业农村现代化征程上迈出新的步伐。紧扣“转型升级促发展、敢于担当抓落实”主题主线，坚持“产业为纲、生态为先、民生为本、特色为要、创新为魂、党建为根”“六为”导向，全力实施“4321”镇域发展战略，坚持创新引领，深化文明创建，探索出一条生态宜居、兴业富民、文明和谐的农村社区建设良性发展之路，奋力谱写新时代桑墟农村社区高质量发展新篇章。

2018 年春节前，新任沭阳县桑墟镇党委书记姜若鸣在连续处理了几起群众越级上访、聚赌引发斗殴事件后，发现问题的根源在于村干群关系紧张，村民不愿对村“两委”讲真心话。镇党委、政府高度重视，经过调研，发现基层治理存在基层党组织建设不力、干群关系紧张、乡风陋习较多等问题。于是，“广场夜话”应时而生。桑墟镇利用晚上农闲时间，把村民集中到村部广场，由驻村干部主持，村（居）三大员口头述职，群众提问评议，镇党委主要负责人现场点评，建立了与村民面对面对话协商，听民怨、察民情、调纠纷，问计问需的工作机制。2018 年 4 月以来，通过“广场夜话”，桑墟镇搭起了村民与村“两委”、镇党委政府的“连心桥”，让群众和村“两委”当面锣对面鼓地谈问题说事情，群众问政质询、充分表达，干部释疑解惑、回应需求，提升了政策和决策的透明度，融洽了党群干群关系，促进了乡村治理现代化。截至目前，该镇 13 个村（居）已开展“广场夜话”24 场次，2 万余人次参与，共收集涉及道路建设、村级财务、邻里纠纷等实质性问题 460 多条，解决落实 440 多条，其中现场解决 188 条，满意率达 97%。

二、治理措施

（一）党建引领，完善体制

2019 年印发的《中国共产党农村基层组织工作条例》明确指出，农村工作在党和国家事业全局中具有重要战略地位。党的十九大报告也指出，党的基层组织是确保党的路线方针政策和决策部署贯彻落实的基础。要以提升组织力为重点，突出政治功能，把基层党组织建设成为宣传党的主张、贯彻党的决定、领导基层治理、团结动员群众、推动改革发展的坚强战斗堡垒。在基层党组织的带领下，沭阳县桑墟镇以改革创新精神不断探索，通过加强基层党建引领农村治理的方式方法，不论是在县域经济发展还是乡村文明建设中都取得了显著成效。

2019 年，桑墟镇继续加强农村社区基层党建工作，着力构筑基层党建发展新高地，提升基层党组织凝聚力。2019 年初以来，镇党委投入 520 多万元对条河、刘寨等村的党群服务中心进行了改造提升；对舒窑、元兴、蔷薇河 3 个软弱涣散村的党群服务中心进行选址新建，总投入达 650 多万元。全镇13个村（居）党支部通过改造，提升了党群服务中心的综合服务功能。同时，加强队伍建设，进一步提升基层党组织战斗力。桑墟镇相继组织村党支部书记、党员干部、企业负责人赴安徽、重庆、浙江等地及日本、德国等国家考察学习，参加全国性木材产业峰会与展会，进一步解放思想，开阔视野，提高认识。另外，镇党委责成组织科牵头，对全镇所有基层党组织的班子成员进行政治“体检”，通过逐一过堂，共有6名“带病”班子成员被清退出组织队伍。加强作风建设，提升基层党组织治理能力。聚焦线下问题，善用线上信息，把信访事项化解和12345反映问题处理当作深度接触群众的机会，化解存量，杜绝增量。建立“村组微信群”，缩短沟通距离。以基层党支部书记为责任人，建立了86个微信群，覆盖全镇4万余名群众，拓宽了群众诉求渠道。例如，针对镇内府苑小区居民反映的社区环境“脏乱差”问题，镇党委筹集400多万元，为小区铺设了柏油路面，对下水道进行了彻底改造；对新顺河等村群众反映的土地灌溉问题，投资210万元为群众建设倒虹吸工程，解决了新顺河、舒窑、二兴等4个村万余亩土地的自流灌溉问题。

新形势下，桑墟镇党委通过采取“四抓四促”工作举措，努力夯实基层党建工作根基，充分发挥基层党支部在农村基层组织建设中的引领作用，不断提升基层党建工作的质量和水平，有效密切了党群、干群关系。一是抓制度建设，促基层党建规范运行。镇党委督促各村（居）党支部落实好民主生活会、党员生活会等基本制度，推行基层党组织统一活动日制度，规定每月20日为全体党员活动日，主动帮助群众解决实际问题。紧紧围绕“集体领导、民主集中、个别酝酿、会议决定”的原则，广泛听取广大群众的意见与建议，着力营造民主、公开的良好氛围，确保基层党建工作规范运行。二是抓驻村服务，促基层党建务实为民。镇党委要求全体驻村工作组成员每月下村不少于20天，指导和督促村级党组织落实好党建责任清单，对所驻村（居）群众了解走访实现全覆盖，真正做到“三提三知”和“四必到、四必访”，对所驻村（居）的基本情况做到“一口清”，确保将党的政策与温暖送到千家万户。三是抓阵地建设，促基层组织功能提升。为提升各村（居）党群服务中心功能，镇党委划拨给每个村（居）

15 万元的专项配套经费，用于各村（居）党群服务中心的规范化、标准化、便民化建设和环境长效保洁，同时要求各个村（居）党群服务中心设立便民服务大厅和多功能文体活动室。镇党委通过观摩评比、随机走访、不定期检查等方式，不断加大推进落实力度，真正让党群服务中心成为党员群众“乐意来、能办事、离不开”的中心集聚点。四是抓村级治理，促基层矛盾及时解决。镇党委以村级广场夜谈质询会为抓手，不断提升和改善村级自治能力，让村“两委”学会与群众面对面接触、实打实对话、心与心交流。目前，全镇 13 个村（居）的广场夜谈第一轮质询会已全部举行，群众共提出实际问题 301 个，目前已解决 256 个，其余 45 个正在加快办理中。

（二）民主协商，和谐发展

习近平总书记指出，坚持把国家层面的民主制度同基层民主制度有机结合起来，符合我国国情，集中体现了中国特色社会主义的特点和优势，是中国发展进步的根本保障。党的十九大报告指出，要发挥社会主义协商民主的重要作用。积极探索民主协商，化解基层矛盾问题，众人的事情由众人商量，是人民民主的真谛。2018 年 4 月以来，桑墟镇针对历史遗留矛盾纠纷和“老大难”信访稳定问题，开始在全镇农村社区大力推行“广场夜话”活动，帮助调解与处理问题，直到矛盾纠纷妥善解决为止。“广场夜话”作为本土化的公共议事方式，是践行党的群众路线和基层民主政治的重要方式，呈现出空间固定化、主体一致化、程序规范化、机制科学化的特点。进一步助力乡村振兴战略，不断推进农村社区协商制度化、规范化、程序化进程，积极构建共建共治共享的乡村治理和谐空间。

1. 明确相对固定的空间

坚持“群众休闲我服务，群众需要我在岗”，针对白天上班、无人在家这一实际情况，利用村民晚上休闲、广场娱乐的机会，集中开展现场提问评议。同时，坚持就近原则，一般选择村里的广场、党群服务中心空地、学校操场等地点作为夜谈场地，有利于群众放松心态、积极参与，真正做到在“家门口”拉家常、话发展。

2. 选定相对统一的主体

由三大阵营组成：一方是广大村民，主要权利是测评打分、问政质询、反映问题和提出意见建议；另一方是“两委”成员，一般由“两委”中的“三大员”即党支部书记、村委会主任和村会计作为述职主体、回应主体和测评对象、质询对象；第三方是乡镇，一般由乡镇党委书记、镇长作最后总结，扮演“总结人”“点评人”“调解员”等角色。主持人一般由驻村工作组组长担任，个别情况由镇党委书记或镇长主持。

3. 设定规范统一的程序

第一，提前发布公告。公告明确时间、地点和参加人员，提醒村民做好准备。同时，明确往返安全、会场纪律和发言注意事项，如公告规定“发言过程要注意文明用语，不得出现谩骂、人身攻击等行为”。第二，测评“两委”。正式开会之前，组织群众对“两委”过去一年的工作进行满意度测评。相关工作人员强调测评注意事项，发放并收集村级领导班子和村“两委”满意度测评表。第三，“三大员”述职。正式开会的第一环节，由“三大员”顺序述职，就过去一年村级各项工作开展情况以及下一步工作安排向群众述职。第四，群众问政质询。第二环节由村民问政质询、反映问题和提出意见建议，同时由“三大员”、驻村工作组长、乡镇领导等现场回应，能当场解决的当场解决，需要进一步研究明确责任人和期限。如蔷薇河村夜谈中，有 7 名村民发言，有的反映河道疏浚、杨树更新、能否享受低保等问题，有的要求村“两委”班子要进一步落实 2018 年镇党委书记夜谈时对“两委”提出的“四点要求”。村党支部书记对低保问题现场回应，将立即按程序组织核查。其他问题也由“三大员”、镇党委书记进行了答复。第五，镇领导总结。镇主要领导对“两委”班子作出点评，提出要求，并回应具体诉求。个别时候要针对村民间的复杂问题、多年积案等进行专项听证调解。如 2019 年 3 月 13 日，镇党委书记任主调解员，成功调处刘寨村两位村民之间的厂房建设纠纷。

4. 健全工作机制

驻村工作组机制。桑墟镇 13 个村（居）都有 4—5 名驻村工作组成员。其中镇领导班子成员担任驻村工作组组长，成员由镇直单位工作人员组成。如蔷薇河村驻村工作组由政法委员、文广中心办事员、统计干事、工会协理员、畜牧站办事员5人组成，政法委员为组长。工作组是乡镇的“前锋队”，了解村子的“面子”“里子”，对村情、人情、社情熟悉，对“两委”班子熟悉，对村的发展需求和村民需求熟悉，能够把握村里的主要矛盾和发展变化，具有较为深厚的群众根基，为“广场夜话”的顺利开展打下了坚实的基础。

充分借鉴罗伯特议事规则。桑墟镇“广场夜话”充分运用了罗伯特议事规则，充分尊重村民的发言权，合理推动各主体或当事人有序合规发言，并坚决制止谩骂、人身攻击等行为。如刘寨村专场“广场夜话”解决厂房建设纠纷问题，先由驻村组长通报纠纷产生过程，然后由双方当事人陈述、举证、质证，再由党总支书记通报调查情况并提出处理意见建议，再由镇法律顾问进行解释和点评，最后达成调解协议，解决了长达9年的厂房建设纠纷。罗伯特议事规则的具体化，成为农村社区协商的有力武器，在很大程度上具有公民理性的培育意义，对农村矛盾纠纷的合理解决具有示范意义，对文明乡风的培育也具有引领意义。

问题需求反馈和解决机制。“广场夜话”有一套在对话交流中解决问题、形成共识、凝聚人心的机制：当场能够解释清楚的、能够即时处理的当场办；无法立即解决的，由乡镇党委领导明确责任人，由志愿者记录形成清单建立台账，并及时反馈给个人或全体村民。

对话协商机制。乡镇党委、政府领导干部深入一线、深入群众，变接访为下访，倾听基层和群众的“原声带”，与村民面对面对话协商，听民意、察民情、调纠纷，问计问需，建立了乡镇干部联系服务群众常态化、全覆盖的机制，有利于提升乡镇政府服务能力，有利于及时就地解决群众合理、合法诉求。

（三）深化巩固，共同发展

在认真开展“广场夜话”的基础上，桑墟镇充分发扬“往深里做、往实里做”的实干精神，坚持从实际出发、从问题改起，确保取得实实在在效果。

1. 坚持立说立行整改问题

始终把解决问题作为“广场夜话”的第一导向，千方百计、真心实意帮助群众解决困难与问题。针对群众提出的诉求，当场能够解释清楚的、能够即时处理的当场就办；无法立即解决的，采取“记录交办、立即落实、跟踪督查”等方式，压实责任，明确时限，确保问题解决到位。截至目前，桑墟镇通过“广场夜话”共收集反映问题 410 余件，已解决 395 件，化解率达 96%。2018 年，镇、村两级整治黑臭水体 38 条，修建镇村道路 27 条，建设公厕 20 座，建立农桥 100 余座，修建“倒虹吸”水利工程解决了桑墟镇及其西边片区 1.2 万亩土地近 30 年的“灌溉难”，改造提升或新建新时代文明实践站 13 个，关停散乱污企业 38 家，取缔非法养殖 50 家。

2. 坚持线上线下融合发展

针对群众积极性越来越高、反馈越来越多的实际情况，在充分利用“线下广场”的同时，积极打造“网上广场”，明确驻村服务组牵头，分别建立村组群众微信群，作为线下实地走访向线上互动交流、问政监督的有效延伸，乡镇党政主要负责人每群必加，随时听取群众意见，积极回应群众呼声。目前，桑墟镇已建立村、组微信群 70 余个，覆盖全镇 4 万余名群众，实现每 5 名村民中就有 4 名可以通过微信与镇党委、政府主要负责同志对话。

3. 坚持拓宽拓展平台载体

以“广场夜话”为契机，针对疑难复杂矛盾纠纷，创新推出“公开听证”调解模式，在乡镇主要领导主持下，通过当事双方“面对面”举证、质证、辩论，并充分听取党员和群众代表、法律顾问意见建议，尊重事实，还原真相，依法、依理、依情化解矛盾，有力地促进了社会和谐。2018 年以来，开展“公开听证”20 余次，解决了老庄居委会九组群众长期反映集体土地租金未及时收缴、刘寨村仲亚洲和纪大鹏厂房建设纠纷、新顺河村农户土地纠纷等多个“老大难”问题，无一反复，取得了良好的社会效果。2019 年 1 月，获得司法部“枫桥经验”实现矛盾不上交试点工作表现突出集体表彰。

（四）推进文化建设，创新文化品牌

随着城市化进程的不断加快，农村的封闭状态逐渐被打破，日益呈现出开放和流动属性，人员流动与经济交流范围的持续扩大对农村文化体系产生了巨大的冲击。这种冲击给农村社区治理带来了许多难题，赌博、奢靡、享乐主义等不良风气开始在农村蔓延。加强农村社区文化建设越来越受到社会各界的关注。农村社区文化建设是一个长期性、系统性的工作，需要持续性和有规划性的人力、物力资源投入。新形势下，桑墟镇加强社区文化基础设施建设，制订长远的文化建设规划，从农村传统文化中汲取营养，全面提升了农村社区文化建设水平和质量。具体来说，桑墟镇通过大力实施“桑墟无赌”工程和“净风工程”，纯洁农村社区风气。镇党委在全镇范围内开展“桑墟无赌”工程，引导全镇广大干群、企业家远离赌博，珍爱家庭，珍惜创业成果，推动全镇形成禁赌、拒赌的文明风尚，直接挽回经济损失1000余万元。实施“净风工程”，把移风易俗教育与群众思想道德教育结合起来，使道德规范成为人们的自觉行为。

同时，桑墟镇挖掘历史遗存，组织编撰了《桑墟志》，深入挖掘和提升樊梨花点将台等历史文化资源，以市场的力量来传承和发展舒窑陶艺等传统民间工艺，舒窑陶艺被列为市级非物质文化遗产，厚植桑墟历史文化底蕴。开展“美丽庭院”“美丽工厂”“美丽村居”“楹联乡镇”等系列创建活动，着力打造“文化桑墟”特色名片。金森源、双马、奇盛等本地企业牵头成立的企业家协会每年出资200万元作为学校的奖励基金，用于鼓励优秀师生。镇里出资1000万元改善学校基础设施，一年多来教学质量跃居前列。另外，开展“十大孝星”“十佳金蓝领”评选活动，举办庆元旦·迎新年系列文体活动，让群众在享受文化生活的同时，受到教育和启迪，汇聚发展正能量，着力打造“产业兴旺、生态宜居、乡风文明、治理有效、生活富裕”的乡村振兴桑墟样本。

三、治理成效

在目前城市化快速发展的背景下，人口流动量大，农村人口大量涌入城市，导致城乡差异扩大，农村人才“空心化”现象严重。如何促进农村社区和谐稳定发展、缩小城乡差异、推动乡村振兴战略实施、打赢脱贫攻坚战、满足村民利益诉求是实现中华民族伟大复兴的中国梦建设过程中的重要课题。《中共中央　国务院关于加强和完善城乡社区治理的意见》中也提到，加强和完善城乡社区治理的基本原则是要坚持以人为本，服务居民。要坚持以人民为中心的发展思想，把服务居民、造福居民作为城乡社区治理的出发点和落脚点，坚持依靠居民、依法有序组织居民群众参与社区治理，实现人人参与、人人尽力、人人共享。

江苏省沭阳县桑墟镇创新推行“广场夜话”的民主协商模式，充分发挥基层党组织的政治引领和农村社区村民自治的协商议事作用，有效提高了村民议事协商能力，支持和帮助村民养成协商意识、掌握协商方法、提高协商能力，既尊重多数人意愿又保护少数人的合法权益，激活了村民自治细胞，实现农村社区治理内外互动、良性循环的良好局面。

总结“广场夜话”一年多来的生动实践，成效显著，在干部与群众之间架起了“连心桥”，营造了风清气正的良好环境。

第一，使村“两委”与村民之间沟通的渠道更加畅通。村民利用“广场夜话”活动与镇村干部双向互动，面对面交流。在桑墟镇，利用广场开展议事决策、解决群众反映的问题逐渐成为镇村干部工作的一种常态，干群关系也发生了明显变化。例如，群众与村“两委”互动中对村“两委”的称谓及发言的口气发生了特别的变化，也有群众主动站出来要求村民和谐相处减少矛盾，让镇村干部腾出更多的精力去办更多的实事。

第二，促进了邻里乡亲之间的关系。农村土地分户以后，村民集会少之又少，村民之间缺乏沟通，“广场夜话”为大家提供了了解接触的机会。夜谈开始前，群众结伴进场，握手、拥抱、互侃，打招呼，递板凳，邀座位。以前大家都在一个村的，一年也说不上几句话。现在有了欢聚一堂的平台，相隔距离近了，心理距离也近了，2019年第二轮夜谈开始前，每个村居自发组织的舞蹈队就主动表演广场舞等文艺节目，既活跃了现场气氛，也丰富了文化生活，在全县万人广场舞大赛中，桑墟镇得到了乡镇中的第一名，干群精神状态也发生了深刻变化，精气神十足。

第三，有效提高了镇、村干部的工作效率。通过开展“广场夜话”，镇、村干部对群众想什么、需什么、盼什么都有了比以往更精准的了解，在工作中做到了想群众所想、急群众所急，镇、村干部工作的成效比以前提高了。比如，群众提出的赌博问题，顺势开展“桑墟无赌”工程；有群众反对红白事大操大办，顺势开展“净风工程”，凡是村民去世，村党支部书记、村委会主任第一时间上门吊唁，送上花圈，同时提醒办事从简；有群众提出学校教学质量问题，就让中小学与县城两所优质学校结对办学；有群众提出环境卫生差，开展“美丽庭院”和“美丽工厂”创建活动。

第四，推动了镇、村的经济发展。整个社会风气得到明显好转，镇、村干部心往一处想、劲向一处使，镇域经济发展欣欣向荣，经济发展水平不断增强。目前，桑墟镇榆叶梅种植规模在全国排名第一，现有榆叶梅、乌梅、绿梅、垂梅、美人梅等30多个品种共2万亩种植面积，拥有全国高品质的榆叶梅植株，并顺利通过国家农产品地理标志的评审；在全省乡镇家居木材产业规模第一，拥有板材企业559家，年产各类板材500万方，占全省板材年生产总量的60%；在全宿迁市乡镇中工业经济总量第一，工业开票销售收入、工业增值税两项主要工业指标均居全市同类乡镇之首；全县乡镇中等规模以上企业数量第一，有70多家规模以上企业，其中年纳税超100万元的企业有60家，年纳税过1000万元的企业有3家。有效带动广大农民增收、脱贫、致富，进一步成功践行了乡村振兴战略“培育新型农业经营主体”和“多渠道增加农民收入”。

（供稿单位：江苏省沭阳县民政局；案例整理：刘朵朵）

创新社区治理模式　提升社区公共服务水平
——山东省邹城市农村社区治理经验

摘要：社区是社会治理的基本单元，加强和完善农村社区治理是新时期党和国家工作的重要内容。山东省邹城市以“完善农村社区服务体系，提升农村社区公共服务水平”为主题，瞄准“群众参与少、自治浅层化”问题，坚持党建引领，为广大基层党员干部“强筋健骨”“提质增能”，积极推进村委会规范化建设和社区服务体系建设的有机融合。通过强化“三个重点”，健全“四项机制”，开展“四项活动”，积极推进农村社区治理实验区创建工作，取得了明显成效，为各地加强和完善农村社区治理，提高农村社区居民生活幸福感和满意度提供了有益借鉴。

关键词：社区治理；公共服务；党建引领；协商议事

一、治理背景

邹城市位于山东省西南部，行政区域面积1616.56平方千米，是国家历史文化名城、全国综合实力百强市。邹城市下辖16个乡镇（街道）、2个省级经济开发区、901个建制村（居）。截至2019年末，全市常住人口120万。近年来，邹城市在中央、省、市的正确领导下，始终坚持以习近平新时代中国特色社会主义思想为指引，认真学习贯彻党的十九大精神，坚持稳中求进总基调，努力建设动能转换先行区、乡村振兴样板市、文化建设示范区、创新创业新高地、生态优美宜居城，地方经济获得了持续高质量发展，2019年地区生产总值突破千亿元大关，一般公共预算收入完成76亿元。

2017 年 6 月《中共中央　国务院关于加强和完善城乡社区治理的意见》颁发，要求全面提升城乡社区治理法治化、科学化、精细化水平和组织化程度，促进城乡社区治理体系和治理能力现代化。2017 年底，邹城市被民政部确认为首批全国农村社区治理实验区，实验主题为“完善农村社区服务体系，提升农村社区公共服务水平”。在创建过程中，邹城市将实验区创建工作作为保障民生服务的重中之重，坚持农业农村优先发展，牢固树立城乡一体、以城带乡的工作理念，不断加大财力投入力度，着力推动城市公共服务资源“下乡”，让农民群众在家门口享受“市民”待遇，取得了明显成效：一是大力整合城乡教育、卫生资源，组建了 4 个教育集团和 18 个城乡学习联盟，尽力让农村孩子和城里孩子接受均等化的教育资源；二是推行县级医院托管卫生院模式，提升村级卫生室整体医疗水平，积极开展全民免费健康体检，建立健全全民健康档案；三是着力完善城乡路网、水网和电网系统，实现了村村通公交、农村无害化卫生厕所全覆盖、镇驻地天然气全覆盖；四是在全市 858 个建制村规划建设 99 处农村社区服务中心，拓展完善服务功能，探索实施集中受理、全程委托代理“一站式”服务模式，积极打造“2 公里或 30 分钟”便民服务圈，农村群众公共服务满意度得到明显提升。

随着农村社区治理实验区创建工作的不断深入，一些问题逐渐显现，具体表现在以下三个方面：其一，部分基层党员干部对农村社区治理的重要性认识还不够深刻，思维模式和服务理念转变不到位；其二，农村居民的参与度不高，难以充分调动广大农民群众参与到农村社区治理中；其三，对优秀传统文化的深入挖掘和转化运用不够，文化治理的作用未能得到有效发挥，农村社区治理的内涵有待进一步丰富。党的十九大报告提出，“加强社区治理体系建设，推动社会治理重心向基层下移，发挥社会组织作用，实现政府治理和社会调节、居民自治良性互动”。加强和完善农村社区治理包含两方面内容：一是硬件基础设施建设，要加大财政资源投入，逐步完善农村社区的公共服务资源；二是软件体制机制完善，相对于硬件基础设施建设，社区治理能力的提升更要注重理念转变和体制机制创新，将更多的注意力集中于怎么引导广大农民群众有序参与社区治理，激发农村社区治理的内生动力等“软件”层面。农村社区治理只有坚持“软硬件”齐头并进，才能有效提升社区治理绩效，并逐步实现社区治理体系和治理能力现代化，构建共建共治共享的社区治理格局。

二、治理措施

邹城市在农村社区治理实验区创建工作中，牢固树立以人民为中心的发展思想，立足实验主题，科学把握农村改革和治理创新的总体要求，瞄准“群众参与少、自治浅层化”问题，坚持党建引领，为广大基层党员干部“强筋健骨”“提质增能”，积极推进村委会规范化建设和社区服务体系建设的有机融合。强化“三个重点”，健全“四项机制”，开展“四项活动”，健全体系、整合资源、增强能力，全面提升农村社区治理水平和服务效能，充分保障村民依法行使自我教育、自我管理、自我服务、自我监督的权利。

（一）突出“三个强化”，确保农村社区治理常抓常新

1. 强化组织领导，完善工作机制

社区治理工作在基层的具体推动，是党委统一领导、政府部门协作、多元主体参与的一个全方位联动过程，完善的领导体制是农村社区治理工作顺利推进的坚强保障。一是加强顶层设计，完善领导体制。为扎实推进农村社区治理实验区创建工作，邹城市成立了由市委、市政府主要领导为组长的全市工作领导小组，进一步明确了各成员单位职责分工，构建党委、政府统一领导，有关部门积极参与，市、镇、村三级联动的领导体制。邹城市印发《关于创建全国农村社区治理实验区的实施意见》，将三年实验活动主题分别确定为“规范创建年”“工作创新年”“实效提升年”，明确各阶段工作重点。二是加强资源整合，构建长效机制。由民政部门牵头抓总，积极寻求农村社区治理工作与各兄弟单位专项工作的“最大公约数”，统一任务目标、掌握工作动态、整合投入资源、实现多方共赢。建立完善成员单位联席会议制度，定期研究创建工作中遇到的实际问

题，做到具体问题共同研究、及时解决，保证创建实效，建立起基层社会治理的长效机制，全面做好实验区“三年创建”全过程的协调保障工作。三是加强督导考核，完善干部激励。将实验区创建工作纳入市委、市政府重大督查事项，将农村社区治理工作纳入乡镇（街道）、相关部门的党委（党组）书记抓基层党建述职评议考核。对未完成年度任务目标、工作出现问题的责任人进行问责，确保实验区创建任务目标如期完成。

2. 加强制度建设，增强人才保障

鼓励基层因地制宜探索创新，激活基层党建“神经末梢”，努力把农村社区党组织建设成为宣传党的主张、贯彻党的决定、领导基层治理、团结动员群众、推动改革发展的坚强战斗堡垒。一是为社区党组织运转“添薪助燃”。将社区党组织运转经费列入财政预算，重点保障项目所需资金由市、镇财政共同承担，从制度层面解决社区“没钱办事”的难题。市财政每年列支6100万元发放村（居）“两委”工作补贴，逐年提高社区工作者待遇，村均运转经费达到4万元，通过落实经费、提高待遇、关心关爱等措施，增强农村基层党组织的政治功能和组织力。二是为社区组织建设“强基固本”。深入实施基层党建“强基固本八大工程”，进一步优化社区党组织设置，重点加大网格党支部组建力度，构建“党员划片定岗联户”组织体系，实现党员居住在网格、服务在网格、奉献在网格，彻底打破党员与群众之间的“玻璃墙”。健全完善管区干部、“第一书记”、乡镇（街道）派驻人员、大学生村官参与机制，引导鼓励高校毕业生、退役军人、致富能手等优秀人才到社区工作，进一步充实社区工作人员力量。三是为社区党员干部“强筋健骨”。重点对农村社区治理三大主体进行分类指导。抓住村“两委”这个“关键少数”，建立村级党组织书记集中培训、村“两委”成员和优秀党员示范培训、党员冬训和社区工作者专题培训的“1+4”教育培训制度，全面提升社区党员干部能力素质，指导他们熟悉社区治理概念、更新工作理念、掌握工作方法，将工作重心由管理逐步向服务转移，确保社区治理工作有人干事、会干事、能干成事。发挥村民代表“村民代言人”作用，印发《村民代表会议议事规则》，健全民主决策收集意见、拟订方案、民主讨论、联席商议、民主表决、决议公告、组织实施“七步走”工作流程，为全市 32400 名村民代表颁发村民代表证，实行村民代表持证上岗、村民代表联户和公开承诺制度。夯实村务监督委员会“监察干事”平台，印发《村务监督委员会管理暂行办法》，全市 858 个村全部建立村务监督委员会，实行自我监督，使村级事务在阳光下运行。

3. 强化典型引导，提升服务水平

注重示范推动，围绕解决好社区群众最关心、最直接、最现实的利益问题，每镇选取 3 个社区进行典型培育，做强社区硬件、提升社区软件、提炼经验做法，通过各镇互看互评的方式学亮点、找差距，达到共同提升完善的效果，真正做到科学搭建社区服务平台，健全工作机制，让广大群众“足不出社区”即可享受贴心便捷的惠民服务，打通服务群众“最后一公里”。一是优化社区规划布局。坚持因地制宜、科学规划，将农村社区建设融入城乡一体化发展和美丽乡村规划，明晰区域分布和功能定位，全市 858 个建制村规划建设 99 处农村社区服务中心，着力构建管理有序、社会参与、运转高效的农村社区服务中心运行机制，形成“2 公里或 30 分钟”便民服务圈。二是提升社区治理理念。加强对 99 处农村社区服务中心工作调研，倡导树立服务全方位、管理全覆盖、联动全区域、融合促发展理念，注重发挥社区服务中心公共服务功能辐射作用，同时兼顾社区发展实际，积极打造美丽乡村型、区企联建型、集中居住型、文旅融合型等多种农村社区发展模式。三是完善社区服务功能。不断拓展农村社区服务内容，推动劳动就业、公共卫生、社会救助、养老服务等民生服务进社区，统一设定标识使用、窗口设置、人员服务等标准，提升农村社区服务标准化、规范化水平，打造邹城市农村社区“两厅一校十二室”服务样板，真正把农村社区服务中心建成为民、便民、利民的集成服务平台。四是提升社区服务水平。在农村社区实施公共服务事项集中咨询、受理、代办制度。加强村级信息化建设，利用邹城市智慧党建云平台等载体，进一步拓展和完善村级事务公开的途径和方式，实行村级事务公共服务内容、规章制度、运行程序、运行过程、运行结果“五公开”，确保党员群众家喻户晓、人人皆知，真正保障村民对村庄公共事务的知情权、参与权和监督权。

（二）健全“四项机制”，推进农村社区治理规范化

1. 健全“阳光村务”全程公开机制

把村务公开民主管理工作纳入镇、村干部岗位目标责任制，作为考核镇、村干部绩效奖惩、评先树优的重要指标。一是实施“一明细三拓展”制度，针对群众关切的村级财务预算进行逐笔逐项公开，积极拓展公开内容、公开过程和公开领域，按照财务公开、村民审核、组织实施的步骤完成村庄重大公共事务。二是规范村务公开目录，编制党务、财务、村务三大类25小项，合理设置村务公开栏，专人维护、全程公开，让村务公开栏成为一面“明白墙”，成为村民监督村务、参与治理的重要阵地。三是实行乡镇（街道）自查、市级检查、全市通报“两检查一通报”督查制度，每逢村务公开日，由市纪委、组织、民政、农业等部门组成联合检查组，对乡镇（街道）级、村（居）级事务公开民主管理工作情况进行检查；乡镇（街道）也实行公开日督查制度，每季度组织一次全面检查。市检查组在检查结束后3个工作日内，向市村务公开领导小组办公室提交检查报告，检查结果在全市通报，推动政府治理与村民自治有机衔接，进一步提升全市村务公开民主管理水平。

2. 健全“村级事务小微权力清单”，规范运行机制

一是以提升农村党组织的组织力为抓手，以提高村民自治水平为核心，明确村级组织和村“两委”职责权限，着力解决村“两委”权力界定模糊、决策随意、监管薄弱等问题，划分资产资源、财务管理、住宅土地、救灾救助、计生医疗、户籍服务、党员管理七大类30小项建立村级事务清单，村“两委”做好执行落实，村务监督委员会开展全程监督。二是以“精简、高效”为导向推动公共服务流程再造，按照于法周全、于事简便的原则，编制村级事务流程图，规范村级事务运行。三是各乡镇（街道）严格落实所辖村“小微权力清单”的领导指导、审核把关工作，强化运行监督。每月召开一次主题会议，听取工作汇报，及时调度工作情况，推动解决“小微权力清单”运行中存在的问题，做好对村级决策运行的监督把关，督促村庄留存影像资料、及时汇总整理会议决策材料，建立专门

橱柜，对留存备案材料进行归档。全市 16 个乡镇（街道）均成立财务代理中心，实行“五人会签二审”财务审批机制和“村财村用镇监管”制度，村里所有开支都要经村党组织书记、村委会主任、村务监督委员会主任、村报账员、经办人 5 人会签，村务监督委员会审查盖章，经乡镇（街道）财务代理中心审核后，方可入账报销。

3. 健全“公共服务事项”民生代办机制

持续深化“放管服”改革，依托农村社区服务中心，实施公共服务事项集中咨询、受理、全程委托代理“一站式”服务，全市 858 个建制村，每村明确一名民生代办员，主要承担事务服务、信息服务、政策咨询、收集民情等“四项职责”。乡镇（街道）设立民生代办服务中心，市统筹建立民生代办管理考核体系，制定《民生代办员工作职责》《民生代办员监督实施办法》，梳理社区公共服务事项 46 项，规范工作程序、实行全程监督，通过下沉乡镇（街道）工作人员、民生代办员轮流坐班等方式，实行人员挂牌上岗、照片电话公开上墙、代办承诺、限时办结制度，负责处理日常事务，接待、受理村民前来办事或反映问题，负责填写村级代办日志，记录代办情况，并按代办程序及时上报反馈。接受群众交办的事项 3 日内必须有明确答复，复杂事项一月办结；实行代办回访反馈制度，民生代办员代办完成后及时向群众反馈办理情况，镇民生代办服务中心定期抽取待办事项进行回访，做到“件件有落实、事事有回音”。

4. 健全“民事民议民办”社区协商机制

一是完善协商议事制度，出台《关于进一步规范发展全市城乡社区协商工作的实施方案》，统一印制配发《邹城市村（居）务公开暨城乡社区协商工作记录簿》，各乡镇（街道）根据当地经济社会发展实际，在广泛征求老党员、老干部、群众代表等群体的意见建议基础上，将涉及农村社区公共利益的重大决策事项、关乎基层群众切身利益的热点敏感问题纳入协商范畴，合理确定协商内容。二是规范协商议事程序，以群众需求为导向，对村民议事较集中的议题进行梳理，找准村民利益的最大公约数，贴近民生需求，制定协商指导规程 24 条，协商事项指导目录 56 项，明确提出议题、确定议题、事先告知、组织协商、决议执行、过程监督“六步走”协商程序，进一步健全村民会议、村民代表会议制度。三是创新协商议事形式，在充分发挥党员活动日、村务公开民主管理日、村民代表会议等载体作用的同时，探索社区论坛、社区听证会、社区评议会等协商议事形式，普遍建立例会型、议事型、对话型等协商模式。采取党员议事会、村民议事会、红白理事会、新乡贤恳谈会、民主评议等形式，开展灵活多样的协商活动，做到有事多商量、有事好商量、有事会商量。四是健全协商议事机制，逐步完善以村党组织为领导核心、村民委员会为主体、社区服务中心为阵地、村务监督委员会依法监督、村民代表等积极参与的农村社区议事机制，形成以党组织为领导、以村民自治为基础、以社区协商为主要形式的社区治理格局。

（三）开展“四项活动”，夯实农村社区治理基层基础

1. 每周开展两次“民生代办日活动”

全面推行“民生代办制度”，规定周二、周四为集中办公日，按照“委托—代办—反馈”的程序，在社区服务中心对公共服务事项进行集中咨询、受理、代办，对群众委托代办事项做好登记，向申办人告知办理权限、承诺时限，对申办材料不齐全的，一次性告知补办事项。按即办件、退回件、承诺件、联办件、补办件进行“五件”分类办理。代办详情全部记录在《民情代办事项委托书》及《代办事项收交返还登记簿》，让广大村民足不出户就能办理95%以上的公共服务事项，擦亮了“一次办好‘邹’全服务”品牌。民生代办年均为村民代办解决各类民生保障事项3万余件次，办结率98.8%，民生类信访案件总量较上年同期下降34.6%。民生代办制度变行政审批由“群众跑”为“干部跑”，民生服务由“政府办”为“政府送”，实现了办事“只进一个门、只找一个人”，打通了各项惠民、惠农政策在基层落实的“最后一米”。

2. 每月开展一次“村务监督日活动”

村务监督日活动在每月的1日至10日之间进行，主要负责民主理财，由村务监督委员会对当月村集体收支单据票证逐一进行审理，将审理结果向全村公示，公示无异议的，报乡镇（街道）财务代理中心统一支付、记账。通过事前参与决策、事中积极参加、事后及时公开的机制，把监督渗

透到村级财务管理的每一方面。据统计，通过村务监督日活动，2019 年以来村务监督委员会共拒审不合理开支 1056 笔，有效地堵塞了财务漏洞。

3. 每月开展一次“阳光议事活动”

建立“阳光议事”制度，每月 15 日定期开展议事协商活动，畅通村民诉求表达渠道。在协商会议召开两日前，将会议时间、地点、协商内容及参加协商人员进行集中公示，15 日准时召开协商会议，将会议形成的决议进行公示并及时组织实施，协商结果及落实情况进行公示，接受村民监督。2018 年以来，通过协商活动共调处各类矛盾纠纷近 600 起，收集关于村庄发展的意见建议近 1.4 万余条，以“民事村办”方式办理为民服务事项 4800 余起，办结率达 98.7%，架起了干部与群众沟通协商的桥梁，进一步密切了各级党委政府和人民群众的血肉联系。

4. 每年开展两次“民主管理日活动”

统一规定每年 1 月 5 日和 7 月 5 日为全市“民主管理日”。在“民主管理日”，由村委会召集、村务监督委员会主任主持召开专门会议，主要包括：村委会主任向村民代表会议报告工作开展情况；村报账员逐笔报告村级财务收支情况；村务监督委员会主任就村财务收支情况作审核说明，对村务公开监督情况作基本评价；村民代表就村级事务发表意见和建议，就有关问题向村“两委”成员当面提问，村“两委”成员现场答复；村民代表就村“两委”提出的有关重大村务进行表决；村民代表对村“两委”成员工作情况进行民主测评等 6 项议程。在开展村“两委”述职、村民代表对村干部履职情况点评、提出意见建议以及对村“两委”进行划票测评等环节中，驻村干部全程指导监督，分发测评票，秘密写票，公开唱票、计票，当场公布测评结果，并带领村“两委”认真分析村民代表提出的意见，研究制定加强和改进工作的具体措施，对会议形成的决议进行安排部署，活动的 6 项内容要建立档案，在公开栏内进行张榜公布，接受群众监督，将测评结果作为评定村“两委”年终绩效工资的重要依据。2019 年两次“民主管理日”活动，全市 858 个村的村民代表共向村“两委”提交合理化意见和建议 1738 条，其中有 1461 条被采纳，实现了民主管理由“背靠背”向“面对面”转变，极大提高了村务工作的透明度和群众满意度。

三、治理成效

农村社区是社会治理的基本单元，加强和完善农村社区治理对于推动国家治理体系和治理能力现代化具有重要意义。邹城市坚持以人民为中心的发展思想，积极推进农村社区治理实验区创建工作，聚焦群众参与少、自治浅层化的问题，以社区党建为引领，强化“三个重点”，健全“四项机制”，开展“四项活动”，农村社区治理工作取得明显成效，为新形势下创新农村社会治理，解决农村居民实际问题，促进农村社会和谐稳定提供了有益启示。

（一）服务群众是创新农村社区治理的出发点

切实为群众解决实际问题是衡量社区治理模式好坏的标尺，加强农村社区治理、提升农村公共服务水平没有群众广泛积极地参与，难以凸显实效。从邹城市农村社区治理工作开展情况来看，能够充分发动群众、保障群众利益是标杆社区的共同特点。农村社区治理工作应当坚持聚焦改革，推动农村社区体制机制创新，突出创新导向，正确处理好建制村与农村社区的关系，依法依规优化村庄建制，进一步发挥农村社区中心村服务功能，同时在深化公共服务、民主协商、规范化建设工作上持续发力，力争程序更规范、部门职责更明确、权力界限更清晰。

（二）干部引领是创新农村社区治理的突破点

村“两委”是推行农村社区治理工作的责任主体，其对该项工作的理念转换、认知程度、执行力度尤为关键。众所周知，传统时期广大农村是一个熟人社会，乡土规则在农村社会治理中发挥着极为重要的作用。然而，随着农村信息化、网络化和开放化程度的不断加深，农村居民的价值观念、行为方式等发生了显著变化，农村熟人社会特质逐渐淡化，乡土规则的价值效用日益淡化。对此，一方面村“两委”要发挥引领作用，主动担当起指导员与宣传员的职责，积极挖掘优秀传统文化的现代价值，并将其运用到农村社区治理创新工作中，增强农村社区居民的凝聚力和向心力；另一方面，村“两委”要不断强化工作责任，熟悉工作任务，通过相互学习与交流，增强做群众工作、处理实际问题和应对复杂局面的能力。

（三）体系建设是创新农村社区治理的切入点

农村社区治理工作是一个强调上下联动、相互协调、相互促进、协同发展的复杂过程，在工作推进中，一定要坚持聚集资源，形成农村社区创建工作的强大合力，突出制度导向，协调各有关成员单位进一步统筹资源向农村倾斜，采取政策扶持、购买服务等多种方式，引导和规范社会力量和资源进入社区服务领域。通过“放管服”审批权下放，镇、村服务中心规范化建设，由点及面进一步拓展实体服务项目建设，构建多层次、多方式、多元化的农村社区服务体系。加强各部门协调统筹，不仅有利于避免重复建设、资源浪费，还有利于避免部门各自为战、互相隔离，确保农村社区治理工作能够“联”得起、“合”得来、“办”得好，将基础工作夯实在基层，将基层治理落实到村居。

（四）科学运行是创新农村社区治理的关键点

农村社区治理工作能够在市、镇、村层面广泛推开，有赖于科学的调度、规范的操作和严格的督查。首先要制定标准化的操作流程，细化各项工作要求，保证各层级干部能够清晰地了解具体工作步骤及要求，并有序地组织开展。其次要加强干部培训指导，以多种形式的常态化培训深化市、镇、村三级干部的认识，尤其要强化具体负责人及广大基层社区工作者的业务培训，使具体工作人员在工作推进过程中思路更清晰、把握更为有力。最后要严格督查考核，市、镇两级均应组织专门的督查队伍，不断创新督查方式，丰富督查内容，确保“真督实查”，并做到及时通报问题，落实奖惩，狠抓整改。

（五）群众满意是创新农村社区治理的落脚点

要实现农村社区治理、社区民主协商、社区公共服务常态化，就必须抓好及时落实这一环节，提高工作效率，进一步发挥好农村社区服务中心的作用。一是坚持群众办事不出村，做到“谁受理、谁处置、谁反馈”；二是坚持汇集民智，推动社区治理全员参与，突出问题导向，着眼于发挥群众基础地位，倡导通过协商解决群众的利益诉求，变“为民做主”为“由民做主”，实现村民自我管理、自我教育、自我服务、自我监督；三是突出重点，补齐治理短板，针对群众反映的难点、热点问题，社区要积极压实责任、协调解决，同时大力提升社区公共服务水平，做到民生服务不出村、矛盾化解不出村、信息咨询不出村、困难帮扶不出村，有效提升群众满意度。

（供稿单位：山东省邹城市民政局；案例整理：唐京华）

乡村治理现代化的路径与对策
——江苏省张家港市南丰镇永联村治理创新的实践与启示

摘要：乡村作为社会的基层单位，其治理体系和治理能力现代化的实现是国家治理体系和治理能力现代化的基础。改革开放后，江苏省张家港市南丰镇永联村通过不断推进乡村治理创新，在产业兴旺、生态宜居、乡风文明、治理有效、生活富裕等方面都取得了十分显著的成就。永联村推进乡村治理创新的主要做法是，根据村集体经济发展水平、人口规模与结构以及宏观经济形势与政策变动等，积极调整乡村治理的方式方法、健全乡村治理的体制机制、丰富乡村治理的内容内涵，适时推进政经、村企、村社等多个分离，积极构建“党建引领、区域协同、群众参与、依法办事”的多元协商共治的乡村治理机制。永联村为新时代背景下健全自治、法治、德治相结合的乡村治理体系提供了生动示范，主要启示有：因地制宜不断变革治理体制是实现乡村治理现代化的保障，推进治理主体多元化是实现乡村治理现代化的基础，加强农村基层党建是实现乡村治理现代化的核心，强化村民自治是实现乡村治理现代化的关键，发挥社会组织作用是实现乡村治理现代化的手段。

关键词：乡村治理；创新；现代化；永联村

一、治理背景

永联村位于江苏省张家港市南丰镇，1970 年在长江边上围垦建村，当初只有 254 户人家 700 多口人，近 800 亩土地。由于地势低洼、十涝九灾，建村后虽然连续换了几任工作组和党支部班子，但都未能摘掉贫困的“帽子”。1978 年，村民人均收入 68 元，村集体负债 6 万多元，仍是全县最小、最穷、最乱的一个村。今日的永联村，村域面积 12 平方千米，77 个村民小组，村民 1 万多人。产业兴旺，2019 年，永联村实现销售收入 750 亿元，利税 56 亿元；生态宜居，永联村是国家级生态村，农民集中居住区的永联小镇，是国家“4A”级景区、江苏省五星级乡村旅游示范区、第一批全国乡村旅游重点村；乡风文明，连续五届被评为“全国文明村”，还是全国民主法治示范村、全国乡村治理示范村；治理有效，村企产权清晰，政经分离，公共服务和公共管理实现了城乡均等化，构建了党建引领、区域协同、群众参与、依法办事的治理机制；生活富裕，村民家家有住房、人人有工作、个个有福利，2019 年村民人均纯收入超过 5.8 万元。

永联村 40 多年来走过的是一条工业化牵引、带动城镇化，进而实现农业农村现代化的发展道路。永联村坚持按市场经济规律办事，抢抓发展机遇，先后经历了以工兴村、轧钢富村、并队扩村、炼钢强村、民主治村等阶段，使永联村从张家港市面积最小、人口最少、经济最落后的村发展成为苏南地区面积最大、人口最多、经济实力最强的行政村之一。

然而，在工业化带动城镇化发展过程中，随着城镇化进程的不断推进，永联村在治理方面也迎来了一系列矛盾和问题。首先，是村企合一的矛盾。大致表现在四个方面：第一，企业的经营决策机制与村民自治要求之间的矛盾。村民委员会组织法规定，村集体的资产、决策、经营、分配等都必须经村民会议讨论决定后才能执行。但企业决策有其自身规律特点，村民自治有本身运作要求，二者决策群体不一样，自身的知识结构也不一样。企业的发展交给村民会议讨论表决不现实。第二，村民获得分配的愿望和企业发展要求的矛盾。村民的分配愿望往往是越多越好，但企业需要扩大再生产，要预留风险资金，两者之间有矛盾。第三，现代薪酬的激励机制与企业所有制之间的矛盾。村办企业是集体企业，但集体企业的管理机制受村民委员会薪酬机制制约。企业要发展，必须要符合市场效率优先的原则，才能引进一流人才。第四，市场主体行为与产权边界模糊不清的矛盾。村企不分，导致村企资产不清晰，必然会给企业的融资、投资、重组等行为带来影响。其次，还有政经合一的矛盾。村委会、经济合作社合二为一，抓经济又抓治理，经济体量小时，通常由村民委员会直接管理集体经济，经济合作社就成为一个空架子，经济功能很难得到有效发挥。而经济组织要按经济规律、市场规律办事，需要有专业人员来发展经济。再次，是城乡差异带来的公共服务不均等问题。永联村有 2 万多常住人口，管理过程中出现集贸市场蔬菜农药残留物无法检测、路边摊增多、城镇医疗看病只能享受农村医保等问题，村委会管不了也管不好。最后，是精神文明建设问题。农民住到小镇以后，原有的传统观念和习惯没有改变，绿化带种菜、景观河洗衣洗拖把等问题经常出现。

面对这些矛盾和问题，永联村由村企合一向村企合伙、村企合作转变，由政经合一向政经分离转变，由小村庄办社会向公共服务均等化转变，由村民自治向居民自治转变，由村委会行政管理向争取社会组织协同治理转变，建立、创新文明家庭奖考核，组织村民外出学习，通过一系列举措转变发展方式，优化村庄治理，并取得显著成绩。目前全村形成了永联景区管理办公室、永合社区、永联村经济合作社、永钢集团、社会组织多元主体联合治理的格局，永联村连续获评多项国家级、省级荣誉称号。

二、治理措施

工业化、城镇化过程中，永联村依据经济社会发展和治理现代化需要，适时推进政经、村企分离，由小村庄办社会向公共管理公共服务均等化转变，由村民自治向居民自治转变，由过去村委会一元化治理结构，发展为由永联景区管理办公室、永合社区、永联村经济合作社、永钢集团、社会组织 5 个乡村治理主体构成的多元化、立体化治理结构体系，通过积极构建“党建引领、区域协同、依法治理”的多元主体协商共治的社区治理机制，不断提高乡村治理现代化水平。

（一）政经分离指导下的组织职能经济化

1982 年，永联村就成立了经济合作社，但合作社和永联村村民委员会是一套领导班子、两块牌子，属政经合一的管理体制。近年来，永联村的集体经济飞速发展，规模日益扩大，主要包含三方面：一是集体资本。永联村集体占有永钢集团25%的股权，由10676个社员集体持有，每年可从企业利润中获得分红超亿元；二是集体土地。永联村有8000亩可耕地，按照因地制宜、统一规划的原则，相继建起了4000亩苗木园艺基地，400亩花卉果蔬基地，3000亩现代粮食基地，100亩特种水产养殖场以及500亩苏州江南农耕文化园；三是集体资产。永联小镇在建设过程中，同时建设了3条商业街、360多间门面店。这些门面店依托租赁公司，面向市场统一招租，租金纳入永联村集体。

庞大的村集体经济，靠村委会来经营管理，显然难以适应。为使集体经济有更加专业、规范的管理，确保永联村村民集体土地、集体资产和集体资本的保值增值，维护永联村村民的经济利益，2013年在实行“两委”选举时，永联村申请村委会不再进行换届选举，只保留永联村经济合作社。为更好发挥经济合作社的功能作用，永联村经济合作社制定了《永联村经济合作社社员资格确权办法》，对所有村民进行社员资格确认并张榜公示，最终确定10930人为永联村经济合作社社员。同时，在借鉴发达国家乡村治理模式、尊重现代企业制度、坚持社会主义本质要求“共建共享”原则的基础上，修订了《永联村经济合作社章程》，并依据此章程选举产生了239名社员代表。2014年，永联村经济合作社召开了第一届社员代表大会，选举产生了第一届经济合作社理事会、监事会班子，理事会聘请经济合作社社长、副社长，以及综合管理部、财务部、社务部等3个管理部经理。

至此，永联村实现了政经分离，永合社区负责社会管理事务，村经济合作社负责集体土地、集体资产、集体资本的保值增值，确保社员经济收益的最大化。

（二）村企分离基础上的乡村治理制度化

改革开放初期，“村企合一”的集体经济发展模式，给永联村快速发展经济作出了很大贡献。但随着土地制度的修改，现代企业制度的建立，股东意识的增强，“村企合一”的模式越来越不合时宜。对此，永联村及时进行村企分离，由“村企合一”向“村企合伙、村企合作”转变。

首先是产权分离，村企两本账。产权清晰是维护企业股东和村民利益的根本保证。1998 年和 2000 年，在永钢集团先后两次股份制改造过程中，永联村党委坚持给永联村老百姓保留了 25% 的股权，剩余 75% 由永钢集团经营管理层持股。由此，永联村以土地为载体，创新了以资本为纽带的共建共享实现形式，即把全村的集体资源和集体资产转化为集体资本，再把集体资本转化为企业的集体股份。虽然农民的土地被征用，性质改变了；土地换社保，农民的身份改变了，劳作方式改变了，但是，永联村村民在这片土地上享受发展成果的权利没有变。村与企业之间是 25% 的股权投资关系，永联村村民和永钢集团股民也形成了一个利益共同体，村民、股民和谐相处，共谋发展。

其次是管理分离，村企两套管理班子。随着企业的发展壮大，经营管理的任务越来越重，专业化管理的要求越来越高，原有的一批农村“两委”已很难适应。加之村里的集体土地、集体资产、集体资本需要专业人才进行经营和管理，因此，永联村规定，永钢集团围墙内的事由永钢集团管理，围墙外的事由永联村负责。现在，永钢集团是一个纯粹的股份制企业，按照现代企业管理，独立经营，自负盈亏，与永联村是股权投资关系。

（三）镇区管理思维下的公共服务均等化

永联村在农民集中居住区永联小镇建起了学校、医院、农贸市场、商场等设施，一段时期内方便了村民的生活。但随着工业化、城镇化的快速发展，一些问题和矛盾也显现出来。例如农贸市场的蔬菜上农药残留物超标，病猪肉、死猪肉难以检验；已纳入城镇医疗保险范围的村民在永联自己的医院就医，只能享受农村合作医疗的报销待遇，权益受到损害；随着人流量、车流量增加，为控制秩序，永联村投入 160 万元，在村域内建设了 5 个治安卡口、8 处红绿灯，但由于缺乏执法权，即使拍到了车辆超速、闯红灯、乱停放等现象也无权管理。诸如此类的问题让永联村认识到，农村城镇化条件下，永联应当有城镇化的公共管理和服务，仅仅依靠村委会是管不了也管不好的。因此，2009 年 3 月，永联村在张家港市、南丰镇的大力支持下，挂牌成立了永联景区管理办公室，政府在永联村境内派了公安、交通、城管、卫生、工商、消防等执法人员，让永联村真正实现了公共管理、公共服务在城乡间的均等化。

（四）居民自治前提下的管理民主化

永联小镇建成后，由于住房可以上市流通，有很多外来人口购置或租用了住房，定居在永联村。目前，永联村域内有 1 万多名永联村村民、1 万多名永钢集团员工、1 万多名外来经商人员等流动人口。人口结构的变化给永联区域的社会治理带来了难度。例如有的外来人员租用居民的车库开棋牌室，村委会前去制止，被“我又不是你们村的人，你凭什么管我”给噎了回来。永联小镇的近千亩土地都是征用城镇建设用地，永联小镇建设经历了立项、规划报批、房屋质量监管等环节，因此，永联小镇就是一个城镇社区，和城市社区本质上没有区别。为此，永联村又积极争取，于 2011 年 4 月在永联小镇成立了永合社区，行政关系隶属于南丰镇镇政府，承担社区计划生育、民事调解、征兵服役等社会管理和服务职能。2013 年，经全体居民选举产生了居民委员会。由此，村委会管理外来人口“理不直气不壮”的难题得到有效破解，同时也保障了全体居民的合法权益。

（五）协同共治指导下的主体多元化

随着工业化、城镇化的发展，永联村形成了一个小社会。为完善治理体系，增强社区自治，永联村积极发展社会组织，作为乡村治理体系的有益补充。

近年来，永联村先后成立了张家港惠邻社工、永联为民基金会、惠民服务中心、志愿者联合会、社会文明建设联合会等社会组织。惠邻社工是永联村创新乡村治理模式的一个重要抓手。2017 年，永合社区将计生、民政等 37 类、72 项职能打包交由惠邻社工承接，由专业社工提供服务，提升了社区服务的专业化水平。惠邻社工进驻永联后构建了“一格五网”的网格化治理模式，建立了“一口受理、全能社工、综合服务”的一站式服务模式。同时，针对不同人群开展个性化服务，提升了居民满意度。为民基金会通过筹集村内单位、个人捐赠资金，建立老弱病残扶贫济困档案，使互助关爱、扶贫济困工作常态化、规范化。惠民服务中心通过整合社区内各类资源，招募辖区内专业服务人员和志愿者，为老年人提供温馨周到的社区居家养老服务。志愿者联合会拥有近3000名在册志愿者，开展爱心送餐、爱心家教、爱心理发等活动，让爱心在互助中闪光。社会文明建设联合会由村内企业、社区、学校、公益人士等共同发起成立，积极组织社员、居民、职工、新市民开展群众性社会文明创建活动。

通过厘清职责，理顺关系，永联村由过去村委会一元化治理结构，发展为由永联景区管理办公室、永合社区、永联村经济合作社、永钢集团、社会组织等5个乡村治理主体构成的多元化、立体化治理结构体系。

（六）多元共建格局下的治理有序化

如何让5个治理主体在乡村治理过程中既各司其职又形成合力？永联村探索形成了一套完善的治理机制。

1. 党建引领

充分发挥党委、支部在乡村治理工作中的引领作用，是社会主义新农村的性质决定的。永联村坚持以过硬的党建来带动和引领本区域治理。

一是发挥党委统揽全局作用。首先是抓渗透式学习，实施理论武装。以学习型党组织建设为抓手，积极组织党员干部、群团组织开展各类学习活动，注重学习深度，确保所学内容与实际工作能够融会贯通，确保永联村在党的政策指引下实现可持续发展。其次是抓方向性大事，把握发展方向。村党委坚持按照政策和问题两个导向来抓方向性大事，确保了村企始终在正确轨道发展。

二是发挥支部战斗堡垒作用。按照书记有能力、班子有活力、制度有落实、工作有特色4个原则，不断加强支部建设，将支部打造为坚强的核心堡垒。首先是书记有能力。先后组织支部书记前往延安干部学院、井冈山干部学院等党性教育基地和省委党校等机构进行全脱产培训，提升支部书记的党性修养和党建专业能力；每年组织支部书记外出参观，学习国内外先进社区党建和非公党建，提升支部书记见识和能力。其次是班子有活力，鼓励班子成员参与到技术攻关、群众服务当中，发挥模范作用。每年开展班子述职，提升班子成员的角色意识。明确班子成员的权利和义务，为班子成员履职奠定了制度保障。再次是制度有落实，严格落实三会一课、民主评议等制度。同时，及时提炼总结本支部在党员管理和支部建设方面的好经验、好做法，形成独具特色、行之有效的党建制度，如 4 张表管理党员等。最后是工作有特色。立足事业有发展、群众得实惠两个要求，积极开展特色支部建设，把党的组织活动作为推动发展、促进和谐的有力举措。比如社区党支部通过开展“党性暖民心、党员塑形象、支部树威信、群众得实惠”活动，将党小组下移到园区，形成“支部带动，小组联动，党员互动”的党群互动局面。

三是发挥党员的先锋模范作用。开展“叫响我是党员”主题活动，通过统一佩戴党徽、公布党员信息、设置党员风采栏等方式，建立党员先锋岗、党员先锋楼道、党员责任区等活动，引导党员争做“三先”党员。首先是学习在先。要求党员在各类理论学习、技能比武上，要比周边群众学习更加努力，表现更加突出，要求更加严格。其次是攻关在先。企业转型升级中，党员要率先找到攻关问题，攻克难题；社区治理中，党员要找准各种历史疑难杂症和矛盾聚焦点，敢于硬碰硬，和不文明行为、不合理现象作斗争。最后是服务在先。要求党员积极服务员工、居民，多做公益服务，做一个让群众认得出、想得起、记得住的合格党员。同时，强化党员绩效考核。实施《永联村党员分类管理考核细则》，实现在职党员“工作在单位、服务进社区、奉献双岗位”；施行《退休党员积分考核管理办法》，内容包括组织纪律、教育管理、文明行为、志愿服务共 4 类党员考核指标体系，强化党员的先进模范作用。

四是发挥群团组织的助手作用。工会、团委、妇联等 3 个群团组织是党委工作的有力助手，是党组织和群众之间的桥梁纽带。首先，发挥好传导功能，利用各类活动、会议，传播各级党委和村党委的重要部署，大力弘扬正气，带动群众，引人向上。其次，发挥好维权功能，定期组织调研，发现了解群众诉求，收集意见和建议，及时化解基层矛盾，促进村企和谐。最后，发挥好服务功能，结合职工意愿大力开展技能大赛、职工运动会等活动，提升职工技能，满足职工需求，进一步聚合人心、激发活力、推动发展。

2. 区域协同

一是联席议事。建立永联区域治理联席会议制度，制定《永联区域常态化管理办法》《永联区域重要接待、重大活动保障工作办法》，每月由景区管理领导小组组长、镇党委副书记召集召开联席会议，各治理主体主要负责人参加，通报、剖析当月各项主要工作推进情况，研究部署下月重点工作，并形成会议纪要，由永联景区管理办公室负责督查落实情况，确保工作落到实处。

二是资源共享。永联戏楼、学校体育场所、永联24小时图书馆、文化活动中心等设施，区域内各治理主体均可使用。永联村网站实现经济合作社、永合社区、永钢集团、社会组织、永联农业、永联旅游六网合一，社员卡、职工卡均可免费借用永联公共自行车。企业举办的管理专业讲座、社区举办的文明道德讲堂等，社员、居民、职工都可以免费听课。社会组织、经济合作社干部员工可以申请竞聘永钢集团岗位，永钢集团干部、员工可以到永合社区、社会组织、经济合作社任职。

三是优势互补。永联乡村治理主体各有优势，只有优势互补才能统筹兼顾，发挥最大效益。比如精神文明建设方面，社区与村分离之后，永合社区更加了解居民的日常行为规范。为此，永联村将家庭文明奖的考核交由永合社区，由社区负责结合居民社区生活实际情况落实文明考核，年底将考核结果反馈给经济合作社，由经济合作社负责经济奖励。慈善关爱方面，永联村充分发挥永联为民基金会的功能作用，与永钢集团、经济合作社、个体私营企业等单位的资金优势互补，每年进行一次捐赠活动，辖区内居民、社员、职工有困难直接向基金会申请，基金会负责核实情况，实施帮扶。

3. 群众参与

群众参与程度是乡村治理现代化的一个重要标志，只有让更多的居民自发自动地参与到社区治理当中，才能让他们真正认同并从中受益。为此，永联村采取如下举措：一是加强宣传培训，提升群众参与意识。积极开展社区治理宣传进社区、进学校、进企业、进家庭等活动，在一机通、一网通、微信、《永联村讯》等媒体上广泛宣传社区治理的内容和意义，提升居民的公共参与意识和社区共建共享能力。二是培育居民认同感，提升主人翁意识。加强网格信息采集和居民动态管理等服务，激活社区居民利益诉求，引导居民参与公共事务。通过分楼道、分类别管理方式，将半熟人社区变为家人社区和主人社区，实现社区居民自治。三是搭建群众参与平台，实现群众广泛参与。常态化开展道德评议会、居民议事会等活动，同时依托永联通App平台开发网上居委会项目，拓展居民利益诉求表达渠道。四是依托社会组织，整合社区资源，构建公益性、均等性、便捷性的公共文化服务体系，开展系列化的群众性活动，提升居民生活幸福指数。

4. 依法依规办事

坚持依法依规办事，是乡村治理能力现代化的必然要求。永联村积极加强法制法规建设，规范办事程序。

一是建立责任清单，做到各司其职。通过不断梳理5个治理主体的责任清单，厘清权责边界，对全村范围内的社会事务、公共事务等区分职责，制定《永联区域常态化管理分工责任表》。比如永联景区管理办公室，由南丰镇政府直接领导，负责永联区域工商、城管、卫生、交通等公共管理和公共服务等7类职责。其他治理主体也都有相应清单，充分发挥各自职能作用，在权力范围内做好本单位的事情，确保既不“缺位”，也不“越位”。

二是健全村规民约，做到有规可依。村规民约是社员、居民共同认可的“公约”，是实现社员、居民自治的有效制度，更是避免长官意志、决策随意性的重要手段。比如，永联村经济合作社为确保集体资本、集体土地、集体资产的公平共享，经社员代表大会先后通过了《永联村集体经济分配实施办法》《永联村拆迁安置剩余面积的补偿办法》《永联村安置房管理暂行规定》等20多项与社员利益相关的规章制度，确保集体资产分配公平公正、有规可依。此外，永合社区经居民代表大会先后通过了《永合社区自治章程》《基层民主听证制度》《居民道德建设评议工作实施办法》等10多项居民自治规章条例，维护居民自治权益。

三是培育公民意识，做到大众参与。首先是培育社员、居民公民意识。通过开展“文明大家谈”“道德大讲堂”等活动，提升社员、居民集体荣誉感，强化公民意识教育，实现“农民”向“公民”的转变。其次是畅通民众利益诉求渠道，先后建立“老党员接待日”“代表委员接待日”“领导接待日”等制度，形成一套联系群众、倾听民意、化解矛盾的工作机制，畅通诉求渠道。最后是确保民众参与的权利。通过民主选举方式，产生经济合作社理事会、监事会和党总支班子。坚持民主议事，设立居民、社员民主议事会，涉及居民、社员切身利益的各类问题均由集体研究讨论，有效保障居民和社员的知情权、参与权和监督权。

四是坚持阳光运行，做到全程监督，真正实现权力在阳光下运行，以公开求公正。首先规范代表权利，建立村民议事厅，配套可供非参会对象旁听、实时观看的参观通道和同步直播LED大屏，充分保障非参会代表知情权、监督权，使代表权利透明运行。其次规范办事程序，实现决策、办事的规范化、制度化、程序化。比如永联村经济合作社通过制定《理事会议事规则》《监事会工作制度》《规范费用申请、报销流程》等，分别规范了理事会、监事会、经营管理班子的决策和办事程序。最后推进财务、社务公开，通过报纸、微信、网站、宣传栏等平台，定期公开治理主体事务。

（七）三级平台内议事流程透明化

永联村形成了“代表大会议大事、议事团体议难事、楼道小组议琐事”的三级议事平台。同时，“媒体平台议丑事”“五老协会”成为永联村民共建共享共治的有益补充。一是代表大会议大事。民主选举234名社员代表和240名居民代表在永联村议事大厅议事，每年分别举办两次以上。二是议事团体议难事。由居民代表大会选举产生议事团体，集中审议社区发展建设中的难事。三是由楼道小组议琐事。在每个楼道内组建一支楼道小组议事委员会，一般由3—5名居民组成。针对每个楼道中存在的问题，不定期开展楼道议事会，实现楼道自我管理、自我教育。四是媒体平台议丑事。通过永联村内部报纸、微信公众号等媒体不定期曝光社区不文明现象，加强社会监督。五是成立“五老协会”。在社区成立由老党员、老干部、老战士、老教师和老文体爱好者组成的“五老”志愿者协会，开展义务帮扶、文体服务、党员监督、义务环保、义务调节等活动，形成理事会例会等有效载体和管理办法。

三、治理成效

永联村在发展道路上积极探索、勇于创新，不断调整乡村治理方式方法，健全乡村治理体制机制，丰富乡村治理内容内涵，使永联村在产业发展、生态宜居、生活富裕以及精神文明建设等方面均取得了突出成效。

（一）产业兴旺，内生发展动力强劲

产业兴旺是乡村振兴的前提和基础，也是检验乡村治理成效的试金石。随着市场经济发展越来越成熟，永联村及时将“村企合一”模式调整为“村企合作”模式，产权清晰，永钢集团进入现代化的企业管理模式，加快转型升级走多元化发展道路，形成了钢铁、重工、物流、建设、金融投资、旅游餐饮 6 个产业板块，营收逐年递增。永联村着力打造乡村旅游目的地，建设占地 500 亩、全国最大的农耕文化主题公园——苏州江南农耕文化园，同时配套建设了 3 条商业街，300 多间门面店，特色主题与配套设施的不断完善，使永联旅游业蓬勃发展。此外，永联村紧紧抓住“农业”核心。在村民自愿的基础上，按每亩每年 1300 元的标准，将村民手中 8000 亩耕地的承包经营权统一流转到村集体，由村经济合作社因地制宜、统一规划，以先进技术和设备进行武装，建成了占地 4000 亩的苗木基地、3000 亩的粮食基地、400 亩的花卉果蔬基地、100 亩的特种水产基地，并分别注册了公司，实行市场化运营。在经济合作社的运营下，这些集体资产、集体土地、集体资金不断增值保值。

目前，永联村已形成了以现代农业为基础、永钢集团为主导、第三产业蓬勃发展的产业格局；工农互促、产业完整，一二三产业不断融合发

展，并且积极采用现代企业制度进行经济组织的治理，显示出强劲的内生发展动力。

（二）生态宜居，践行绿色发展理念

长期以来，永联村始终坚持绿色发展，把生态环境保护放在突出位置，努力打造花园式工厂，在居民生活区建设田园风情小镇。永联小镇围绕主题特色，优化功能布局，按照江南田园风情特色，加大生态投入，统筹景区、街区、社区，着重提升景观、绿化美景，打造出一个处处体现江南田园风情，四季景色各异的美丽永联。为了加强考核管理，永联村成立了“铁腕治污领导小组”和绿化委员会，进而为全村的生态环境保护工作提供了有力的组织保障。通过践行绿色发展理念，永联村基本形成了5000亩新兴工业区清洁生产、8000亩现代农业区绿色自然、1000亩农民集中居住区配套宜居、1000亩水网河流道路通畅的格局。永联村先后被评为国家级生态村，农民集中区永联小镇被评为国家“4A”级景区、江苏省五星级乡村旅游示范区。

（三）乡风文明，居民精神生活丰富

永联村在经济发展与精神文明建设两个方面坚持齐抓共管、互为促进、协调发展。首先，以治穷为突破口，塑造实干精神。通过挖塘养鱼、轧钢富村、炼钢强村等实干举措大力发展经济，老百姓过上了安稳富足的生活，村里打架、偷盗等不文明行为基本消除，永联村乡风转变。其次，建立有效的激励机制，使村民的文明行为成为一种自觉自愿的追求。永联村倡导由苦身子向苦脑子转变，由富口袋向富脑袋转变，通过强化基础教育、繁荣乡村文化、建立奖惩制度等举措，大力培育有文化、能就业、讲文明的市民。例如，创新“文明家庭奖”考核方式，将社会公德、家庭美德、计划生育、交通法规等村民文明行为与经济利益挂钩，起到了有效的正向激励作用；通过“媒体平台议丑事”，对不文明行为进行曝光，警戒村民避免此类行为；大力开展“走出去”活动以及在村民中组建舞蹈队、锣鼓队、折扇队、合唱队等团体，丰富村民的精神文化生活。同时，永联

村还通过三级平台议事体系深化基层民主，建立法治型党组织，建立爱心互助街，成立志愿者联合会、为民基金会等举措培育居民互助精神，积极培育具有民主意识、法制观念、互助精神的合格公民。由此，永联村连续五届获评“全国文明村”。

（四）生活富裕，发展成果公平共享

永联村在建设发展进程中，始终坚持共建共享原则不动摇，坚持走共同富裕的道路。全村在 40 多年的发展过程中，不同发展阶段都从实际出发，分别设定“奖农补副”“并队扩村”“集体持股”“按户分配”“充分就业”等制度，让全体村民共享企业发展成果、土地流转成果、集体福利成果，实现共同富裕。比如，为确保村民充分就业，让农民离土不离乡，真正实现就地城镇化，永联村发挥永钢集团大企业优势，同等条件下优先录用本村村民。另外，成立劳务派遣公司吸纳低能劳动力。同时，建设农民创业园，鼓励村民自主创业，发展乡村旅游和街区商业，为村民创造经营、增收的商机，引导村民自主经营，消化剩余劳动力。目前，村民家家有住房、人人有工作、个个有福利。2019 年江苏省农村居民人均可支配收入 19158 元，城镇居民人均可支配收入 43622 元，而永联村村民人均可支配收入达到 58000 元，是全省农村居民平均水平的 3 倍，甚至高于全省城镇居民平均水平，村民收入充分体现了永联村村民生活富裕的程度。

（供稿单位：江苏省张家港市民政局；案例整理：吕延青）

附　录

我国农村社区治理重要文件概览

（2018年1月—2019年12月）

一、中共中央、国务院印发《乡村振兴战略规划（2018—2022年）》

规划以习近平总书记关于“三农”工作的重要论述为指导，按照产业兴旺、生态宜居、乡风文明、治理有效、生态富裕的总要求，对实施乡村振兴战略作出阶段性谋划，分别明确至2020年全面建成小康社会和2022年召开党的二十大时的目标任务，细化实化工作重点和政策措施，部署重大工程、重大计划、重大行动，确保乡村振兴战略落实落地，是指导各地区、各部门分类有序推进乡村振兴的重要依据。

二、中共中央印发《中国共产党农村基层组织工作条例》

条例以习近平新时代中国特色社会主义思想为指导，贯彻党章和新时代党的建设总要求、新时代党的组织路线，紧密结合农村实际，坚持问题导向，总结基层创造的好经验、好做法，对党的农村基层组织工作作出全面规范，是新时代党的农村基层组织建设的基本遵循。条例对农村基层组织设置、职责任务及各方面建设作出了具体规范。

三、中共中央、国务院发布《关于坚持农业农村优先发展 做好“三农”工作的若干意见》

意见指出，2019、2020年两年是全面建成小康社会的决胜期，“三农”领域有不少必须完成的硬任务。必须坚持把解决好“三农”问题作为全党工作重中之重不动摇，进一步统一思想、坚定信心、落实工作，巩固发展农业农村好形势，发挥“三农”压舱石作用，为有效应对各种风险挑战赢得主动，为确保经济持续健康发展和社会大局稳定、如期实现第一个百年奋斗目标奠定基础。

意见提出“三农”建设8个方面工作，包括聚力精准施策，决战决胜脱贫攻坚；夯实农业基础，保障重要农产品有效供给；扎实推进乡村建设，加快补齐农村人居环境和公共服务短板；发展壮大乡村产业，拓宽农民增收渠道；全面深化农村改革，激发乡村发展活力；完善乡村治理机制，保持农村社会和谐稳定；发挥农村党支部战斗堡垒作用，全面加强农村基层组织建设；加强党对“三农”工作的领导，落实农业农村优先发展总方针。

四、中共中央办公厅、国务院办公厅印发《关于促进小农户和现代农业发展有机衔接的意见》

意见对促进小农户和现代农业发展有机衔接的意义进行了阐述，并提出小农户和现代农业发展有机衔接的总体要求。

意见从提升小农户发展能力、提高小农户组织化程度、拓展小农户增收空间、健全面向小农户的社会化服务体系、完善小农户扶持政策等方面进行指导，扶持小农户发展，以加快推进农业农村现代化。

五、中共中央、国务院发布《关于建立健全城乡融合发展体制机制和政策体系的意见》

意见提出了关于建立健全城乡融合发展体制机制和政策体系的总体要求，建立城乡融合发展体制机制的主要目标是：到2022年，城乡融合发展体制机制初步建立；到2035年，城乡融合发展体制机制更加完善；到21世纪中叶，城乡融合发展体制机制成熟定型。

意见还就如何建立健全有利于城乡要素合理配置的体制机制，建立健全城乡基本公共服务普惠共享的体制机制、城乡基础设施一体化发展的体制机制、乡村经济多元化发展的体制机制、农民收入持续增长的体制机制以及组织保障等方面的工作提出了具体要求。

六、中共中央办公厅、国务院办公厅印发《数字乡村发展战略纲要》

纲要详细部署了加快乡村信息基础设施建设、发展农村数字经济、强化农业农村科技创新供给等10项重点任务。

纲要提出数字乡村发展的战略目标。要求到2020年，数字乡村建设取得初步进展。全国行政村4G覆盖率超过98%，农村互联网普及率明显提升。到2025年，数字乡村建设取得重要进展。乡村4G深化普及、5G创新应用，城乡“数字鸿沟”明显缩小。到2035年，数字乡村建设取得长足进展。城乡“数字鸿沟”大幅缩小，农民数字化素养显著提升。到21世纪中叶，全面建成数字乡村，助力乡村全面振兴，全面实现农业强、农村美、农民富。

七、中共中央办公厅、国务院办公厅印发《关于加强和改进乡村治理的指导意见》

指导意见坚持以习近平新时代中国特色社会主义思想为指导，全面贯彻党的十九大和十九届二中、三中全会精神，紧紧围绕统筹推进“五位一体”总体布局和协调推进“四个全面”战略布局。提出完善村党组织领导乡村治理的体制机制、发挥党员在乡村治理中的先锋模范作用等17项主要任务，并加以组织实施。

意见提出乡村治理的总体目标：到2020年，现代乡村治理的制度框架和政策体系基本形成，农村基层党组织更好发挥战斗堡垒作用，以党组织为领导的农村基层组织建设明显加强，村民自治实践进一步深化，村级议事协商制度进一步健全，乡村治理体系进一步完善；到2035年，乡村公共服务、公共管理、公共安全保障水平显著提高，党组织领导的自治、法治、德治相结合的乡村治理体系更加完善，乡村社会治理有效、充满活力、和谐有序，乡村治理体系和治理能力基本实现现代化。

八、中共中央办公厅、国务院办公厅印发《关于加快推进公共法律服务体系建设的意见》

意见指出，公共法律服务是政府公共职能的重要组成部分，是保障和改善民生的重要举措，是全面依法治国的基础性、服务性和保障性工作。意见提出，到2022年，基本形成覆盖城乡、便捷高效、均等普惠的现代公共法律服务体系；到2035年，基本形成与法治国家、法治政府、法治社会基本建成目标相适应的公共法律服务体系。提出推进基本公共法律服务均衡发展、促进公共法律服务多元化专业化、创新公共法律服务管理体制和工作机制、加大保障力度、切实加强组织领导等任务。

九、中共中央印发《中国共产党农村工作条例》

条例指出，党的农村工作必须以习近平新时代中国特色社会主义思想为指导，紧紧围绕统筹推进“五位一体”总体布局和协调推进“四个全面”战略布局，坚持稳中求进工作总基调，贯彻新发展理念，落实高质量发展要求，以实施乡村振兴战略为总抓手，健全党领导农村工作的组织体系、制度体系和工作机制，加快推进乡村治理体系和治理能力现代化，加快推进农业农村现代化，让广大农民过上更加美好的生活。强调“三农”问题是关系国计民生的根本问题。

条例提出了党的农村工作必须遵循的6大原则，还就组织领导、主要任务、队伍建设、保障措施、考核监督等做了具体部署。

十、国家卫生健康委、民政部、国家发展改革委、教育部等部门联合印发《关于深入推进医养结合发展的若干意见》

意见着眼近年来各方反映较多的制约医养结合发展的堵点、难点问题，坚持问题导向，依从2019年政府工作报告中的“改革完善医养结合政策”的部署，提出了5个方面的政策措施：一是强化医疗卫生与养老服务衔接，二是推进“放管服”改革，三是加大政府支持力度，四是优化保障政策，五是加强队伍建设。

十一、第十三届全国人民代表大会常务委员会第十五次会议通过《中华人民共和国社区矫正法》

围绕鼓励和引导社会力量参与社区矫正，社区矫正作出了一系列规定。社区矫正法包括总则，机构、人员和职责，决定和接收，监督管理，教育帮扶，解除和终止，未成年人社区矫正特别规定，法律责任，附则，共9章63条。明确了社区矫正的目标和工作原则，规定社区矫正工作坚持监督管理与教育帮扶相结合，专门机关与社会力量相结合，采取分类管理、个别化矫正，有针对性地消除社区矫正对象可能重新犯罪的因素，帮助其成为守法公民。

十二、中国人民银行、银保监会、证监会、财政部、农业农村部联合印发《关于金融服务乡村振兴的指导意见》

指导意见强调，要以习近平新时代中国特色社会主义思想为指导，紧紧围绕党的十九大关于实施乡村振兴战略的总体部署，坚持以市场化运作为导向、以机构改革为动力、以政策扶持为引导、以防控风险为底线，聚焦重点领域，深化改革创新，建立完善金融服务乡村振兴的市场体系、组织体系、产品体系，促进农村金融资源回流。指导意见提出对标实施乡村振兴战略的三个阶段性目标与基本原则，明确了相应阶段内金融服务乡村振兴的目标。

十三、商务部等10部门联合印发《多渠道拓宽贫困地区农产品营销渠道实施方案》

实施方案确定主要目标，到2020年，贫困地区农产品营销渠道不断拓宽，农产品产销对接更加紧密、稳定，农村物流配送体系和农产品冷链物流设施逐步完善，对贫困地区产业发展的带动作用得到增强，服务脱贫攻坚的能力和水平进一步提升。

实施方案要求，通过推动流通企业与贫困村建立长期稳定的产销关系，组织开展贫困地区农产品定向直供直销活动，完善贫困地区农村物流配送体系，加强特色优势农产品生产基地冷链设施建设等方式促进贫困地区产业发展，助力乡村振兴。

十四、中宣部等10部门印发《农家书屋深化改革创新 提升服务效能实施方案》

实施方案要求，以习近平新时代中国特色社会主义思想和党的十九大精神为指导，认真学习宣传贯彻落实全国宣传思想工作会议精神，牢固树立以人民为中心的工作导向，以新时代文明实践中心建设为统领，坚持在改革发展中解决问题、在总结经验基础上守正创新、在服务群众中提升效能、网上网下协同推进。

实施方案明确了系列措施，提出通过深化改革创新，提升服务效能，做强做优一批示范书屋，规范提升一批标准书屋，整改完善一批问题书屋，使农家书屋资源闲置、机制不活、内容不合口味、数字化程度不高等问题得到初步解决，让农家书屋有书读、有人管、有活动吸引，形成聚人气、有活力、可持续的生动局面。

十五、住房城乡建设部发布《关于开展农村住房建设试点工作的通知》

通知明确了全国住房建设工作会议的指导思想，提出任务目标，要求做好组织实施工作。到2022年，多数县（市、区、旗）建成示范农房；到2035年，农房建设普遍有管理，农民居住条件和乡村风貌普遍改善，农民基本住上适应新的生活方式的宜居型农房。

通知明确了试点内容，探索支持农民建设宜居型农房机制，大力开展农村住房建设试点；探索组织农房设计力量下乡服务机制；探索建立农村建筑工匠培养和管理制度，探索建立村级农房建设协管员机制，吸收下乡服务的专家和大学生村官兼职村级农房建设协管员，有条件的地方可推动将村级农房建设协管员纳入公益性岗位指导目录。

十六、农业农村部、财政部发布《关于做好2019年农业产业强镇示范建设工作的通知》

通知包含总体原则、建设内容及支持方式、建设条件及推荐程序、有关要求等内容。通知强调聚焦主业、集群发展，创新引领、融合发展，多方参与、协同推进三大基本原则。提出壮大农业主导产业、培育产业融合主体、创新利益联结机制、建立健全体制机制、助力产业脱贫攻坚五方面建设内容，对农业产业强镇示范建设条件、推荐要求做了具体的阐释。

十七、中央深改委审议通过《关于加强和改进乡村治理的指导意见》

指导意见提出乡村治理总体目标，强调乡村治理17项主要任务：完善村党组织领导乡村治理的体制机制；发挥党员在乡村治理中的先锋模范作用；规范村级组织工作事务；增强村民自治组织能力；丰富村民议事协商形式；全面实施村级事务阳光工程；积极培育和践行社会主义核心价值观；实施乡风文明培育行动；发挥道德模范引领作用；加强农村文化引领；推进法治乡村建设；加强平安乡村建设；健全乡村矛盾纠纷调处化解机制；加大基层小微权力腐败惩治力度；加强农村法律服务供给；支持多方主体参与乡村治理；提升乡镇和村为农服务能力。贯彻落实党的十九大精神和《中共中央、国务院关于实施乡村振兴战略的意见》部署要求，推进乡村治理体系和治理能力现代化，夯实乡村振兴基层基础。

十八、农业农村部印发《关于加快推进农业综合行政执法改革工作的通知》

通知要求，各地推进改革过程中，要严格遵循改革总体要求，防止改革跑偏走样；全面整合农业执法队伍，彻底消除多头重复执法；正确把握队伍组建方式，理顺综合执法与日常监管的关系；建立健全省、市、县农业综合执法体系，明确层级职责分工；大力加强执法规范化建设，切实做到严格规范公正文明执法；积极创新执法制度机制，不断提升执法合力和效能；强化执法保障，确保满足执法工作需要；加强执法队伍党建工作，把党的全面领导贯穿改革的各方面和全过程。

通知强调，各地农业农村主管部门要加强对下级部门推进改革情况的督促指导，用督导传递压力、用压力推动落实，确保改革任务如期完成。要主动向党委、政府汇报，积极与相关部门沟通，尽快协调落实农业综合执法队伍人员编制、经费保障、装备配备、职业保障等扶持政策，确保本部门农业综合执法队伍整合组建到位、职责编制明确到位、执法人员配备到位、经费装备保障到位。

十九、农业农村部、财政部发布《关于做好2019年绿色循环优质高效特色农业促进项目实施工作的通知》

通知指出，要充分认识实施特色农业促进项目的重要意义：推进农业供给侧结构性改革的迫切需要；推动质量兴农、绿色兴农的有效途径；促进农民增收致富的重要抓手；提高我国农业竞争力的必然选择。

通知要求，要建设全程绿色标准化生产基地；完善产加销一体化发展全链条；加强质量管理和品牌运营服务。通知明确实施绿色循环优质高效特色农业促进项目应具备以下条件：一是地方政府有积极性；二是优势特色产业发展基础好；三是优势特色产业融合发展潜力大，具有示范带动能力较强的农业产业化龙头企业或农民合作社，能够带动小农户分享产业增值收益。

二十、中央农村工作领导小组办公室、农业农村部印发《关于做好农村“厕所革命”整村推进财政奖补政策组织实施工作的通知》

通知要求切实实施好农村“厕所革命”整村推进财政奖补政策，确保农村“厕所革命”顺利推进，将好事办好。通知提出，要切实加强领导，统筹做好计划任务的确定和组织实施工作；要突出重点整村科学推进；要科学编制实施方案；要压实县级主体责任；要因地制宜滚动推进；要充分尊重农民意愿；要做好信息公开确保规范；要建立和完善长效管护机制。并将农村改厕工作列入2019年底国务院大检查。

二十一、中央农办、农业农村部、生态环境部等 9 部门联合印发《关于推进农村生活污水治理的指导意见》

指导意见提出，到 2020 年，东部地区、中西部城市近郊区等有基础、有条件的地区，农村生活污水治理率明显提高，村庄内污水横流、乱排乱放情况基本消除，运维管护机制基本建立；中西部有较好基础、基本具备条件的地区，农村生活污水乱排乱放得到有效管控，治理初见成效；地处偏远、经济欠发达等地区，农村生活污水乱排乱放现象明显减少。

指导意见明确了扎实推进农村生活污水治理 8 个方面的重点任务：全面摸清现状，科学编制行动方案，合理选择技术模式，促进生产生活用水循环利用，加快标准制修订，完善建设和管护机制，统筹推进农村厕所革命，推进农村黑臭水体治理。

二十二、中央农办、农业农村部等 13 部门联合印发《关于做好中国农民丰收节组织实施工作的指导意见》

指导意见明确，中国农民丰收节坚持农民主体，贴近农民的生产生活，满足农民的物质和精神需求，提高农民的参与度和基层覆盖率，充分发挥农民群众的智慧和力量，让农民真正成为节日的主角。指导意见要求，动员各方力量广泛开展庆丰收活动，共同推动形成新时代农民庆丰收习俗。充分发挥各地、各部门指导作用，不断丰富节日活动形式和内容。意见强调，各地、各部门要加强组织领导，把组织实施好中国农民丰收节作为“三农”工作重要内容摆上长期议事日程，明确责任分工，加强研究部署。

二十三、中央农办、农业农村部等 11 部门联合印发《关于开展农民合作社规范提升行动的若干意见》

意见确定了主要目标：到 2020 年，农民合作社质量提升整县推进试点范围稳步扩大，运行管理制度更加健全，民主管理水平进一步提升，成员权利得到切实保障，支持政策更加完善；到 2022 年，农民合作社质量提升整县推进基本实现全覆盖，示范社创建取得重要进展，辅导员队伍基本建成，农民合作社规范运行水平大幅提高，服务能力和带动效应显著增强。

意见提出，要提升农民合作社规范化水平，完善章程制度，健全组织机构，规范财务管理，合理分配收益，加强登记管理；增强农民合作社服务带动能力，鼓励农民合作社发展乡村产业，引导家庭农场组建或加入农民合作社。开展“空壳社”专项清理，并加强试点示范引领，加大政策支持力度，强化指导服务。

二十四、民政部印发《关于进一步扩大养老服务供给 促进养老服务消费的实施意见》

实施意见指出，扩大养老服务供给，促进养老服务消费，事关亿万老年人及其家庭幸福生活，对拉动内需、扩大就业、促进经济发展具有重要作用。为推动解决当前存在的养老服务有效供给不足、养老服务消费政策不健全、营商和消费环境有待改善等突出问题，更好地满足广大老年人多样化、多层次养老服务需求，实施意见提出了六个方面共 17 条措施。

实施意见强调，养老服务部际联席会议要充分发挥综合指导和统筹协调作用，推动部门协作配合，系统解决扩大养老服务供给，促进养老服务消费中面临的突出问题。各有关部门要切实强化组织领导，加大支持力度，逐项抓好政策分解，确保各项措施落地生效。各地区要把促进养老服务消费列入重要工作议程，特别是要把发展社区养老服务、加强社区养老服务设施建设作为解决大城市养老难问题的重要民生工程，结合本地区实际，细化政策措施，做好政策衔接，确保各项工作落到实处。

二十五、北京市生态环境局、农业农村局印发《北京市落实〈农业农村污染治理攻坚战行动计划〉实施方案》

实施方案明确了加强农村饮用水水源地保护、扎实推进农村污水垃圾治理、持续推动农业污染防治、提升农业农村环境监管能力四个方面近 20 项具体任务。提出了加强市级统筹、落实属地责任、保障资金投入、完善经济政策、加强村民参与、培育市场主体六方面保障措施。

实施方案强调，各区、各部门要高度重视、加强领导，明确责任分工，全面组织落实，加强统筹调度，严格督查考核，确保圆满完成目标任务，坚决打好本市农业农村污染治理攻坚战，增强广大农民的获得感和幸福感，为全面建成小康社会打下坚实基础。

二十六、北京市委、市政府印发《关于落实农业农村优先发展扎实推进乡村振兴战略实施的工作方案》

工作方案要求，加快补齐农村人居环境短板，营造乡村新面貌；夯实都市现代农业基础，推动农业高质量发展；聚力精准施策，激发乡村发展活力；全面深化农村改革，激活乡村要素市场；完善乡村治理机制，保持农村社会和谐稳定；加强党对“三农”工作的领导，落实农业农村优先发展总方针。结合北京市实际，确保顺利完成承诺的到2020年底农村改革发展目标任务。

二十七、宁夏回族自治区生态环境厅、市场监督管理厅联合出台《农村生活污水处理设施水污染物排放标准》

标准对农村生活污水处理设施水污染物排放限值、监测和监控以及实施与监督等作出规定：凡在法律法规禁止排污的保护区内的饮用水水源地、风景名胜区水体、自然保护区水体、重要渔业水体和其他具有特殊经济文化价值的水体等不得新建排污口；对人口规模较大、集聚程度较高、经济条件较好的村庄，宜开展生活污水的集中式收集，经农村污水处理设施处理后达标排放或回用。对人口规模较小、居住较为分散、地形地貌复杂以及出水主要用于施肥灌溉等农业用途的村庄，宜采用分散式处理设施处理后达标排放或回用。

二十八、广西壮族自治区人民政府印发《关于加快推进广西现代特色农业高质量发展的指导意见》

指导意见提出9大行动，共计44条专项任务，以农业供给侧结构性改革为主线，着力强龙头、补链条、聚集群做大做强农业规模和总量；着力提品质、创品牌、拓市场提升农业质量效益和竞争力，加快转变发展方式，推动现代特色农业技术升级、改革升级、产业升级。9 大行动包括：一是实施特色产业集群发展行动，二是实施质量兴农绿色发展行动，三是实施一二三产业融合发展行动，四是实施现代特色农业示范园区创建行动，五是实施现代农业科技创新行动，六是实施品牌强农行动，七是实施农产品产销对接行动，八是实施龙头成长壮大行动，九是实施现代农业经营体系创新行动。

二十九、广西壮族自治区民政厅印发《全区农村低保专项治理“抓系统、系统抓”工作方案》

工作方案指出，开展全区农村低保专项治理“抓系统、系统抓”工作，紧盯农村低保资金监督、对象识别、动态管理等，查处农村低保领域中的腐败和作风问题。根据工作方案，2019 年 5 月至 7 月底，在全区范围内开展一次低保资金大排查，重点排查资金发放过程中的薄弱环节、风险点，重点排查每户每月社会救助资金发放超过 3000 元的账号和对象，排查是否属于低保对象家庭，是否与经审批应发放金额一致，是否属于重复发放资金等。同时，紧盯农村低保对象识别不精准问题，特别是重点检查成年无业重度残疾人和三、四级精神智力残疾人纳入低保工作情况，对已经宣布脱贫摘帽后贫困县、贫困村仍允许存在的 3% 未脱贫的建档立卡贫困对象，以及全区 4 个极度贫困县、400 个极度贫困村、1 万户极度贫困户中未脱贫的建档立卡贫困对象纳入低保情况。对于近一年来曾提交申请但未审批通过的家庭、动态管理中已退出的低保家庭、未纳入低保的建档立卡贫困户进行全面排查，做到应保尽保。

三十、河北省委办公厅、省人民政府办公厅印发《河北省农村人居环境整治三年行动实施方案（2018—2020 年）》

实施方案提出，河北省将全面推进农村生活垃圾治理，集中消除历史积存垃圾，彻底解决垃圾“围村”和村内脏乱差的问题。农村人居环境整治行动将发挥村民主体作用，完善政策支持，聚焦于农村存在的垃圾、污水、厕所粪污、村容村貌等最突出问题，用3年时间集中攻坚，推动生态宜居美丽乡村建设。

三十一、河北省民政厅印发《关于加强贫困地区农村基层政权建设的通知》

通知紧紧围绕“三个聚焦”，进一步提高政治站位，增强“四个意识”，采取有力有效措施，扎实推进贫困地区农村基层政权建设再上台阶。

加强乡镇政府服务能力建设，努力提高贫困地区基层服务保障能力。开展村委会换届“回头看”，为贫困地区配强村委会领导班子。抓好村“两委”人员培训，不断提升贫困地区村“两委”人员能力素质。深化村务公开民主管理，确保贫困地区脱贫攻坚项目资金使用安全。规范完善村规民约，大力倡导贫困地区文明新风。推进易地搬迁安置点治理体系建设，力促搬迁群众搬得出、稳得住。科学划定易地搬迁安置点基本管理单元，规范设立管理服务机构，合理配备人员编制，健全基层党组织领导下的安置点居民自治机制。

三十二、河北省沧州市民政局、财政局、扶贫办制订《关于推进农村特殊困难群体社会救助兜底保障工作的实施方案》

实施方案进一步扩大了困难群众的保障范围，将符合条件的重度残疾人、重病患者、困难老年人、未成年人等完全或部分丧失劳动能力的农村特殊困难群体及时纳入社会救助保障范围。对申请低保家庭进行重新定义，除夫妻双方及未成年子女必须视为共同生活家庭成员，不得分开申请低保外，其他具有法定赡养（扶养、抚养）义务关系的人员，无论是否共同生活、是否单独立户，均可不列入低保共同申请人。加大支出型困难群众救助力度，在核算困难家庭收入时，应扣减家庭成员因残疾、患重病、子女就学等增加的实际刚性支出和必要的就业成本，扣减后其符合农村低保标准的纳入救助范围。规定城镇特殊困难群体社会救助工作可参照执行。

此外，实施方案提出了明确的工作要求，一是提高政治站位，转变工作作风；二是全面开展摸排，建立信息台账；三是强化工作保障，加强业务培训；四是加大落实力度，强化责任担当。

三十三、中共河南省委办公厅、河南省人民政府办公厅印发《关于加强乡镇政府服务能力建设的实施意见》

实施意见提出，要强化乡镇政府服务功能，优化乡镇基本公共服务资源配置，创新乡镇公共服务供给方式，提高乡镇公共服务信息化水平，完善群众权益保障机制。同时，切实加强组织领导、监督考核和干部队伍建设，不断强化组织保障。实施意见明确，到2020年，乡镇政府服务能力全面提升，服务内容更加丰富，服务方式更加便捷，服务体系更加完善，基本形成职能科学、运转有序、保障有力、服务高效、人民满意的乡镇政府服务管理体制机制，为该省高质量发展奠定坚实基层基础。实施意见还要求各地要结合实际，研究制定推进乡镇政府服务能力建设的具体措施。

三十四、河南省委、省政府印发《2019年河南省重点民生实事工作方案》

工作方案公布了要办理的10件重点民生实事。这10件重点民生实事是：新增城镇就业110万人；提高高龄老人医保报销比例，实行老年人高龄津贴制度；继续开展妇女“两癌”筛查，完善产前筛查和新生儿疾病筛查机制；实施残疾儿童康复救助；实施农村人居环境“千村示范、万村整治”工程；持续改善大气环境质量；进一步改善农村出行条件；新建和改扩建城乡幼儿园1000所；持续推进农村电网改造；加快县（市）人民医院提质升级。

三十五、河南省市场监督管理局印发《关于进一步规范提升农村集体聚餐食品安全管理工作的通知》

通知要求牢固树立以人民为中心的管理理念，严格落实农村集体聚餐食品安全各项管理措施，进一步健全农村集体聚餐食品安全管理长效机制。通知指出，保障农村集体聚餐食品安全，要建立健全乡镇（街道）协管员、村级信息员工作机制；要督促农村聚餐厨师备案登记，定期组织健康体检和食品安全知识培训；要引导聚餐活动举办者事前主动申报，做好备案登记、风险告知、签订食品安全承诺书等；要根据聚餐活动规模建立食品安全分类指导制度；要引导农村集体聚餐进入固定场所经营，探索建立农村集体聚餐厨师食品安全责任保险制度。

三十六、云南省人民政府发布《云南省“厕所革命”三年行动计划（2018—2020年）》

行动计划推进农村无害化卫生户厕改造建设，在农村地区推广水冲式卫生厕所改造，同步实施厕所粪污治理，有效解决云南农村户厕中旱厕数量较多、无害化卫生户厕普及率低及少数地方无户厕等问题。

三十七、云南省委、省政府印发《云南省乡村振兴战略规划（2018—2022年）》

规划共分为11章43节，设置19个专栏，部署109项重大工程、重大计划、重大行动，以坚持乡村振兴和新型城镇化双轮驱动、加快城乡融合发展、建立新型工农城乡关系为逻辑主线，衔接空间布局、脱贫攻坚、生产和生态布局、民生保障、政策制度供给等各个板块，既做好“规定动作”，又彰显云南特色。

规划提出，重点推进6个千亿元级大产业、2个600亿元级产业建设，培育壮大省级以上龙头企业、农民合作社等新型经营主体，进一步夯实农业生产能力基础、强化农业科技支撑、建设农业服务平台、提升农业对外开放水平；凸显生态优势和乡村多元化特色，实施“美丽乡村建设万村示范行动”，从强化村镇规划、保护传统村落、做强做精产业、完善村镇基础设施建设、提升乡村服务功能、挖掘特色和文化6个方面发力，到2022年完成1万个示范村建设。

三十八、云南省人民政府办公厅出台《关于进一步完善农村最低生活保障制度的意见》

意见提出，农村最低生活保障省级指导标准根据经济社会发展水平和物价变动情况实行年度动态调整。要准确认定农村最低生活保障对象，规范优化审核审批程序，加强最低生活保障工作监督管理，强化责任追究，加强工作保障，完善农村最低生活保障制度。

三十九、广东省卫生计生委、扶贫办、人力资源社会保障厅、民政厅等部门联合出台《广东省健康扶贫三年行动计划（2018—2020年）》

行动计划提出，全额资助低保对象、特困供养人员、建档立卡的贫困人口以及低收入家庭的重度残疾人、重病患者、老年人和未成年人等重点人群参加城乡居民基本医疗保险。广东省将开通贫困人口中途参保，从参保缴费次月起享受基本医疗保险待遇。针对“大病致贫”“大病返贫”等情况，行动计划要求，对贫困人口采取降低大病保险起付标准、提高报销比例、不设最高支付限额等方式，提高其大病保险待遇。建档立卡的贫困人口、最低生活保障对象起付标准下降不低于70%，报销比例达到70%以上；特困供养人员起付标准下降不低于70%，报销比例达到80%以上。对经救助后自负医疗总费用仍负担过重、影响基本生活的贫困人口，按规定给予“二次救助”。广东省将全额资助低保对象、贫困人口等参加医保，2018年底前，广东省将对贫困人口实现大病专项救治全覆盖，各地级以上市全面开展“二次救助”。

四十、广东省民政厅、财政厅、扶贫办联合印发《关于在脱贫攻坚三年行动中切实做好社会救助兜底保障工作的实施意见》

实施意见明确了未脱贫建档立卡相对贫困人员按规定程序纳入农村低保的标准，并对扶贫部门认定稳定脱贫的建档立卡人员，按规定程序退出低保，对退出后重新符合条件的及时纳入低保。实施意见进一步扩大了保障对象的范围，对因病、残、学等刚性支出导致的贫困人口进行低保对象覆盖；将完全丧失或部分丧失劳动能力且无法依靠产业扶持和就业帮助脱贫的建档立卡相对贫困人员纳入农村低保兜底保障，并将农村低保按户施保转为按户施保和按人施保相结合。实施意见规定，2020 年底前，建档立卡兜底保障对象可以不纳入家庭经济状况核对范围，确保其稳定脱贫。

四十一、广东省农业农村厅印发《“一村一品、一镇一业”建设工作方案》

根据工作方案，广东省将通过“一村一品、一镇一业”建设，形成一批主导产业突出、区域特色优势明显、市场前景较好、组织化程度较高、农民增收效果显著的专业村镇，促进地方特色产业由资源变产品、产品变商品、商品变名品，带动产品开发、产业发展，富裕一方农民，振兴一方经济。要做精一批特色产业，培育一批新型经济主体，推广一批绿色生态技术，打造一批知名品牌，推动一批产业融合，推广一批农业机械化和信息化技术，加快一批土地流转。

工作方案明确，把“一村一品、一镇一业”建成兴村强镇的发展工程和富裕农民的民生工程。政府在建设中起引导作用，充分发挥规划引导、资源整合和示范推广的作用。

四十二、广东省民政厅、省委组织部、省委政法委等部门印发《关于印发做好村规民约和居民公约工作行动方案的通知》

通知部署全面修订村规民约和居民公约工作，明确 2019 年底全省 60% 的村（社区）修订完善具有依法保障、自我约束且务实管用的村规民约和居民公约，到 2020 年实现全省所有村（社区）全覆盖，推动健全党组织领导下自治、法治、德治相结合的新时代城乡基层社会治理机制。

通知明确，行动方案包括规范村规民约、居民公约内容，规范村规民约、居民公约修订程序，加强村规民约、居民公约监督落实 3 大主要任务。强调加强组织实施、明确修订程序，特别要求，乡镇党委、政府（街道党工委、办事处）要加强对村规民约、居民公约落实情况的督促检查，将其作为基层组织建设的经常性工作，要纳入乡镇（街道）领导干部直接联系群众工作重点内容，纳入村（社区）“两委”班子目标责任考核内容。

四十三、广东省珠海市委、市政府出台《关于加强和完善城乡社区治理的实施方案》

实施方案明确了加强和完善城乡社区治理的工作目标，即打造富有凝聚力的社区治理体系，公平正义的社区法治环境，和谐友善的社区生活共同体，具有获得感的社区治理城市，形成城乡社区治理“珠海模式”。

实施方案提出健全城乡社区治理体系、提升城乡社区治理水平、完善城乡社区服务功能、推动城乡社区治理探索创新四个方面 14 项任务。突出强调了走在前列的工作要求，强化党的领导，完善法治建设，探索改革创新，推进幸福共享，促进民主协商。

实施方案从组织领导、资金投入等方面提出工作保障。明确由市委基层治理领导小组统筹协调全市城乡社区治理工作，各有关部门根据职责做好政策制定、资金支持、设施配备和能力建设等工作。区党委书记要履行第一责任人职责，乡镇（街道）党（工）委书记要履行好直接责任人职责。加大财政保障力度，统筹使用各级各部门投入城乡社区的符合条件的相关资金，提高资金使用效率。

四十四、湖北省人民政府办公厅出台《全省农民工等人员返乡创业三年行动计划（2018—2020 年）》

行动计划提出，加强创业平台建设、实施农村电商工程、开展创业就业培训、优化返乡创业服务、加强财政政策支持、落实税收优惠政策、加大用地倾斜力度、提升金融服务水平等措施。大力实施农民工等人员返乡创业三年行动计划，进一步健全体制机制，优化创业环境，充分发挥就业补助资金使用效益，引导和扶持更多人员返乡创业。2018—2020 年，全省新增返乡创业 15 万人，带动就业 50 万人，形成人员回归、资金回流、项目回迁的良好局面。

四十五、湖北省民政厅印发《关于认真做好2019年扫黑除恶专项斗争工作的通知》

通知要求，全省各级民政部门要聚焦主责、主业，切实履行专项斗争重大政治责任。要强化基层治理，铲除黑恶势力滋生土壤。要认真组织开展“回头看”，对所有新当选的村（居）民委员会成员开展全面排查，坚决将受过刑事处罚、存在“村霸”问题和涉黑涉恶等问题人员从村（社区）干部队伍中清理出去；要创新基层社会治理，在实践中创新发展新时代“枫桥经验”，会同有关部门研究制定关于加强和规范村务监督委员会建设、改进和规范基层群众性自治组织出具证明、做好村规民约和居民公约等实施意见。

四十六、浙江省委、省政府印发《全面实施乡村振兴战略　高水平推进农业农村现代化行动计划（2018—2022年）》

行动计划高举乡村振兴大旗，全面开启新时代“三农”发展新征程。行动计划以实施乡村振兴战略为主题，以高水平推进农业农村现代化为总目标，共10个部分、44条，按照“654”的框架排篇布局，形成了全省乡村振兴战略的“四梁八柱”。“6”即坚持农业农村优先发展、坚持乡村高质量发展、坚持乡村全面振兴、坚持城乡融合发展、坚持因地制宜特质发展、坚持底线思维和红线意识6大原则。“5”即以实施万家新型农业主体提升、万个景区村庄创建、万家文化礼堂引领、万村善治示范、万村农民收入新增“五万工程”为基础，全面推动乡村产业振兴、新时代美丽乡村建设、乡村文化兴盛、自治法治德治“三治结合”提升、惠民“五大行动”。“4”即全面加强农村改革、科技创新与人才培育、农村党建引领、组织领导4大保障支撑措施，体系化、系统化推进全省乡村振兴。

四十七、浙江省绍兴市民政局出台《关于要求规范社区（村）旧衣物捐赠回收箱设置行为的通知》

通知要求，各区、县（市）民政局对本辖区内旧衣服回收捐赠箱的设置运行情况进行全面排查，排查内容包括设置数量、设置主体单位、具体实施单位及负责人员、设置时间等。针对合法与非法情况进行有效区分，针对合法设置的旧衣物捐赠回收箱，要求主体单位进一步明确主体责任，严格监管捐赠衣物的流向，对市民做好宣传引导。对非法以慈善公益名义设置旧衣物捐赠回收箱的其他组织和个人，一律责令其立即停止活动，全面消除影响，并作清除处理，对继续开展捐赠回收活动的，一经发现，坚决打击取缔，没收非法所得，涉嫌犯罪的，移交公安机关依法处理。

四十八、江苏省人民政府办公厅印发《江苏省农村河道管护办法》

办法规定，县级人民政府是本行政区域内农村河道长效管护的责任主体，县级人民政府水行政主管部门是本行政区域内农村河道管护的行业主管部门。农村河道管理范围内堤防护岸林木不得擅自砍伐。县级人民政府应当加强农村河道环境整治，限期消除黑、臭、脏河道，定期组织水生植物清理、漂浮物打捞、河道保洁等；积极推行河道、道路、绿化、垃圾、公共设施“五位一体”综合管护模式，努力实现农村河道“五位一体”综合管护及社会化管护全覆盖。县级人民政府水行政主管部门应当建立农村河道巡查、督查制度，定期开展监督检查，查处违法行为。河道管理单位应当开展日常管护巡查，向水行政主管部门报告巡查中发现的重大问题。

四十九、江苏省人民政府办公厅印发《关于深入开展消费扶贫助力打赢打好江苏省脱贫攻坚战的实施意见》

实施意见围绕促进低收入人口稳定脱贫和经济薄弱地区长远发展，坚持精准扶贫、精准脱贫基本方略，坚持政府引导、社会参与、市场运作、创新机制，推动各类市场主体与经济薄弱地区共同构建紧密销售渠道。意见提出，要以优质、安全、绿色为导向，促进经济薄弱地区农产品质量提升；要围绕产业转移和产业培育，强化经济薄弱地区劳动力就业创业培训，着力提升职业技能素质；要将消费扶贫纳入后方单位定点扶贫和各级结对帮扶工作内容，强化后方挂钩帮扶单位特别是苏南市、县建立长期稳定产品供销关系、完善劳务协作机制等方面的责任落实。

实施意见坚持改革创新引领，强化供需衔接互动，全力拓宽消费扶贫路径。创新消费扶贫载体，加强农村物流配送体系和流通服务网点建设，鼓励大型电商企业设立扶贫专卖店、电商扶贫馆和扶贫频道；创新产销对接方式，支持各地积极探索认购产品、领养种植、体验生态等消费形式；创新产业经营形式，着重对推进经济薄弱地区农产品生产标准化、规模化、品牌化作出具体部署，着力推进农业产业经营机制创新。

五十、江苏省民政厅、财政厅、省政府扶贫工作办公室联合印发《关于在脱贫攻坚三年行动中精准做好社会救助兜底保障工作的实施意见》

实施意见要求，进一步加强农村低保制度和扶贫开发政策有效衔接，科学制定农村低保标准。明确将家庭人均收入低于当地农村低保标准且财产状况符合当地低保条件的未脱贫建档立卡低收入农户，全部按规定程序纳入农村低保范围，进一步扩大农村低保兜底保障范围。进一步加大了临时救助力度，对因病、因灾、因祸导致基本生活陷入困境，其他社会救助制度暂时无法覆盖或救助之后基本生活暂时仍有严重困难的农村建档立卡低收入家庭，给予临时救助并确保困难家庭基本生活达到脱贫标准。实施意见要求，进一步完善省、市、县三级核对平台，强化核对系统的对接应用，实现数据互联互通，核对信息三级联动。实施意见还对健全特困人员救助供养制度、推动社会力量参与以及强化相关扶贫政策衔接等方面做了相关安排，充分发挥社会救助综合兜底作用，形成兜底合力，助力脱贫攻坚。

五十一、江苏省农业农村厅、财政厅等部门联合出台《江苏省农村人居环境整治配套激励措施实施办法》

办法包含评价目的、评价对象、评价内容、评价程序等内容。对江苏省 13 个设区市进行评价，对开展农村人居环境整治成效明显的县（市、区）进行激励，评价内容包括各设区市农村人居环境整治工作组织管理、资金保障、工作成效 3 个方面，评价结果较好的设区市参照办法和本地区农村人居环境整治工作评价相关办法，向省农业农村厅、省财政厅推荐激励候选县（市、区）。省级财政在分配年度农村人居环境整治类资金时，对整治成效明显的县（市、区）予以适当倾斜支持。倾斜资金主要用于激励县（市、区）农村生活垃圾污水治理、厕所革命、农业废弃物治理、村容村貌提升和长效管护运维等农村人居环境整治相关内容。

五十二、江苏省扬州市民政局出台《扬州市农村区域性养老服务中心建设的实施意见（试行）》

实施意见提出，建筑设计合规、功能布局合理、医养资源合作的改造标准。意见强调，按照“环境优美、功能齐全、服务优质、管理完善”的标准，以满足农村老年人区域性养老服务需求为导向，完善农村养老基础设施，提升农村养老服务水平，推进医疗与养老相结合。到2022年底，全市改建农村区域性养老服务中心20家。2019年，每个县（市、区）改建1所农村区域性养老服务中心，护理型床位比例不低于床位总数的60%。重视农村养老服务体系建设，拓展养老服务功能，为农村老年人提供从居家、社区到机构的综合性养老服务，发挥区域性养老服务中心的示范引领作用。

五十三、江苏省宿迁市民政局出台《关于推进“村改居”工作的指导意见（试行）》

指导意见明确，规范基本条件，明确实施方案，理顺隶属关系。要求坚持“一村一策，试点推进”，按照不同的情况，实事求是分类处理，积极稳妥推进，不搞一刀切。在保证国家、集体符合法律法规的前提下，最大限度保证村民群众的个人利益。

五十四、江苏省盐城市人民政府办公厅出台《农村生活垃圾“干净行动”实施方案（2019—2021年）》

实施方案按照“先易后难、分批推进”的原则，准备利用3年时间有序开展村庄垃圾整治达标、农村垃圾治理能力提升、农村垃圾分类试点“三大行动”，全面清理村庄沟河暴露积存垃圾。到2021年底达到农村生活垃圾治理“五全目标”，全市2104个行政村垃圾整治达标实现“全覆盖”；保洁人员按4‰标准“全配齐”，垃圾中转站和收集容器置换更新提升“全到位”，垃圾收集转运车辆100%“全密闭”；49个试点镇（园区）垃圾分类处理实现“全区域”。

五十五、安徽省滁州市印发《农村居民最低生活保障实施办法》

实施办法指出，2019年，要不断完善低保制度，推进农村低保与扶贫开发有效衔接。及时将符合条件的建档立卡贫困户全部纳入农村低保范围。同时，实行应保尽保，确保把所有符合条件的困难群众全部纳入低保范围。加强动态管理，切实做到保障对象有进有出、补助水平有升有降。实施办法提出，具有当地农业户籍，符合条件的收入型贫困家庭、成年无业重度困难残疾人和因病支出型贫困居民可获得农村居民最低生活保障，并对不计入家庭收入的项目、申请认定和动态管理等做了明确规定。办法要求，要明确职责分工，各级民政、财政部门要各负其责，加强沟通协调，定期会商交流情况，研究解决存在问题。

五十六、安徽省商务厅、财政厅印发《农村电商优化升级工作方案》

工作方案明确，安徽省将聚焦农村产品上行，优化农村电商“两中心、一站点”上行服务功能，推进电商利益联结机制建设，推动小农户与大市场有机衔接，促进电子商务与农业农村产业发展有机融合，实现发展上层次、上水平、上规模、上品牌、上效益，培育一批在农村产品上行、电商扶贫等领域具有示范性的电商服务网点，打造一批农村电商龙头企业和优秀品牌，农村电商产业特色更鲜明，助力脱贫攻坚更有效，农村电商发展环境更优化。

五十七、四川省成都市高新区城乡社区发展治理工作领导小组发布《成都高新区2019年城乡社区发展治理工作要点》

根据工作要点，2019年，成都市高新区将围绕“15分钟生活服务圈”建设，新建包括学校、卫生服务中心、图书馆、文化活动中心等30个公共服务配套项目，完成棚户区改造100户、城中村改造3300户，新建60千米绿道，加快推动交子公园社区、瞪羚谷、骑龙湾等8个公园社区高水平建设和5个重点示范街区建设，同时持续提升超大城市治理体系和治理能力现代化水平。

五十八、四川省人民政府印发《关于加快推进农业机械化和农机装备产业转型升级的实施意见》

实施意见明确了加快推动农机装备产业高质量发展、着力推进农业生产全程全面机械化、大力提高农机装备智能化水平、积极开展农机化共享服务、持续改善农机作业基础条件等7个方面的任务举措。到2025年全省适应农业农村现代化需要的农机装备产品和技术供给基本满足，主要农作物耕种收综合机械化率达70%以上，其中丘陵山区达55%以上。薄弱环节机械化全面突破，其中马铃薯种植、收获机械化率均达45%，油菜种植、收获机械化率达50%、60%。

根据实施意见要求，四川省将把农机装备制造纳入《“四川制造”品牌提升三年行动计划（2019—2021年）》，培育一批农机行业“单项冠军”和“小巨人”企业，力争到2025年，全省现代农业装备全产业链产值突破1000亿元，农机流通服务龙头企业产值达100亿元。

五十九、福建省民政厅印发《养老服务补短板2019年行动方案》

行动方案提出全年实现新增各类养老床位1万张，每千名老年人拥有床位数提高到34张以上。新建150所居家社区养老服务照料中心，城市养老服务设施覆盖率提高到90%以上。鼓励地方建设兼具日托护理、上门服务、护理康复、居住养老等功能的社区嵌入式养老服务中心（家园模式），让老年人在不离开熟悉社区的前提下享受专业化养老服务。新建500多所农村幸福院，农村养老服务设施覆盖率提高到55%以上。

行动方案提出，支持特困人员供养服务设施（敬老院）改造提升，奖补不少于300所乡镇敬老院，促进乡镇敬老院平均床位使用率提高到55%以上，生活不能自理特困人员集中供养率提高到35%以上。鼓励社会力量整体承接和连锁运营政府投资建设的养老服务设施，有条件的乡镇敬老院增设社区照料中心功能，转型为农村区域性养老服务中心，向特困、低保、留守、空巢、失能等社会老年人开放。

六十、贵州省铜仁市人民政府印发《铜仁市最低生活保障工作职责规定》

职责规定明确，县级人民政府承担城乡低保政策制定、资金投入、工作保障和监督管理主体责任，县级政府主要负责人负总责，分管负责人具体负责；乡级人民政府承担城乡低保申请受理、调查、评议和公示等审核主体责任，乡级政府主要负责人负总责，分管副负责人具体负责；村（居）委员会受乡镇人民政府（街道办事处）委托，协助做好本辖区城乡低保对象的日常管理服务工作。同时，对市、县两级民政部门和财政、人社、审计、市场监管、税务、不动产登记、公安交通管理等部门低保工作职责进行明确，进一步压紧、压实低保工作责任。职责规定中还明确乡镇包村（居）干部在低保工作中承担申请受理、入户核查、民主评议、一榜公示、动态管理和政策宣传等具体工作责任；明确了乡镇低保经办机构工作人员承担的低保政策培训、业务指导、动态管理等具体工作责任。

六十一、贵州省民政厅、省委组织部等7部门联合印发《关于切实做好村规民约和居民公约工作的实施意见》

实施意见明确，制定或修订村规民约、居民公约，必须坚持“五大原则”，即坚持党的领导、坚持合法合规、坚持发扬民主、坚持价值引领、坚持因地制宜。村规民约、居民公约的主要内容包括规范日常行为、维护公共秩序、保障群众权益、调解群众纠纷、引导民风民俗、提升村容村貌、加强消防安全工作、强化监督保障8个方面。制定程序包括征集民意、拟定草案、提请审核、审议表决、备案公布5个步骤。

实施意见还对监督落实村规民约、居民公约作出了规定。同时提出，到2020年，贵州省所有村、社区普遍制定或修订形成务实管用、通俗易懂、便于执行的村规民约和居民公约，推动健全党组织领导下自治、法治、德治相结合的现代基层社会治理机制。

六十二、黑龙江省住房城乡建设厅下发《关于进一步做好脱贫攻坚住房安全保障存在问题排查整改工作的通知》

通知重点围绕违规超面积改造建设、修缮改造（租赁）后住房仍存在影响安全隐患、虽不影响结构安全但改造后住房仍存在质量瑕疵、危房鉴定不规范、集中改造资金使用不规范、改造信息公开不及时等6个方面问题14种具体表现制定。通知要求，整改工作紧盯脱贫攻坚农村危房改造中存在的各类问题，坚持全面排查、整改，严格做到横向到边、纵向到底、刀刃向内、深挖细抠、不留死角，以坚决态度、强烈担当、有力措施、尽锐出战标准，全面巩固提高脱贫攻坚贫困户住房安全保障成效。对责任不落实、政策不落实、工作不落实、标准不落实的，严格追责、问责。通知要求要深挖问题根源、因症施治、对症下药。加强逐级联动，建立包保制度，将排查整改工作落实到具体责任人，确保住房安全保障存在的问题在规定时间内全面整改到位。排查对象要坚持已脱贫、未脱贫建档立卡贫困户全覆盖，不漏一户，要边查边改、边改边查，对整改期间新发现的问题，随时纳入整改台账一并整改。

六十三、黑龙江省住房和城乡建设厅会同省委宣传部等部门联合印发《关于进一步做好城乡生活垃圾分类工作的指导意见》

指导意见要求，2019年底前，各市（地）编制完成生活垃圾分类实施方案，明确生活垃圾分类标准，全面启动生活垃圾分类工作。2020年底前，哈尔滨市基本建成生活垃圾分类处理系统；其他市（地）实现公共机构生活垃圾分类全覆盖，至少有1个街道（社区）基本建成生活垃圾分类示范片区。2025 年前，各市（地）基本建成生活垃圾分类处理系统；县（市）、建制镇实现公共机构生活垃圾分类全覆盖。指导意见指出，2020 年底前，该省所有行政村全面启动生活垃圾分类工作，得到治理的行政村生活垃圾减量 40% 以上。

六十四、辽宁省委办公厅、省人民政府办公厅出台《辽宁省农村人居环境整治三年行动实施方案（2018—2020 年）》

实施方案要求各地因地制宜，有序推进，加强农村人居环境整治，打赢辽宁省实施乡村振兴战略的第一场攻坚战。方案提出了 6 项重点任务：抓好农村生活垃圾治理，农作物垃圾不出村，可再生利用垃圾统一回收，有毒有害垃圾集中处置；抓好农厕改造和粪污治理，以符合国家推行农户卫生厕所标准为前提，鼓励并引导农村新建住宅配套建设无害化卫生厕所，鼓励畜禽养殖业发达的地区将农户厕所粪污与畜禽养殖一并资源化利用；抓好梯次推进农村污水治理，推动城镇污水管网向周边村庄延伸覆盖，并采取综合措施恢复水生态，逐步消除农村黑臭水体；抓好村容村貌提升，重点解决农村道路硬化、生态环境优化、村庄美化绿化、村内主干路亮化等问题，提升乡村品位，保护、保留乡愁；抓好村庄规划管理，重点强化乡村规划引领，有效管控乡村建设，助推新型城镇化建设；抓好建设和管护机制建立，建立长效稳定农村人居环境建设和管护运行机制，长期巩固整治效果。

六十五、辽宁省委、省人民政府印发《辽宁省“千村美丽、万村整洁”行动实施方案（2019—2020 年）》

实施方案提出，2019 年、2020 年两年，将以“村容整洁美观、生活生态宜居、风景特色怡人”为建设目标，建成 1000 个美丽示范村；以治理“脏、乱、散、差”生产生活环境为主要任务，建成 1 万个整洁村。实施方案要求，2019 年，辽宁省农村生活垃圾处置体系将覆盖 85% 的建制村。通过开展非正规垃圾堆放点集中整治，2020 年基本完成非正规垃圾堆放点集中整治任务。积极探索具有农村特色的垃圾分类和处理方法，因地制宜，推广户分类、村收集、镇转运、县处理体系。2019 年全省整洁村的农村卫生厕所普及率将达到 83%，2020 年达到 85% 左右。

六十六、辽宁省医保局等 4 部门联合印发《辽宁省医疗保障扶贫三年行动实施方案（2018—2020 年）》

实施方案要求，各地要认真落实国家有关要求，认真落实大病保险政策，避免出现应报销未报销问题。2019 年大病保险筹资标准不低于年人均 55 元。加快落实高值药品医保报销政策，对于贫困人口治疗重特大疾病所必需的恶性肿瘤靶向治疗等高值药品，各地要尽快采取措施，确保药品供给。同时辽宁省将全面推进医疗费用直接结算，加快实现农村贫困人口持卡就医直接结算，尽快实现“一站式”直接结算。

六十七、辽宁省民政厅研究制订《关于开展城乡社区治理创新实验示范活动　推进基层社会治理高质量发展的方案》

方案明确了指导思想、基本原则和实验目标 3 方面内容。实验目标是：2019 年，辽宁省分别确定创新实验示范县（市、区）15 个，创新实验示范乡镇（街道）25 个，城乡创新实验示范社区 60 个。方案要求确定全省城乡社区治理创新实验示范单位，要采取基层申报和省民政厅发掘确认相结合的方式，坚持“高标准创新优先、高质量区域发展”择优选拔，不搞平均分配名额。还明确了申报确定的具体程序。

方案要求，各级民政部门要提高政治站位，加强组织领导，把各项工作落实到位；各地要结合实际统筹谋划，突出重点，合理布局，精心安排，求真务实，有序推进，鼓励各实验单位在推动高质量发展上建立新机制、出台新政策、尝试新方法；各市（县、区）民政局要明确责任分工，勇于担当，切实负责，但求实效；各级要保障实验经费，省级福彩公益金资助社区建设项目将重点向创新实验示范单位倾斜。

六十八、辽宁省民政厅下发《2019 年全省农村低保专项治理工作指导意见》

指导意见要求，各级民政部门要建立报告制度。把低保专项治理同“扫黑除恶”专项斗争结合起来，建立工作台账，及时更新数据。指导意见明确，各级民政部门要坚持问题导向，明确治理重点。各级民政部门要细化工作措施，建立长效机制。要加强分析研判，高度重视群众来信来访，对问题线索认真梳理汇总，立行立改。要注重督查督办，问题线索一经核实，立刻自行处理或沟通协作相关部门配合处理，建立上下联动快速响应机制。要强化动态管理，乡镇、街道要根据低保家庭成员和其家庭经济状况的变化情况进行动态复核。

六十九、湖南省民政厅出台《湖南省乡村治理三年行动实施方案（2018—2020 年）》

实施方案明确，全省乡村治理 3 年行动的总体目标是力争到 2020 年，全省基本形成基层党组织领导、基层政府主导的多方参与、共同治理的乡村治理体制，基层党组织领导更加有力，村民自治机制更加健全，村级公共服务更加优质，乡风民风更加文明，基层政权更加巩固，和谐有序、绿色文明、创新包容、开放共享的农村幸福社区不断涌现，乡村治理和服务能力全面提升。实施方案提出全省乡村治理 3 年行动的 5 项重点任务及 15 项子任务；开展村级组织夯实提升行动、选优配强村“两委”班子、健全完善农村综合服务平台、加强村“两委”班子履职能力培训、培育发展农村社区社会组织和专业社会工作机构，到 2020 年，力争全省每个村平均拥有不少于 5 个社区社会组织，农村老年协会覆盖 90% 以上的村，乡镇（街道）社会工作站实现全覆盖，社会工作专业人才占总人口的 1‰，注册志愿者人数占居民人口的 13% 。开展村级民主制度健全行动，清理规范村规民约、健全“一事一议”制度、完善村务决策和监督机制，到 2019 年底全省村规民约覆盖率、修订率均要达到 100% 。开展村级公共服务完善行动，不断完善农村社区服务体系，健全农村特殊群体关爱服务体系，推动实施农村绿色殡葬。开展村民自治实践深化行动，推进村民自治机制创新，弘扬文明新风。开展实验示范单位创建行动，积极开展社区治理创新实验区创建和农村幸福社区示范创建活动。

七十、湖南省委组织部、教育厅、科技厅等部门联合出台《湖南省乡村人才振兴行动计划》

行动计划创新和完善乡村引才、聚才、铸才、育才、扶才、优才的体制机制和政策体系，为实施乡村振兴战略提供坚强的人才支撑和智力保障。行动计划指出，要大力引进农业高端人才、培养壮大“土专家”“田秀才”队伍、鼓励引导城市人才服务乡村、激励保障人才扎根基层。

七十一、湖南省长沙市出台《关于加强村党组织书记队伍建设的实施办法》

实施办法从强化党的全面领导、全面拓宽选人渠道、优化管理考核机制、提高待遇保障水平、着力加强教育培训、严格落实工作责任 6 个方面提出 22 条具体举措，扎实推进村党组织书记队伍整体优化提升。实施办法在吸引人才流向农村方面提出，每村至少从外出务工经商人员、大学毕业生等群体中回引 2 名人才；村党组织书记后备人选安排到村工作或县乡涉农部门跟班，待遇参照当地村“两委”副职等。办法规定，所有村党组织书记将由区、县（市）委组织部会同乡镇党委进行考察，经研究后对拟任人选作出是否同意的批复。

七十二、山东省人民政府办公厅印发《山东省打好农业农村污染治理攻坚战作战方案（2018—2020 年）》

方案要求，按照保护优先、源头减量，问题导向、系统施治，因地制宜、实事求是，落实责任、形成合力 4 项原则重点开展农业投入结构调整、农业面源污染综合防治、农村人居环境改善和农村生态环境保护与修复；统筹实施污染治理、循环利用和脱贫攻坚，系统推进生产清洁化、废弃物资源化、产业模式生态化；根据环境质量、自然条件、经济水平和农民期盼，科学确定本地区整治目标任务，集中力量解决突出环境问题。坚持从实际出发，采用适用的治理技术和模式，不搞“一刀切”。

七十三、山东省民政厅印发《关于发挥民政职能作用推动乡村振兴的工作方案（2018—2022 年）》

工作方案提出，积极发展农村社会组织、社会工作和志愿服务。重点培育发展农业领域行业协会商会，大力培育发展农村服务性、公益性、互助性社区社会组织，到2020 年，每个农村社区不少于5 个社区社会组织，每个建制村实现“一村一组织”。工作方案规划，到2020 年城乡社区治理体系基本建立，治理体制更加完善。健全党组织领导的充满活力的村民自治机制，进一步完善民主选举制度，加强村委会规范化管理，实现村务监督委员会应建尽建。稳妥推动多村一社区体制改革，推动公共服务向乡镇（街道）、农村社区拓展延伸，到2020 年基本实现农村社区服务中心全覆盖。

七十四、山东省淄博市委、市政府发布《关于进一步加强和完善城乡社区治理的实施意见》

为贯彻落实上级有关指示精神，淄博市从加强党对社区治理的领导、强化政府的主导责任、深化居（村）民自治实践、完善社区综合服务设施功能、打造专业化的社区工作者队伍、深化“四社联动”机制、开展社区减负增效行动、扎实推进社区治理法治化建设、全面改善社区人居环境、发展现代社区文化10 个方面做起。

七十五、山东省农业农村厅发布《关于进一步做好农业支持保护补贴工作的通知》

通知明确补贴发放的流程及具体职责，鼓励集中使用补贴资金，鼓励各地在工作基础好、改革意愿强的地方，以县（市、区）、乡镇或村为单位开展补贴资金集中使用试点，统筹用于农业生态资源保护。要强化补贴管理发放的监督检查，重点检查信访问题较多的地区。要加强与纪委监委、检察等部门的协调，及时查处虚报面积、私立户头、村干部代领、截留、挤占、挪用、骗取补贴资金等违规违纪行为，对涉及违法犯罪的按照有关程序移交有关部门处理。

七十六、山东省青岛市卫生健康委公布《2019年青岛市爱国卫生工作要点》

工作要点指出，要深入推进各项城乡卫生创建工作，认真做好“国家卫生城市”复审问题整改，加强全市社会卫生综合治理，建立健全城市卫生长效管理机制，巩固和发展国家卫生城市创建成果。抓住关键搞突破、推进改革强基础、防范风险兜底线、转变职能促发展、完善体系提能力、优化机制抓落实、全面从严治党固根本。

七十七、山东省青岛市民政局、市委组织部出台《农村社会工作服务规范》

规范规定了农村社会工作服务的术语和定义、服务宗旨、服务内容、服务流程、服务方法、人员要求和服务保障等内容，适用于面向农村社区开展的专业社会工作服务。

七十八、山西省出台《山西省2019年国家示范农业产业强镇建设工作方案》

工作方案提出打造一批乡土经济活跃、乡土产业特色明显的农业产业强镇，项目区合作生产、订单生产等比例提高10%以上，农产品加工业产值与农业产值比提高，培育壮大两个龙头企业和一批农民专业合作社。按照工作方案，2019年国家示范农业产业强镇建设，包括壮大农业主导产业、培育产业融合主体、创新利益联结机制、建立健全体制机制、助力产业脱贫攻坚、项目建设重点6大内容。重点支持农产品精深加工、品牌培育、科技创新、三产融合等提升产业竞争力、提高产业效益、延伸产业链条的关键环节，覆盖该镇30%以上的村。中央财政通过以奖代补方式对农业产业强镇示范项目予以补助。

七十九、山西省民政厅、发展改革委等部门出台《推进农村养老服务行动计划（2019—2021 年）》

行动计划指出，实施农村老年人日间照料中心示范工程、实施农村老年人日间照料中心冬暖工程、实施农村老年人日间照料中心与村卫生室共享工程、实施农村老年人日间照料中心多渠道运营工程、实施区域性养老集中供养工程、实施敬老院提质升级工程、实施区域性养老服务中心和中心敬老院消防设施改造工程、实施区域性养老服务中心和中心敬老院公建民营工程、实施农村留守老人关爱工程、实施农村经济困难老年人两项补贴提标工程、实施农村养老服务标准化工程、实施农村养老服务人员素质提升工程。通过以上措施，实现养老体系健全完善、运行机制灵活多样、服务质量明显提升的目标。

八十、山西省委农村工作领导小组办公室、农业农村厅、卫生健康委等部门联合印发《山西省农村“厕所革命”专项行动方案》

行动方案确定 2019 年、2020 年两年农村“厕所革命”的目标任务。农村“厕所革命”坚持“政府引导、农民主体”“规划先行、统筹推进”“因地制宜、分类施策”“循序渐进、久久为功”的原则。组建农村改厕专业队伍，采取“专业队＋农户”的模式进行改厕，培育一批改厕的“土专家”，确保施工质量有保障、过程有监督、后续有维护。因地制宜推进厕所粪污分散处理、集中处理或接入污水管网统一处理，实行“分户改造、集中处理”与单户分散处理相结合，鼓励联户、联村、村镇一体治理。

八十一、海南省交通运输厅印发《海南省农村公路管理养护实施路长制的指导意见》

指导意见提出将在全省范围内推行农村公路管理养护路长制，建立县、乡、村路长组织体系，进一步落实农村公路管养责任，完善体制机制，全面提升农村公路服务能力和管理水平，改善农村公路通行条件和综合环境，充分发挥农村公路在服务乡村振兴战略中的支撑作用。

指导意见要求，要把全面实施路长制作为推进乡村振兴和农村人居环境改善的重要举措，落实各项措施，明确专管人员、落实经费保障、加强业务培训、加强督查考核、强化社会监督，确保路长制各项目标如期实现，推进农村公路高质量发展，服务乡村振兴战略。

八十二、江西省文化和旅游厅办公室下发《江西省村（社区）综合性文化服务中心服务规范（试行）》

服务规范对村（社区）综合性文化服务中心的场所、人员、服务、运行、监督5个方面进行了规定。服务规范提出，村（社区）综合性文化服务中心（简称“服务中心”）是集宣传文化、党员教育、科学普及、体育健身等公共服务于一体的基层综合性文化场所，应全年（含节假日）免费开放，并根据当地生产生活习惯做到错时开放，周累计开放时间应不少于42小时。不能开放的，应提前5日向居民公告，并向乡镇政府（街道办事处）备案。

服务规范提出，服务中心提供图书报刊阅览、演出排练、娱乐健身、普法教育、科技普及、技能培训、学生自习等基本公共文化服务。应设置多功能文化活动室（含图书室）、文体广场、全民健身器材等；服务中心尽量靠近居民区，各类文化服务项目不得影响居民正常生活，动静相宜，减少互扰。在功能布局上，应动静相宜，合理安排，减少互扰，并设置公共卫生间、垃圾收集箱等公共设施。残疾人活动空间，宜设置在地面一层。

八十三、江西省农业农村厅出台《关于印发开展土地经营权入股发展农业产业化经营试点工作方案的通知》

通知明确做好土地经营权入股实施基础、建立健全土地经营权入股规范管理机制、发展适度规模经营3项重点任务。指出优化配套政策、落实用地需求、营造宽松投融资环境的扶持政策，并对保障措施加以阐释。

八十四、陕西省制订《2019 年度陕西省政策性农业保险工作实施方案》

实施方案要求各级政府有关部门要按照职责分工，在农业保险的宣传、承保、查勘、定损、理赔和防灾防损等工作中和承保机构积极配合，支持各项工作及时、顺利开展。

实施方案指出，2019 年要聚焦省委、省政府追赶超越要求和“五新战略”任务，以实施乡村振兴战略为统揽，以促进农民精准脱贫、稳定增收为目标，以供给侧结构性改革为主线，以“扩面、提标、增品”为抓手，坚持传统险种和创新险种统筹推进，围绕“3 + X”特色产业、区域扶贫产业，以及新型经营主体和农户需求，创新补贴政策，优化补贴结构，注重绩效考评，鼓励支持保险机构开发创新保险品种，提升服务水平，增强农业保险内在吸引力，构建农业风险保障体系，不断提升陕西省农业保险保障水平，为脱贫攻坚和乡村振兴提供有力保障。

八十五、陕西省民政厅出台《2019 年全省脱贫攻坚兜底保障行动方案》

行动方案按照“兜底线、织密网、建机制”的要求，聚焦农村留守老年人关爱服务，突出贫困人口中的特殊困难群体，坚持政府兜底保障与社会参与有机结合，为精准扶贫提供有力支撑，增添新动力。

八十六、陕西省人民政府出台《关于加快农业机械化和农机装备产业转型升级的实施意见》

实施意见提出，要全面提升农机社会化服务水平，按照高标准农田建设、农村土地综合整治和农田“宜机化”要求，改善农机通行和作业条件，提高农机适应性和安全性，改善农机作业配套设施条件，发展农机社会化服务组织，鼓励农民（农机）合作社、农机作业公司、农村集体经济组织等从事农机作业服务，采取政府购买服务、以奖代补、先服务后补助等多种方式鼓励农机服务主体多形式开展农机作业服务。同时，不断壮大农机技术技能队伍，健全新型农业工程人才培养体系，加强农机实用型人才培养。

八十七、甘肃省张掖市甘州区委、区政府出台《甘州区加强和完善城乡社区治理实施方案》

实施方案提出，到2020年，全区基本形成基层党组织领导、基层政府主导的多方参与、共同治理的城乡社区治理体系，健全政府基本公共服务、公益性互助志愿服务和商业性便民利民服务相衔接的服务体系，城乡社区治理体制机制更加完善，服务水平显著提高，城乡社区公共服务、公共管理、公共安全得到有效保障。

实施方案从“健全完善城乡社区治理体系、努力提升城乡社区治理水平、着力补齐城乡社区治理短板”3个方面提出了22项重点任务，明确了工作时限要求，细化了各部门、乡镇、街道的工作职责和任务分工，并提出从“健全领导体制、完善工作机制；加大资金投入、积极整合资源；健全政策体系、完善激励机制”3个方面加强保障措施。

八十八、甘肃省生态环境厅、农业农村厅等部门联合发布《甘肃省农业农村污染治理实施方案》

实施方案明确，甘肃省将从加强农村饮用水水源保护，加快推进农村生活垃圾污水治理，着力解决养殖业污染，有效防控种植业污染，强化农用地管理，提升农业农村环境监管能力等方面着手，聚焦重点目标任务。实施方案同时明确了加强组织领导、完善经济政策、强化技术和人才支撑、培育市场主体、加大投入力度和强化监督工作等保障措施，确保方案落地施行。

八十九、甘肃省民政厅等7部门联合出台《关于做好村规民约和居民公约工作的实施意见》

实施意见针对当前甘肃省村规民约、居民公约的运行现状和工作情况，从提高思想认识、从严工作要求、强化监督落实、加强组织领导等4

个方面提出了改革目标、措施和要求，是当前全省做好村规民约和居民公约工作的基本遵循。实施意见明确，村规民约、居民公约的内容一般应包括规范日常行为、维护公共秩序、保障群众权益、调解群众纠纷、引导民风民俗5个方面的内容；村规民约、居民公约的制定或修订，一般应经过宣传发动、征集民意、拟定草案、提请审核、审议表决、备案公布6步程序。

实施意见强调，各级党委和政府要高度重视，将指导规范村规民约和居民公约工作作为加强基层社会治理的重要内容，加强组织领导和具体推动。县级党委和政府要在加强农村、城市基层组织建设中统筹谋划和组织推动，研究解决重要问题，确保工作顺利推进。乡镇党委、政府（街道党工委、办事处）要严格履行主体责任，加强指导、严格把关，具体推动落实，及时发现并研究解决有关问题。各级党委组织部门、政府民政部门要牵头协调，政法、精神文明、司法行政、农业农村、妇联等部门要密切配合，合力推动。

九十、甘肃省食安委、公安厅、农业农村厅、市场监管局联合印发《关于开展农村假冒伪劣食品治理行动的实施方案》

实施方案提出要用2—3年时间，建立规范的农村食品流通供应体系，不断提升农村食品安全保障能力和水平。治理行动工作从2019年11月开始，至2023年底结束。实施方案明确，各地农业农村部门要根据当地实际，会同市场监管等部门部署开展食用农产品质量安全“清源”行动，强化食用农产品源头治理，按照“双随机、一公开”原则，采取突击检查方式，有计划组织开展排查、严肃查处违规使用禁用农药兽药、高（剧）毒农药、滥用抗生素、非法使用“瘦肉精”等突出违法违规行为，严查私屠滥宰窝点，严打畜禽肉类注水、注药行为。同时，积极推进食用农产品“产销对接”，健全食用农产品质量安全追溯体系，着力构建食用农产品产地准出与市场准入衔接机制。

后　记

作为《社区治理蓝皮书》丛书之一的《中国农村社区治理报告》，自2018年第一次出版以来，取得了良好的社会反响，成为展示我国农村社区治理阶段性进展的重要出版物之一。通过蓝皮书的形式，系统描述分析中国农村社区治理的总体情况，总结阶段性特征与经验，审视问题与不足，提出对策和建议，为中国农村社区治理实践提供借鉴和参考，是一件十分有意义的事情。2020年，尽管突发的新冠肺炎疫情为丛书的编撰与案例征集带来了前所未有的挑战，但源于对此项工作的责任感与推动中国农村社区治理发展的使命感，东北大学城乡社区建设研究院和乡镇论坛杂志社继续合作，组织人员编写和出版了《中国农村社区治理报告（2020）》。

本书由民政部研究基地——东北大学城乡社区建设研究院满小欧副教授与乡镇论坛杂志社续慧杰总编辑担任主编，对全书进行统稿和修改。《社区治理蓝皮书》丛书主编、民政部全国基层政权和社区建设专家委员会专家委员、东北大学城乡社区建设研究院院长张雷教授审定了本书的框架和写作思路，并审阅了全书。参加本书编写的人员有满小欧、赵晶、唐京华、刘朵朵、曲艺、赵亚男、杜瑶、赵武杰、吕延青、王懿。

本书在编写过程中得到了多方的协助和支持，特别是中国社区发展协会给予相关出版资助，在此表示衷心的感谢，感谢民政部基层政权建设和社区治理司农村社区治理处在疫情期间对报告编撰工作的大力支持，感谢各案例单位民政部门提供的经验报告素材，感谢本领域的专家学者尤其是参考文献的作者为本书写作奠定的文献基础，感谢中国社会出版社相关领导和编辑为本书出版付出的辛勤劳动。

由于时间和能力所限，本书还存在诸多不足之处，敬请广大同人和读者斧正。